U0453926

民族品牌的价值发现

VALUE DISCOVER OF NATIONAL BRAND

2018中国品牌发展报告

ANNUAL REPORT ON CHINA'S BRAND DEVELOPMENT (2018)

钱明辉 等著

知识产权出版社

全国百佳图书出版单位

图书在版编目（CIP）数据

民族品牌的价值发现：2018中国品牌发展报告/钱明辉等著. —北京：知识产权出版社，2019.2

ISBN 978-7-5130-6119-3

Ⅰ.①民… Ⅱ.①钱… Ⅲ.①民族品牌—研究报告—中国—2018 Ⅳ.①F279.23

中国版本图书馆 CIP 数据核字（2019）第 035051 号

内容提要

本书主要介绍了民族品牌内涵思辨、品牌价值理论梳理、品牌价值计算模型和实证分析等，并通过分析品牌价值与知识创新、智力资本、企业社会责任、企业信息透明度和媒体态度的关系，研究各要素对民族品牌价值的影响，为促进我国企业品牌定位和发展提供新的思路。

责任编辑：王玉茂　　　　　　　　　　责任校对：潘凤越

装帧设计：吴晓磊　　　　　　　　　　责任印制：孙婷婷

民族品牌的价值发现

2018 中国品牌发展报告

钱明辉　等著

出版发行：	知识产权出版社有限责任公司	网　　址：	http://www.ipph.cn
社　　址：	北京市海淀区气象路50号院	邮　　编：	100081
责编电话：	010-82000860 转 8541	责编邮箱：	wangyumao@cnipr.com
发行电话：	010-82000860 转 8101/8102	发行传真：	010-82000893/82005070/82000270
印　　刷：	三河市国英印务有限公司	经　　销：	各大网上书店、新华书店及相关专业书店
开　　本：	720mm×1000mm　1/16	印　　张：	21.25
版　　次：	2019年2月第1版	印　　次：	2019年2月第1次印刷
字　　数：	323千字	定　　价：	88.00 元

ISBN 978-7-5130-6119-3

课题组成员

课题组组长

　　钱明辉

课题组副组长

　　樊安懿　洪先锋

课题撰稿人

　　钱明辉　樊安懿　洪先锋　王玉玺　尚奋宇

　　关美钦　张　颖　梁　晨　顾佳菊

数据采集与分析

　　王玉玺　郭佳璐　洪先锋

课题组秘书

　　樊安懿

前　言

改革开放以来，中国经济高速增长 40 年，然而持续的高速增长之后，一些问题甚至危机也悄然浮现，比如人口红利期结束、产能过剩等。十九大报告指出，我国经济已由高速增长阶段转向高质量发展阶段，正处在转变发展方式、优化经济结构、转换增长动力的攻关期，建设现代化经济体系是跨越关口的迫切要求和我国发展的战略目标。

品牌建设有助于在中高端消费培育新增长点和支持传统产业优化升级，以品牌为核心整合各种经济要素，可以带动经济整体运营，经济结构升级转型，帮助国家实现经济的持续健康增长。其中，民族品牌更是能够在促进我国产业迈向全球价值链中高端的过程中发挥巨大作用，同时也能够提升国家文化软实力和中华文化影响力。对国家而言，民族品牌是一个国家和民族实力的象征；对于企业来说，品牌作为无形资源，是企业核心价值的体现，是具有溢价能力的重要资源，优秀品牌形象的树立可以为企业带来长期的经济效益。

2016 年 6 月 10 日，《关于发挥品牌引领作用推动供需结构升级的意见》的发布，正式将品牌作为现阶段我国经济结构改革升级的关键动力并摆在了重要的地位上，吹响了我国发展品牌经济的号角。随着国家对民族品牌建设的重视日益提高，民族品牌也作为一个研究问题日益受到学术界的广泛关注。越来越多的学者参与到民族品牌的讨论中来，从加快民族品牌建设、打造国际化民族品牌、加强民族品牌的保护等多方面对民族品牌的相关问题展开了探讨。本书聚焦品牌经济的强国战略这一热点主题，以提升民族品牌价值为目的，主要内容包涵了民族品牌内涵思辨，品牌价值理论梳理，品牌价值计算模型及实证分析，以及品牌价值与知识创新、智力资本、企业社会责任、企业信息透明度和媒体态度的关系。

具体来说，本书第 1 章通过对民族品牌内涵在资本属性、历史维度、市场表现、文化内涵、国民身份这五个不同方面的思辨，以及在不同认知条件、不同人群、不同影响因素上对民族品牌概念要素的认知差异，对民族品牌的概念内涵进行了深入的探索和总结。

第 2 章通过品牌价值的内涵分析、构成来源和影响因素对品牌价值的要素构成进行了全面的论述。品牌价值是多维的，受多种因素、多种环境、多种主体的影响。在品牌价值的构成上，品牌的功能、服务、情感、社会、成本以及创新价值等都可能影响品牌价值，消费者的认知度与购买欲更是品牌价值实现的关键。品牌价值的形成受多方面因素的影响，综合现有品牌价值影响因素有关文献，本书归纳出包括营销策略、顾客体验、员工参与以及创新活动四个方面的品牌价值影响因素。

第 3 章在分析主要品牌价值评估方法、品牌价值影响因素的基础之上，运用改进后的 Interbrand 模型，结合企业客观的财务指标以及改进的权重计算方法对品牌评价的模型进行了改进，增加了品牌作用指数以及品牌强度计算指标的客观性，并且结合改进的 TOPSIS 方法提升品牌强度指数权重的合理性，提升了品牌价值评估方法的科学性，进而可以推广到其他品牌的价值评估实践。

第 4 章是对第 3 章品牌价值评估模型的实践验证，计算得出了 2017 年我国上市公司品牌价值排名。测评结果发现，我国民族品牌中，金融业和制造业的上榜品牌价值遥遥领先于其他行业；上榜品牌分布于全国 31 个省区市，虽然覆盖了全国港、澳、台之外全部地区，但是各地区上榜品牌数量与价值悬殊，品牌经济的地区差距显著。

第 5 章根据以往的研究结论为参考，通过理论分析，提出假设，构建模型，实证检验几个步骤对知识创新和品牌价值关系进行了全面的分析。根据实证检验的结果，得到以下几点结论：知识创新投入对民族品牌价值有正向影响；知识创新产出对民族品牌价值有正向影响；营销能力对于知识创新与民族品牌价值之间的关系有负向调节作用。

第 6 章在已有文献的基础上，选择人力资本、结构资本和社会资本三种智力资本的核心构成要素，通过我国上市公司的经验数据对智力资本要素与民族品牌价值的关系进行了实证研究，并针对实证结果提出了相应的管理建议。研究发现，企业所拥有的人力资本、结构资本和社会资本对民族品牌价值有显著的促进作用，同时，结构资本会削弱人力资本对品牌价值的积极影响，社会资本则会增强人力资本对品牌价值的积极影响。

第7章针对我国上市公司，探讨企业社会责任对民族品牌价值的影响，得出了以下结论：上市公司企业品牌价值与企业社会责任表现相关；在企业社会责任表现与品牌价值的关系中，网络舆情存在调节作用；行业属性和地区分布对相关关系存在影响，某些行业地区的结果证明，企业社会责任表现对企业品牌价值的影响更加显著。

第8章基于信息不对称理论和信号传递理论，探讨信息透明度与民族品牌价值之间的相关性，以及分别与资本结构、企业规模、企业股权集中度的交互性。在理论基础之上，构建了信息透明度与品牌价值的回归模型，信息透明度、资本结构与品牌价值的相关性模型，并在前者的回归模型基础上，分别构建了企业规模、企业股权集中度的交互模型，具体检验了信息透明度与品牌价值之间的相关性。

第9章通过对样本的调查和选取，运用文本分析法，以1489篇新闻文本为样本，建立媒体态度评价体系，通过文本分析法中的人工阅读法得出文章情绪度分数后，对媒体态度这一自变量进行变量的构建，并得出2012～2016年我国第三产业9大行业中，69家上市公司的媒体态度值。以此为基础进行实证研究，研究媒体态度与民族品牌价值的影响关系，并引入行业虚拟变量，研究了不同行业间媒体态度与民族品牌价值之间的关系。

民族品牌是一个国家和民族实力的组成部分，加快民族品牌建设，打造国际化民族品牌对我国经济发展有着不可忽视的重要意义。我国的民族品牌在国家经济不断发展积累的背景下，一方面，已经具备了发展为全球知名品牌的基础条件；另一方面，我国经济也需要更多的全球知名的民族品牌发挥引领作用，促进供需结构升级。希望本书可以通过对民族品牌价值的研究，为我国民族品牌的持续发展与价值提升提供有效的帮助。

目　录

第1章 民族品牌内涵思辨

民族品牌的内涵认知对于民族品牌自身建设有着十分重要的意义。关于民族品牌的概念及内涵,当前并没有一个公认的定义,不同行业、不同领域内的专家学者从各自的视角给出了不同的定义。比如,一些品牌管理专家认为民族品牌必须同时具有国别属性、国民属性和控股权属性,只有同时满足这三个条件,才能被称为民族品牌❶;有的学者认为,民族品牌的概念中蕴含了深厚的中华民族文化底蕴,应当从文化视角理解民族品牌和进行品牌宣传❷等。

本次研究对民族品牌这一概念的内涵抱有很大的兴趣,通过前期的资料阅读和走访调查,初步确定了几项关系民族品牌内涵的影响因素,根据这些因素编制了调查问卷,主要目的就是调查人们对于民族品牌内涵的认知,或者什么因素影响着人们对于民族品牌的认知。

1.1 民族品牌的内涵框架

民族品牌是一个国家和民族实力的象征,随着国家对民族品牌建设的重视日益提高,民族品牌作为一个研究问题日益受到学术界的广泛关注。越来越多的学者参与到民族品牌的讨论中来,从加快民族品牌建设、打造国际化民族品牌、加强民族品牌的保护等多方面对民族品牌的相关问题展开了探讨。本章拟对中文数据库中民族品牌研究现状进行分析,

---

❶ 王建功. 品牌观察:到底什么才是民族品牌 [EB/OL]. [2018 - 05 - 20]. http://baijia-hao. baidu. com/s? id = 1564497034099798&wfr = spider&for = pc.

❷ 戴贤远. 民族品牌文化底蕴的移情化延伸 [J]. 经济管理, 2003 (21): 50 - 51.

以期为本书的研究提供基础。本小节采用 Citespace Ⅲ 作为辅助软件，从多角度对民族品牌研究的现状进行梳理和分析。

1.1.1　文献梳理

基于"民族品牌"领域文献的题录数据，选择节点类型为 Author，在 Citespace Ⅲ 绘制国内民族品牌作者科研合作的共现网络，如图 1-1 所示。每个节点代表一个作者，节点与字体大小代表该作者的发文量，作者之间的数字则表示合作发文数量。从图 1-1 可以看出，国内民族品牌领域文献作者合作情况较少，且多数为仅仅合作过一篇文章。

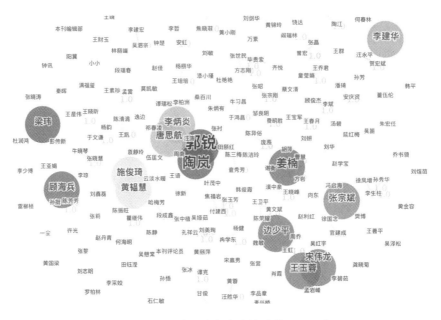

图 1-1　论文作者合作的科学知识图谱

选择节点类型为 Institution，在 Citespace Ⅲ 生成的研究网络图谱中，每个节点代表一个研究机构，节点与字体的大小表示该机构的发文量，数量最多的是中国地质大学（武汉）经济管理学院。在表 1-1 中，共有 8 家研究机构，其中 5 家是高校。机构间的合作关系也通过机构间的连线以及数字显示，如图 1-2 所示，说明机构间合作较少。

表 1-1 文献机构统计（节选）

数量/篇	机　　构
6	中国地质大学（武汉）经济管理学院
3	中国皮革协会
3	内蒙古职业技术学院
3	北京大学心理学系
3	北京师范大学经济学院
2	河北大学新闻传播学院
2	清华大学美术学院
2	上海纺织技术服务展览中心

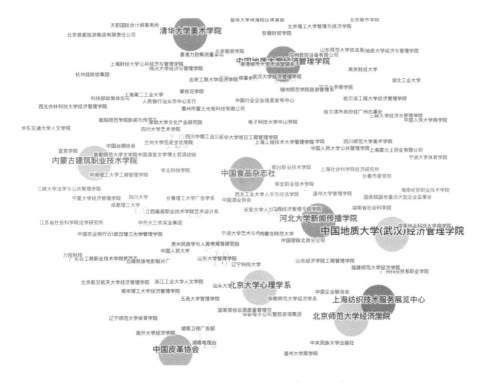

图 1-2 文献机构合作的科学知识图谱

此外，本书还选取 LLR（log - likelihood ratio）从来源文献关键词中抽取的结果对每个聚类进行自动标记，这些聚类主要集中在三个区域，

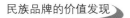

高频关键词统计如表 1-2 所示。首先，根据图 1-3 中节点的大小来寻找关键节点，以揭示研究背景。图 1-3 表明，"民族品牌"是图谱中最大的节点。另外，"企业管理""权利主体""品牌战略""消费者""自主品牌""自主创新"等节点也非常显眼，节点相对较大，在每个时间片中都有出现，它们反映了我国在"民族品牌"领域的研究热点。

图 1-3　论文关键词共现的科学知识图谱

表 1-2　文献关键词频次统计（节选）

频率/次	中心度	平均年份	关键词
107	0.21	1998	民族品牌
26	0.16	1998	企业管理
25	0.12	1998	权利主体
16	0.03	1999	消费者
15	0.06	2008	外资并购
15	0.05	1998	名牌产品
14	0.04	2006	自主创新
10	0.03	2005	品牌战略
9	0.04	2005	自主品牌
9	0.01	2011	并后品牌战略

　　本节将三个聚类区域命名为"自主品牌""品牌战略"和"企业管理",即民族品牌研究文献中的三个主题,并在 Citespace Ⅲ 中右击聚类结果,使用"List Citing Paper to the Cluster"菜单选项列出有代表性的文献,对代表性文献进行研读。民族品牌的相关研究综述如下。

　　关于自主品牌研究。自主品牌是我国企业参与国内、国际两个市场竞争的大背景下,处于产业链低端,所获利益甚微的情况下提出的。在跨国经营这一背景下,品牌的定义变得越来越广,载体的范围也在扩大。企业自主品牌首先应强调自主,也就是说,产权强调自我拥有、自我控制和自我决策,同时能对品牌所产生的经济利益进行自主支配和决策。❶从品牌价值竞争力看,中国品牌价值与国外一流品牌价值尚有差距。2017 年 6 月,华通明略发布的全球品牌百强榜单上,谷歌品牌价值位居榜首,为 2455 亿美元,而作为中国品牌价值排名第一的腾讯,其品牌价值为 1083 亿美元,居世界第八位。在全球化竞争时代,中国企业不缺乏产量优势,也不缺乏品质优势,中国能为众多世界级品牌提供 OEM(原始委托生产,即代工)就是例证,但中国企业唯独缺乏的是品牌竞争力优势。❷在当前不同国家文化相互融合的背景下,品牌输出成为国家文化输出的重要方式。此时,我国政府的作用更加重要。如何更好地发挥政府在推动国家自主品牌发展中的作用这一问题值得研究。自主品牌创新是在政府制度的特定背景下进行的,虽然企业是自主品牌的创新主体,但在自主品牌创新过程中还有一些其他的参与要素,而政府相关制度作为企业自主品牌创新的外在环境,将对企业自主品牌创新动力、速度、方向及创新能力的形成产生重要影响。所以,以技术创新为核心的自主品牌创新与制度创新之间是相互依赖、相互影响的。❸

　　关于品牌战略研究。品牌战略是企业为实现以品牌开拓、占领和巩固市场的目的,而对品牌进行规划、运用、保护和管理的总体性谋划。

---

❶ 费明胜,邹良明. 论自主品牌及其发展对策 [J]. 商业时代, 2007 (17): 28 - 30, 51.
❷ 柳思维. 努力将贴牌大国打造成自主品牌强国的思考 [J]. 北京工商大学学报(社会科学版), 2012, 27 (4): 1 - 7.
❸ 郎益夫,周荣,喻登科. 基于企业与政府互动的自主品牌创新能力提升路径与政策分析 [J]. 科技进步与对策, 2010, 27 (9): 85 - 88.

《关于加强中央企业品牌建设的指导意见》在"加强品牌建设的主要内容"部分指出：大力实施品牌战略。中央企业要结合企业总体发展战略、内外资源禀赋、企业文化传承等因素，加强顶层设计，制定或完善适合本企业的、具有独创性和吸引力的品牌战略，并与企业发展战略同步实施、系统推进。❶ 企业紧密依托区域特色文化资源而发展是企业实施品牌战略的一个因势可为的行动方向。如果亮出的区域品牌能够与当地特有的文化资源紧密结合，那么通过产业集聚的效应，区域品牌与企业品牌可以起到很好的互动作用。在这方面有无数成功或失败的例子可供借鉴。在陶器之都宜兴、瓷器名城景德镇这样历史文化特色鲜明的地方，理所当然更具有发展相应产业品牌的优势。❷ 对于企业外部环境、国际化承诺、制度因素、品牌战略与绩效等影响变量之间的关系，研究发现，国际化承诺正向影响品牌战略，制度因素正向影响品牌战略，品牌战略正向影响国际营销绩效。这些结果验证了传统的国际化战略综合模型以及制度模型在我国企业品牌国际化过程中仍然适用。研究结果还表明，企业外部环境对品牌战略影响呈负相关，贴牌生产战略对长期绩效产生负面影响。❸

当前"蛇吞象"式民族品牌跨国并购的品牌战略也值得深思。2012年5月，万达集团以26亿美元并购全球第二大院线AMC公司；2012年1月山东重工潍柴3.74亿欧元获得全球豪华游艇巨头——意大利法拉帝集团75%的控股权；2009年6月吉利收购福特旗下的沃尔沃汽车品牌，金额达到近20亿美元；腾中重工也曾欲以1.5亿美元收购通用豪华越野车品牌"悍马"。"蛇吞象"式民族品牌跨国并购后的品牌战略应该采取更积极影响品牌绩效的维持原价且保留原产地的单一品牌战略，而且品牌契合度在这些交互影响中扮演了重要且显著的中介作用。这些品牌战

---

❶ 冯晓青. 企业品牌建设及其战略运用研究 [J]. 湖南大学学报（社会科学版），2015，29（4）：142–149.

❷ 王卫平，陈荣耀，黄文斌. 从文化的视角看自主品牌战略的突破 [J]. 江苏商论，2006（8）：95–97.

❸ 韩中和，刘刚，杜琰琰. 品牌战略的影响因素以及对国际营销绩效的关系 [J]. 经济管理，2010，32（2）：85–90.

略的交互作用必须通过品牌契合度来影响品牌绩效❶。

　　关于企业管理研究。当前，外国品牌大举进入我国市场，我国企业民族品牌面临着严重的危机，我国企业的管理也面临更大的挑战。2006年，达能公司欲强行以 40 亿元人民币的低价并购杭州娃哈哈集团有限公司；2008 年可口可乐公司以约 179.2 亿港元收购汇源果汁集团有限公司。这些本是企业收购行动，但在社会上引起了一片质疑，而且在企业界和舆论界引起了强烈反响。近年来，外资并购对我国本土品牌造成了巨大的冲击，本土品牌流失的问题已经相当严重。❷ 这些外资并购暴露出我国企业在管理民族品牌中存在的一系列问题：民族品牌意识薄弱，许多企业热衷于不断开发新产品，缺乏对品牌整体运营的长远思路，导致企业经营的混乱无序，品牌资源被极大浪费；民族品牌管理的狭隘性，我国企业对民族文化、品牌价值与品牌建设的结合还处于初始阶段，对品牌进行长期有效的管理还缺乏明确的思路，在管理水平上落后于西方发达国家，管理模式上还停留在狭隘的产品大量生产、供应上，没有确立品牌管理的重心，缺乏品牌的系统化管理；缺乏科学的品牌营销策略，我国企业的营销观念整体仍处于不发达的市场经济水平，还不能适应现代市场经济和资本运营、品牌运营经济的营销战略。❸

　　企业在面对外资并购应做到以下几点：①准确评估品牌价值，我国企业应聘请权威机构，采用先进的品牌价值评估体系来评估其品牌价值，以免品牌资产流失；②抓住企业控股权，我国企业在外资并购中不应为了引资而自贬身价或做出过多让步，应力争持有合资企业的控股权，以便为本土品牌日后的发展做好铺垫；③慎选合资伙伴，在寻找合资伙伴时，国内企业应该深入了解对方的战略意图，充分考虑双方的战略资源互补优势，找到具有共同战略利益目标的合资方，以达到双赢的效果；④明确合资目的，国内企业要增强自己在外资并购中的主动性，应认清

---

　　❶ 郭锐，陶岚，汪涛，周南. 民族品牌跨国并购后的品牌战略研究——弱势品牌视角［J］. 南开管理评论，2012，15（3）：42－50.

　　❷ 黄新祥. 跨国公司恶意并购民族品牌的动因及对策分析——从可口可乐并购汇源果汁所想到的［J］. 特区经济，2008（11）：277－278.

　　❸ 尹艳华. 我国企业民族品牌管理现状与对策分析［J］. 延安职业技术学院学报，2013，27（4）：35－37.

企业发展的"短板"是什么，从而有针对性地参与外资并购❶。

1.1.2 理论研究述评

本书基于中国期刊全文数据库（CNKI）进行，以主题作为检索条件，设定"民族品牌"作为关键检索词，检索时间为 2017 年 1 月 1 日至 2017 年 12 月 31 日，其研究特点与发展趋势总结如下。

纵观 2017 年品牌研究，可以从中发现民族品牌研究的一些潜在特征和发展趋势。民族品牌研究尚存在以下不足和有待解决的问题：一是民族品牌研究方式比较单一，多数学者进行定性研究，用于定量研究的研究工具和研究方法不足；二是对民族品牌的形成要素剖析这一细分领域研究尚且不足。因此需要结合当前发展实际，系统研究民族品牌形成机理，以弥补理论支撑的不足，为民族品牌培育实践、民族品牌全球化提供更多指导。

从 2017 年国内的研究来看，关于民族品牌的论述大致可以概括出以下几个结论：

（1）加强民族品牌创建力度的同时务必关注民族品牌和知识产权的安全问题。品牌建设，特别是民族品牌建设，不仅可以提高我国经济文化水平，同时也增进了我国的民族自豪感。民族品牌是一个企业综合实力的具体表现，是所有成员长期苦心经营所得到的不同于其他公司的、具有自己特有运营方式和市场竞争力的产品，也是我国极其珍贵的精神文化。一旦被侵害或非法使用，对企业和社会都将造成负面影响。做好民族品牌的法律保护尤为重要。

（2）突出强调加强民族品牌文化创新的重要性。优质的民族产品、特色的民族服务离不开多姿多彩的民族文化。产品和服务是民族品牌、民族文化的载体，同时也是民族品牌经济价值增值的核心。在保有传承优质的传统民族文化的前提下，民族企业品牌应积极发扬创新精神，激发品牌市场创新活力，政府应营造民族品牌文化创新的环境和文化氛围，使民族品牌文化在经济全球化的同时，加快民族品牌的国际化步伐。

---

❶ 赵阳. 关于外资并购与民族品牌的理性思考 [J]. 消费导刊, 2009 (6)：85.

（3）我国民族品牌的品牌建设和全球化仍需加强。尽管目前我国一些优秀的民族企业和品牌已成功地走向世界，但大多数品牌仍需要注重品牌质量建设，清晰自有品牌的定位，不断积累民族品牌实力，塑造良好的品牌形象，明确品牌的核心价值，注重资源的整合和利用，逐渐形成核心的品牌优势，最终推出具有国际影响力和全球化特点的民族品牌。

1.1.3　框架构建

从上述文献梳理、综述以及述评中，可以提炼出民族品牌内涵的重要构成要素与理论框架。

民族品牌研究相关文献的聚焦点在于自主品牌、品牌战略和企业管理。其中，关于自主品牌的研究中，强调产权自我拥有、自我控制和自我决策，同时能对品牌所产生的经济利益进行自主支配和决策[1]；关于企业管理的研究中，也有文献提到企业控股权问题，建议我国企业在外资并购中不应为了引资而自贬身价或做出过多让步，应力争持有合资企业的控股权，以便为本土品牌日后的发展做好铺垫。由此可知，品牌的资本属性是品牌内涵的重要组成成分之一。

与资本属性相类似的，品牌的注册人、注册地以及上市地同样关乎品牌的国别属性，即判别是否是民族品牌的考量因素。因此，本书将以关于加强中央企业品牌建设的指导意见、品牌的创立及发展过程中所包含的指征某个国家或地区的要素，归为品牌国民身份，作为民族品牌内涵研究的一个维度。

自主品牌的相关研究中还提到，当前不同国家文化相互融合的背景下，品牌的输入输出成为国家文化输入输出的重要方式；品牌战略相关文献中有对《关于加强中央企业品牌建设的指导意见》的相关研究，指出中央企业要结合企业总体发展战略、内外资源禀赋、企业文化传承等因素，加强顶层设计，制定或完善适合本企业的、具有独创性和吸引力

---

[1]　费明胜，邹良明. 论自主品牌及其发展对策 [J]. 商业时代，2007（17）：28-30，51.

的品牌战略，并与企业发展战略同步实施、系统推进。❶ 企业紧密依托区域特色文化资源而发展是企业实施品牌战略的一个因势可为的行动方向。可见，品牌的文化内涵是民族品牌内涵的又一重要维度。

鉴于我国悠久的历史传承，文化内涵一词与历史往往有着千丝万缕的联系。在品牌领域，甚至早在北宋年间就已出现第一个商标。如今，我国仍有一大批带有悠久历史传承的品牌，比如同仁堂、张小泉剪刀、红旗汽车、永久自行车、修正药业等。因此，历史维度也是研究民族品牌内涵时必须考虑的一个要素。

聚焦品牌战略研究的相关文献，品牌战略被定义为企业为实现品牌开拓、占领和巩固市场的目的，而对品牌进行规划、运用、保护和管理的总体性谋划。品牌市场表现指品牌在市场经营中开展的广告、营销、销售等活动的表现，表征品牌的市场地位和消费者认同。显而易见，市场表现是品牌相关研究的重要内容之一，在讨论民族品牌认知时，应当充分考虑品牌的市场表现。

综上可知，对于民族品牌内涵的探索，应当建立在资本属性、历史维度、国民身份、市场表现和文化内涵这五个维度构成的框架之上（见图1-4）。

图1-4　民族品牌内涵

1.2　民族品牌的资本属性

从前期相关资料和走访调查的结果中可以明显看出，资本属性是民

---

❶　冯晓青. 企业品牌建设及其战略运用研究［J］. 湖南大学学报（社会科学版），2015，29（4）：142-149.

族品牌内涵的重要组成部分。因此，本书从资本属性的角度对民族品牌展开思辨，通过调查问卷形式，获取受访者对具有不同资本属性的品牌是否属于民族品牌的判断，探究资本属性对民族品牌内涵的影响。

1.2.1　资本属性影响民族品牌认知的思辨

首先从具体的品牌出发，让受访者判断不同资本属性的品牌是否属于民族品牌，著者选择了中国高铁、中国核电作为国有资本完全所有的代表，选择了格力电器作为国有资本控股的代表，选择了老干妈、美的、褚橙作为民营资本的代表，选择了阿里巴巴、腾讯作为国外资本占大多数股份的品牌代表，选择了大宝、徐福记作为被外资收购的品牌代表，选择了沃尔沃（Volvo）、传奇影业（Legendary Pictures）、夏普（Sharp）作为中资收购的国外品牌，在调查中设置了两轮判断，第一轮中让受访者根据直观认知作出判断，第二轮中告知受访者品牌资本属性后，让受访者再次作出判断。

如图 1-5 所示，总体而言，从受访者已知品牌资本属性后的选择结果来看，资本属性是国有资本还是民营资本并未对受访者的选择产生显著影响，受访者认同被调查品牌为民族品牌的比例均超过 70%。与此形成对比的是，外资占主要股份的品牌和中资收购的国外品牌的民族品牌认知率大幅度小于国有资本和民营资本的品牌。

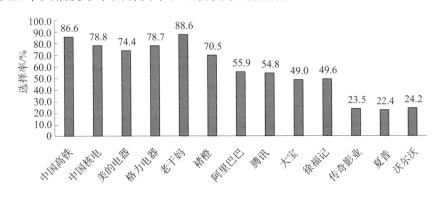

图 1-5　已知资本属性后受访者对某品牌属于民族品牌的选择率

同时，被外资收购或控股的品牌和被中资收购的国外品牌在未知资本属性和已知资本属性两次选择中，对民族品牌认知的差异也值得关注。

一方面，外资控股或收购品牌则出现民族品牌认知率下降的现象，证明在得知这些品牌实际股权状况后，受访者改变了之前的判断（见图1-6）。

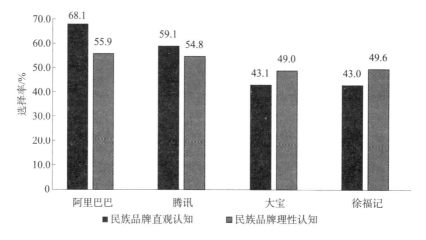

图1-6 未知资本属性和已知资本属性下外资控股或收购民族品牌认知的差异

另一方面，中资收购国外品牌的民族品牌认知率上升，虽然总体认知比例依然很低，但是一定程度上证明了从资本属性考量，受访者开始接受被中国资本收购的国外品牌成为民族品牌（见图1-7）。

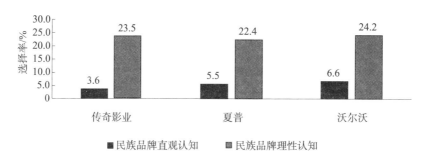

图1-7 未知资本属性和已知资本属性下中资收购民族品牌认知的差异

因此，可以得出以下结论：对于民族品牌的认知，国外资本与国内资本之间有显著差异，而国内资本不同类型之间差异不明显，即是否是国内资本拥有大部分股权会是衡量民族品牌的重要指标之一。

1.2.2　资本属性在不同人群间民族品牌认知的差异

资本属性对于判断某个品牌属于民族品牌是否存在受访者群体间的差异呢？为此，著者在调查中设置了"股权大多数属于中国"这样一个民族品牌内涵的判断项，对比了不同受访者群体对该项的判断结果，发现按一般人口统计学指标划分的不同群体间对民族品牌内涵中资本因素的判断基本一致，但是也存在以下认知差异：

第一，不同年龄段的受访者群体，在资本属性影响民族品牌内涵认知上存在一定的差异。主要表现在 46 岁及以上受访者对"股权大部分属于中国是民族品牌内涵的构成要素"的选择率较其他年龄段低，说明其他年龄的受访者比 46 岁及以上受访者更加认同品牌资本属性会影响民族品牌认知（见图 1-8）。

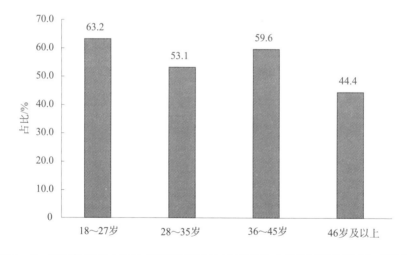

图 1-8　不同年龄受访者对"股权多数属于中国是构成民族品牌的概念"的选择

第二，不同性别的受访者群体，在资本属性影响民族品牌内涵认知上不存在差异。主要表现为男性和女性在"股权大部分属于中国是民族品牌内涵的构成要素"的选择率基本相同，说明男性和女性在资本属性影响民族品牌认知上基本不存在差异（见图 1-9）。

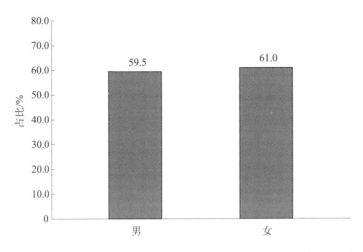

图1-9　不同性别受访者对"股权多数属于中国是构成民族品牌概念"的选择

第三，不同地域的受访者群体，在资本属性影响民族品牌内涵认知上存在一定的差异，主要表现为华北地区、华中地区、西北地区受访者群体相较于其他区域人群更认同"股权大部分属于中国是民族品牌内涵的构成要素"（见图1-10）。

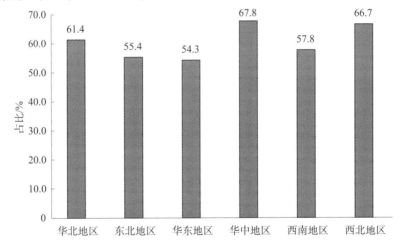

图1-10　不同地域受访者对"股权多数属于中国是构成民族品牌概念"的选择

第四，不同专业背景的受访者群体，在资本属性影响民族品牌内涵认知上存在显著的差异。主要表现在经济学专业受访者群体对"股权大部分属于中国是民族品牌内涵的构成要素"的选择率明显低于其他专业，最大差异率达 20%（见图 1 – 11）。

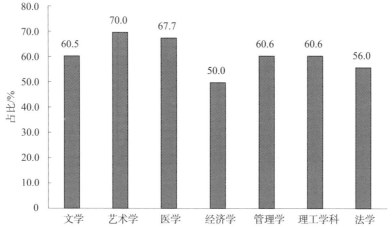

图 1 – 11 不同专业受访者对"股权多数属于中国是构成民族品牌概念"的选择

1.3 民族品牌的历史维度

同样，历史维度也是民族品牌内涵的重要组成部分，甚至在部分受访者的认知中，历史性是判断民族品牌的首要条件。因此，本节从历史维度对民族品牌展开思辨，通过调查问卷形式，获取受访者对具有不同历史维度的品牌是否属于民族品牌的判断，探究历史维度对民族品牌内涵的影响。

1.3.1 历史维度影响民族品牌认知的思辨

著者从具体的品牌出发，让受访者判断具有不同历史维度的品牌是否属于民族品牌，选择了同仁堂、张小泉剪刀、红旗汽车、永久自行车、修正药业作为具有较久历史的品牌代表，选择摩拜单车、新浪、搜狐、网易作为最年轻的新兴互联网品牌代表，让受访者从历史维度去判断这些品牌是否属于中华民族品牌。

调查数据表明，如图 1 – 12 所示，对于拥有较久历史的品牌，受访者对于其是民族品牌的认知率要明显高于历史较短的互联网品牌，因此，可以得出以下结论：品牌的历史也是衡量民族品牌的重要因素之一。

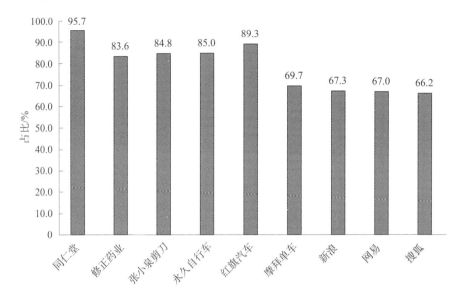

图 1 – 12 已知历史维度后受访者对某品牌属于民族品牌的选择率

1.3.2 历史维度在不同人群间民族品牌认知的差异

从历史维度认知民族品牌是否存在受访者群体间的差异呢？为此，著者在调查中设置了"具有悠久的历史"这样一个民族品牌内涵的判断项，对比了不同受访者群体对该项的判断结果，发现按一般人口统计学指标划分的不同群体间对民族品牌内涵中历史维度的判断存在以下认知差异：

第一，不同年龄的受访者群体，在历史维度影响民族品牌内涵认知上存在一定的差异。主要表现为"拥有悠久的历史是民族品牌内涵的构成要素"的选择上，随着年龄增大，呈现出明显的增长趋势，说明年纪较大的受访者在民族品牌内涵认知上更加认同历史维度的影响（见图 1 – 13）。

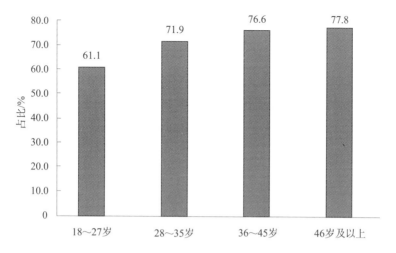

图 1 - 13　不同年龄受访者对"拥有悠久的历史是构成民族品牌概念"的选择

第二，不同性别的受访者群体，在历史维度影响民族品牌内涵认知上存在微弱的差异。主要表现在"拥有悠久的历史是民族品牌内涵的构成要素"的选择上，女性略高于男性，说明女性受访者在民族品牌内涵认知上更加认同历史维度的影响（见图 1 - 14）。

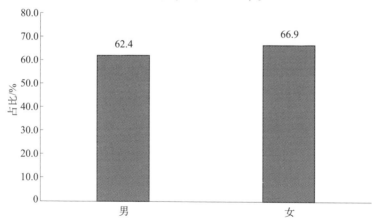

图 1 - 14　不同性别受访者对"拥有悠久的历史是构成民族品牌概念"的选择

第三，不同地域的受访者群体，在历史维度影响民族品牌内涵认知上存在微弱的差异。主要表现在"拥有悠久的历史是民族品牌内涵的构成要素"的选择上，东北地区、华中地区、西南地区受访者高于其他地域受访者，说明以上区域的受访者在民族品牌内涵认知上更加认同历史维度的影响（见图 1 - 15）。

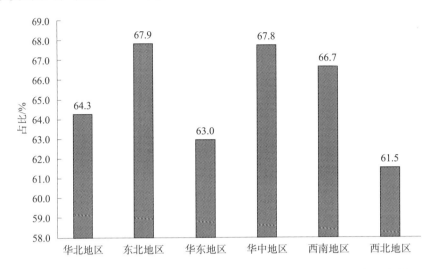

图 1 - 15　不同地域受访者对"拥有悠久的历史是构成民族品牌概念"的选择

第四，不同专业背景的受访者群体，在历史维度影响民族品牌内涵认知上存在显著的差异。主要表现在"拥有悠久的历史是民族品牌内涵的构成要素"的选择上，法学、艺术学专业受访者明显高于其他地域受访者，尤其是与医学专业的差异接近30%，说明法学、艺术学专业的受访者在民族品牌内涵认知上更加认同历史维度的影响（见图 1 - 16）。

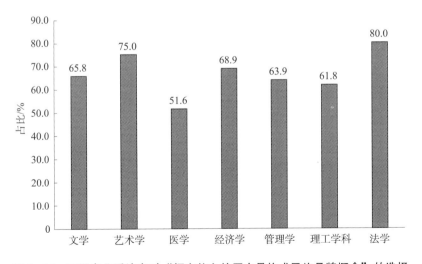

图 1 - 16　不同专业受访者对"拥有悠久的历史是构成民族品牌概念"的选择

1.4　民族品牌的国民身份

品牌国民身份，是指品牌的创立及发展过程中所包含的指征某个国家或地区的要素，从前期相关资料和走访调查的结果中可以看出，国民身份对于判断品牌是否属于民族品牌十分重要，也是民族品牌内涵的重要组成部分。因此，本节从国民身份的角度对民族品牌展开思辨，通过调查问卷形式，获取受访者对具有不同国民身份的品牌是否属于民族品牌的判断，探究国民身份对民族品牌内涵的影响。

1.4.1　国民身份影响民族品牌认知的思辨

有关国民身份是否会影响民族品牌的认知，主要从具体的品牌出发，让受访者判断具有不同国民身份的品牌是否属于民族品牌。在此，对品牌国民身份进行三个方面的限定：注册人是中国人、注册地在中国、上市地在中国，分别对这三个要素展开讨论。同时，本书选择协和医院、新元素餐厅、陆金所作为品牌创始人或高级管理者是国外人的品牌代表，选择百度、优酷、李宁作为品牌注册地在国外的品牌代表，选择新浪、搜狐、网易作为上市地在国外的品牌代表，让受访者从国民身份的角度去判断这些品牌是否属于中华民族品牌。

在品牌国民身份影响民族品牌认知中，注册人或高级管理者的国民属性对民族品牌内涵影响较大，图 1 – 17 中数据表明，在某品牌属于民族品牌的选择来看，新元素餐厅、陆金所、协和医院等为代表的创始人或高管是外国人的品牌远低于同仁堂、张小泉剪刀等为代表的创始人或高管是中国人的品牌；上市地、注册地的国民属性对民族品牌内涵影响相对于注册人的国民属性而言较小，图 1 – 18 中数据表明，上市地在国外的品牌属于民族品牌的选择率仅略低于在国内上市的品牌，同时，在图 10 – 19 中，"注册人是中国人"作为民族品牌内涵的构成因素选择率基本上同"注册地在中国"持平，同时大于"上市地在中国"，尤其是

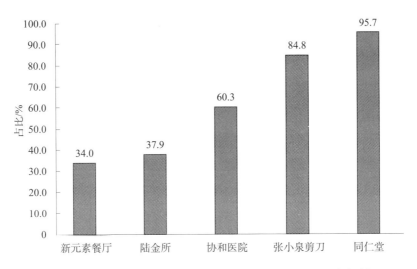

图 1-17　已知创始人身份后受访者对某品牌属于民族品牌的选择

上市地在中国这项，仅有 20% 的受访者认为其是民族品牌的概念构成要素，说明上市地的国民属性对受访者判断是否属于民族品牌时存在一定影响，但影响较小，注册地的国民属性对受访者判断是否属于民族品牌还需要考虑品牌的其他因素。

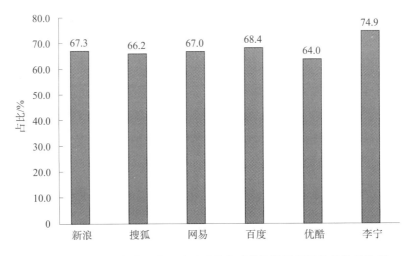

图 1-18　已知上市地和注册地后受访者对某品牌属于民族品牌的选择

1.4.2　国民身份在不同人群间民族品牌认知的差异

从国民身份上认知民族品牌是否存在受访者群体间的差异呢？为此，本书在调查中设置了"注册人是中国人""注册地在中国""在中国上市"三个民族品牌内涵的判断项，通过对比不同受访者群体对这三项的判断结果，发现按一般人口统计学指标划分的不同群体间对民族品牌内涵里中国国民身份的判断存在以下认知差异。

第一，不同年龄的受访者群体，在创始人的国民属性、注册地的国民属性影响民族品牌内涵认知上存在显著的差异，而在上市地的国民属性影响民族品牌内涵认知上的差异并不显著。主要表现在"注册人为中国人是民族品牌内涵的构成要素""注册地在中国是民族品牌内涵的构成要素"的选择上，46 岁及以上年龄受访者与其他年龄受访者相比，呈现出明显的认同态势，差异较大，说明年纪较大的受访者在民族品牌内涵认知上更加认同注册人为中国人的影响；在"上市地在中国是民族品牌内涵的构成要素"的选择上，18 ～ 27 岁受访者比 28 ～ 35 岁受访者表现出更强的认同，差异达 15%，存在一定的差异但不显著（见图1－19）。

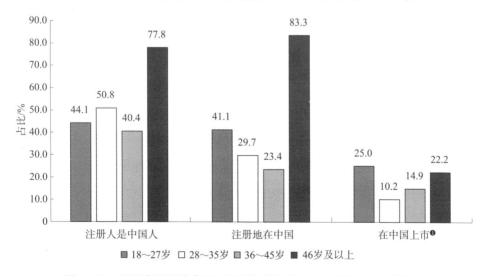

图 1－19　不同年龄受访者对"国别属性构成民族品牌概念"的选择

❶　本书中提及"在中国上市"不含港澳台地区，下文不再赘述。——编辑注

第二，不同性别的受访者群体，在创始人的国民属性影响民族品牌内涵认知上存在一定的差异，而在上市地的国民属性和注册地的国民属性影响民族品牌内涵认知上的差异较微弱。主要表现在"注册人为中国人是民族品牌内涵的构成要素"的选择上，男性和女性受访者差异较大，超过10%；而在"注册地在中国是民族品牌内涵的构成要素""上市地在中国是民族品牌内涵的构成要素"的选择上，男性和女性受访者间的差异均在5%以内，说明注册地和上市地的国民属性在民族品牌内涵认知上仅存在微弱的性别差异（见图1-20）。

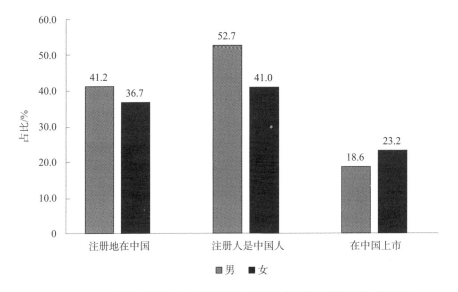

图1-20 不同性别受访者对"国民身份是构成民族品牌概念"的选择

第三，不同地域的受访者群体，在创始人的国民属性、上市地的国民属性影响民族品牌内涵认知上存在一定的差异，在注册地的国民属性影响民族品牌内涵认知上仅存在微弱的差异。主要表现在"注册人为中国人是民族品牌内涵的构成要素"的选择上，东北地区受访者明显高于其他区域受访者，尤其是同西南地区受访者相比，差异较大，超过15%；在"上市地在中国是民族品牌内涵的构成要素"的选择上，华北地区受访者明显高于其他区域受访者，尤其是同东北地区受访者相比，差异达10%以上；在"注册地在中国是民族品牌内涵的构成要素"的选择上，华北地区、华中地区、西南地区受访者明显高于其他区域受访者，差异在5%～10%（见图1-21）。

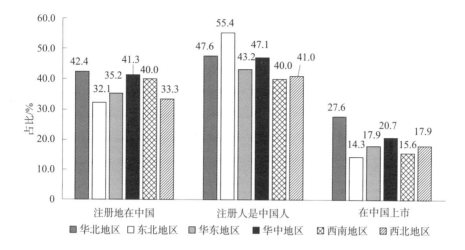

图1-21 不同地域受访者对"国民身份是构成民族品牌概念"的选择

第四，不同专业背景的受访者群体，在创始人的国民属性、上市地的国民属性影响民族品牌内涵认知上存在十分显著的差异，而在注册地的国民属性影响民族品牌内涵认知上也存在显著的差异。主要表现在"注册人为中国人是民族品牌内涵的构成要素"的选择上（见图1-22），

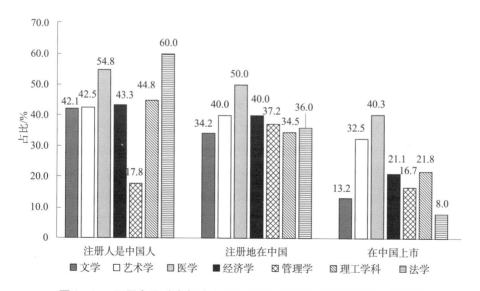

图1-22 不同专业受访者对"国民身份是构成民族品牌概念"的选择

医学、法学专业受访者明显高于其他专业受访者，尤其是同管理学专业受访者相比，差异较大，超过30%；在"上市地在中国是民族品牌内涵的构成要素"的选择上，医学专业受访者明显高于其他区域受访者，尤其是同法学专业受访者相比，差异达30%以上；在"注册地在中国是民族品牌内涵的构成要素"的选择上，医学专业受访者明显高于其他专业受访者，差异在10%～20%，说明注册地的国民属性在民族品牌内涵认知上存在一定的专业差异。

1.5 民族品牌的市场表现

品牌市场表现指品牌在市场经营中开展的广告、营销、销售等活动的表现，表征品牌的市场地位和消费者认同。在之前的报告中，可以看出知名度对于民族品牌认知的影响，而知名度主要受市场表现的影响，因此，在讨论民族品牌认知时，应当充分考虑品牌的市场表现。本书从市场表现的角度对民族品牌展开思辨，通过调查问卷形式，获取受访者对具有不同市场表现的品牌是否属于民族品牌的判断，探究市场表现对民族品牌内涵的影响。

1.5.1 市场表现影响民族品牌认知的思辨

从具体的品牌出发，让受访者判断具有不同市场表现的品牌是否属于民族品牌，对品牌市场表现进行三个方面的限定：品牌美誉度、主要经营销售范围、市场占有率，分别从这三个要素展开，同时选择酒鬼、海底捞、三鹿奶粉作为品牌美誉度经历恶性事件受影响的品牌代表，选择张一元、汾酒、洋河酒作为经营销售范围主要集中在某地区的品牌代表，选择红旗汽车、张小泉剪刀、永久自行车作为市场份额一般的品牌代表，让受访者从市场表现的角度去判断这些品牌是否属于民族品牌。

调查数据表明，受访者对于美誉度影响民族品牌构成的选择倾向明显，在问卷中列出的三个经历丑闻事件的品牌，受访者对其属于民族品牌的认同率较低，均不足40%（见图1-23）。

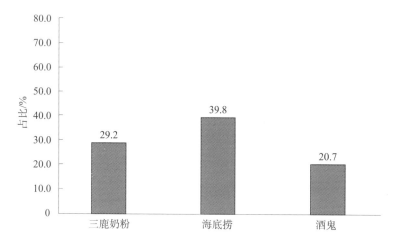

图 1 - 23　受访者基于美誉度对某品牌属于民族品牌的选择

同时，在"具有一定的美誉度是民族品牌概念构成要素"的选择中，受访者认同该项的比例超过60%（见图 1 - 24），在所有的影响因素中排名前三，足以说明在受访者对民族品牌内涵的认知中，品牌美誉度是民族品牌内涵的重要组成要素。

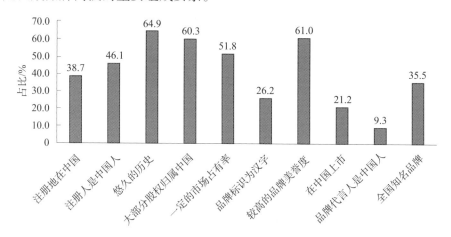

图 1 - 24　受访者对民族品牌概念要素构成的选择

此外，受访者对于主要经营销售范围影响民族品牌构成的选择倾向一般，地方性品牌的民族品牌认同率在75%以上，而与相同历史性的全国性品牌相比较低，说明主要经营销售范围因素对人们判断是否属于民族品牌有一定的影响（见图 1 - 25）。

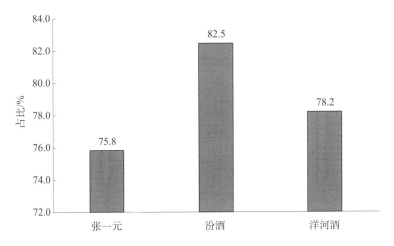

图1-25　受访者基于经营销售范围对某品牌属于民族品牌的选择

受访者对于市场份额影响民族品牌构成的选择倾向较低，调查中列举的品牌市场份额较低，但民族品牌认同率在80%以上，说明市场份额因素对人们判断是否属于民族品牌的影响较小，尤其是对知名度高的品牌几乎不影响（见图1-26）。

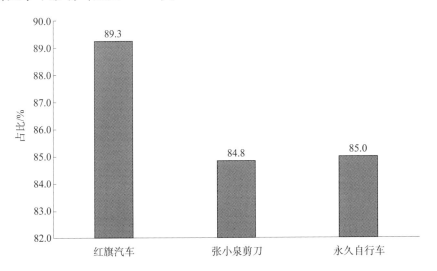

图1-26　受访者基于市场份额对某品牌属于民族品牌的选择

1.5.2　市场表现在不同人群间民族品牌认知的差异

从市场表现上认知民族品牌是否存在受访者群体间的差异呢？为此，本书在调查中设置了"有一定的市场占有率""有较高的品牌美誉度""非地方品牌"三个民族品牌内涵的判断项，通过对比不同受访者群体对这三项的判断结果，发现按一般人口统计学指标划分的不同群体间对民族品牌内涵市场表现的判断存在以下认知差异。

第一，不同年龄的受访者群体，在市场占有率、品牌非地方性影响民族品牌内涵认知上存在显著的差异，而在美誉度影响民族品牌内涵认知上存在一定的差异。主要表现在"有一定的市场占有率是民族品牌内涵的构成要素"的选择上，46 岁及以上年龄受访者与其他年龄受访者相比，呈现出明显的认同态势，而且随着年龄增长呈现增长趋势，同时，46 岁及以上年龄受访者与 18～27 岁受访者差异较大；不同年龄的受访者群体中，在"非地方性品牌是民族品牌内涵的构成要素"的选择上，36～45 岁受访者比其他年龄段受访者表现出的认同较弱，差异在 20%以上；在"有较高的美誉度是民族品牌内涵的构成要素"的选择上，18～27 岁受访者比其他年龄段受访者表现出的认同较弱，同时差异在 10%左右（见图 1-27）。

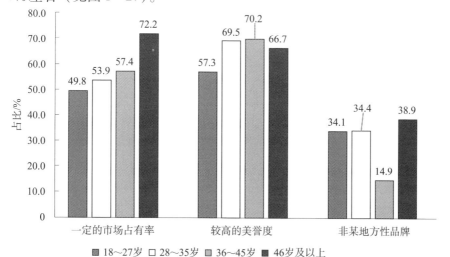

图 1-27　不同年龄受访者对"市场表现是构成民族品牌概念"的选择

第二，不同性别的受访者群体，在市场占有率、品牌非地方性影响民族品牌内涵认知上存在微弱的差异，而在美誉度影响民族品牌内涵认知上不存在差异。主要表现在"有一定的市场占有率是民族品牌内涵的构成要素""非地方性品牌是民族品牌内涵的构成要素"的选择上，男性和女性受访者差异较小；而在"有较高的美誉度是民族品牌内涵的构成要素"的选择上，男性和女性受访者间的差异在3%以内（见图1-28）。

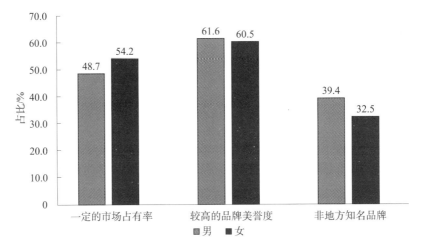

图1-28　不同性别受访者对"市场表现是构成民族品牌概念"的选择

第三，不同地域的受访者群体，在市场占有率和美誉度影响民族品牌内涵认知上存在微弱的差异，而品牌非地方性在民族品牌内涵认知上存在一定的差异。主要表现在"有一定的市场占有率是民族品牌内涵的构成要素""有较高的美誉度是民族品牌内涵的构成要素"的选择上，华中地区、西南区域略高于其他区域受访者，且差异均不超过10%；在"非地方性品牌是民族品牌内涵的构成要素"的选择上，东北地区受访者比其他地区受访者表现出的认同较弱，差异在10%～20%（见图1-29）。

第四，不同专业背景的受访者群体，在市场占有率和美誉度影响民族品牌内涵认知上存在显著的差异，而品牌非地方性在民族品牌内涵认知上存在一定的差异。主要表现在"有一定的市场占有率是民族品牌内

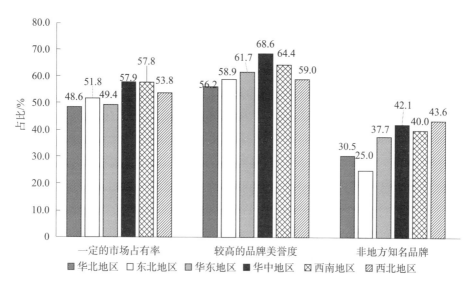

图 1 - 29　不同地域受访者对"市场表现是构成民族品牌概念"的选择

涵的构成要素""有较高的美誉度是民族品牌内涵的构成要素"的选择上，不同专业的受访者之间表现出了差异性，最大差异超过 20%；在"非地方性品牌是民族品牌内涵的构成要素"的选择上，艺术学和医学专业受访者比其他专业受访者表现出的认同高，差异在 10%～20%（见图 1 - 30）。

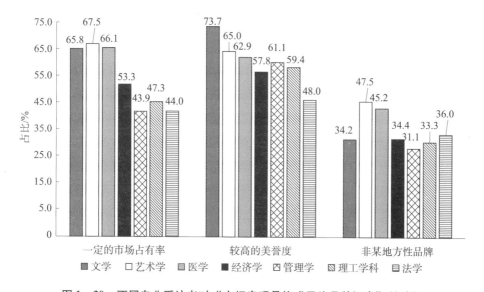

图 1 - 30　不同专业受访者对"市场表现是构成民族品牌概念"的选择

1.6 民族品牌的文化内涵

品牌文化内涵是指品牌内在表征或者外在表现的文化，在民族品牌内涵的探讨和思辨中，人们倾向于认同那些传承中华民族文化的品牌作为民族品牌，从品牌的文化基因判断其是否属于民族品牌是十分必要的。因此，本书从文化内涵的角度对民族品牌展开思辨，通过调查问卷形式，获取受访者对具有不同文化内涵的品牌是否属于民族品牌的判断，探究文化内涵对民族品牌内涵的影响。

1.6.1 文化内涵影响民族品牌认知的思辨

从具体的品牌出发，让受访者判断具有不同文化内涵的品牌是否属于民族品牌，在此对品牌文化内涵进行两个方面的限定：代言人为中国人、品牌标识为汉字。本书分别对这两个要素展开思辨，同时选择张裕葡萄酒、景田百岁山、匹克作为由外国人作为品牌代言人的品牌代表，选择 vivo、oppo 作为直接使用外文符号作为品牌标识的品牌代表，选择美特斯邦威、班尼路作为外文音译作为品牌标识的品牌代表，让受访者从文化符号属性的角度去判断这些品牌是否属于中华民族品牌。

数据表明，尽管张裕葡萄酒、景田百岁山、匹克的品牌代言人为外国人，但是受访者依旧有超过 65% 以上的人认为其是民族品牌，可见品牌代言人是否是中国人对于判断其是否属于中华民族品牌的影响较小；而品牌标识上使用外文或外文音译，则相对而言影响较大，班尼路、美特斯邦威的民族品牌认知率均在 50% 以下，而 oppo、vivo 因其成功的品牌营销，使得受访者对其的民族品牌认知度达到 70% 以上，侧面说明了文化因素以外品牌营销对于民族品牌认知的影响（见图 1-31）。

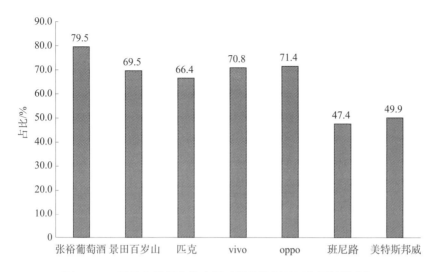

图 1 – 31　受访者基于文化内涵对某品牌属于民族品牌的选择

1.6.2　文化内涵在不同人群间民族品牌认知的差异

　　从文化内涵上认知民族品牌是否存在受访者群体间的差异呢？为此，本书在调查中设置了"代言人是中国人""品牌标识是汉字"这两个民族品牌内涵的判断项，通过对比不同受访者群体对这两项的判断结果，发现按一般人口统计学指标划分的不同群体对民族品牌内涵在文化内涵上的判断存在以下认知差异。

　　第一，不同年龄的受访者群体，在品牌标识为汉字影响民族品牌内涵认知上存在显著的差异，在代言人影响民族品牌内涵认知上存在微弱的差异。主要表现在"品牌标识为汉字是民族品牌内涵的构成要素"的选择上，46 岁及以上年龄受访者与其他年龄受访者相比，呈现出明显的认同态势，而且随着年龄增长呈现增长趋势，同时，46 岁及以上年龄受访者与 18 ～ 27 岁受访者差异较大；在"代言人为中国人是民族品牌内涵的构成要素"的选择上，18 ～ 27 岁受访者和 36 ～ 45 岁受访者比其他年龄段受访者表现出的认同强，而差异仅为 5% 左右（见图 1 – 32）。

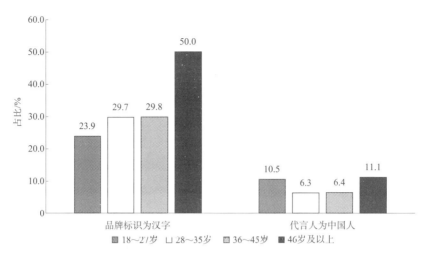

图 1-32　不同年龄受访者对"文化内涵是构成民族品牌概念"的选择

第二，不同性别的受访者群体，在品牌标识为汉字影响民族品牌内涵认知上存在一定的差异，而在品牌代言人影响民族品牌内涵认知上不存在差异。主要表现在"品牌标识为汉字是民族品牌内涵的构成要素"的选择上，男性受访者表现出比女性受访者更赞同的态度，同时男性和女性受访者差异在10%以上；而在"品牌代言人为中国人是民族品牌内涵的构成要素"的选择上，男性和女性受访者的差异在3%以内（见图1-33）。

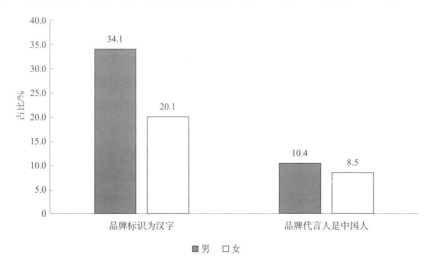

图 1-33　不同性别受访者对"文化内涵是构成民族品牌概念"的选择

第三，不同地域的受访者群体，在品牌标识为汉字影响民族品牌内涵认知上存在一定的差异，而在品牌代言人影响民族品牌内涵认知上仅存在微弱的差异。主要表现在"品牌标识为汉字是民族品牌内涵的构成要素"的选择上，东北地区、西北地区低于其他区域受访者，且差异超过 10%；在"品牌代言人为中国人是民族品牌内涵的构成要素"的选择上，东北地区受访者低于其他地区受访者，差异在 10% 以内（见图 1 - 34）。

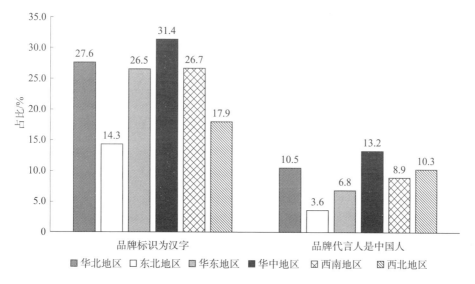

图 1 - 34　不同地域受访者对"文化内涵是构成民族品牌概念"的选择

第四，在品牌标识、品牌代言人影响民族品牌内涵认知上均存在一定的差异。主要表现在"品牌标识为汉字是民族品牌内涵的构成要素"的选择上，不同专业的受访者之间表现出差异性，医学和法学专业受访者低于其他专业受访者，差异在 10% ~ 20%；在"品牌代言人为中国人是民族品牌内涵的构成要素"的选择上，文学和法学专业受访者完全不认同，在此项的选择率为 0，而其他专业均在 10% 以上，说明品牌代言人在民族品牌内涵认知上存在一定的差异（见图 1 - 35）。

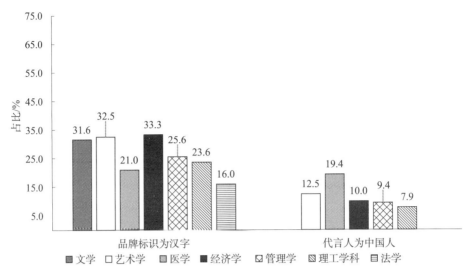

图 1-35   不同专业受访者对"文化内涵是构成民族品牌概念"的选择

1.7   民族品牌的判断准则

根据本章对中华民族品牌内涵的探讨，通过调查问卷采集大量受访者关于中华民族品牌的认知，可以发现整体上民族品牌概念认知上呈现以下两方面的特点：

一是民族品牌概念构成复合化。从受访者对民族品牌的判断和构成民族品牌的要素选择来看，民族品牌的概念是一个包含多种因素的复合概念。调查数据显示，对中华民族品牌概念的认知，只有 8.5% 的被调查人员认为这个概念可以直接从某一方面进行定义，而绝大多数人都认为民族品牌是一个包含多方面含义的复合概念，这个概念的构成要素项数分别为 2 项（11.4%）、3 项（20.3%）、4 项（19.3%）、5 项（15.4%）、6 项（11.4%）、7 项（7.9%）、8 项（2.1%）、9 项（1.3%）、10 项（2.4%）。在所有列出的可能构成民族品牌的要素中，认知度比较高的前三个要素分别为有悠久的历史（411 人）、有较高的美誉度（386 人）、股权大多数属于中国（382 人），均占了 60% 以上；而认知度比较低的三个要素分别为代言人是中国人（59 人）、在中国内地上市（134 人）、品牌标识为汉字（166 人），均不到 30%。

二是民族品牌概念认知差异化。不同地域、不同年龄、不同专业背景、不同性别等均会带来民族品牌概念的认知差异。通过调查数据分析，著者发现在民族品牌构成要素的认知上，总体而言，这种差异并不显著，但几乎按照不同标准划分的不同人群之间都有认知上的差别，对于某些因素而言，这种差别十分巨大，比如，在不同专业背景对于民族品牌认知的调查中，文学专业更偏爱品牌美誉度较高的、管理学专业对于注册人是否是中国人并不敏感、法学和文学专业认为代言人的选择根本不会影响其是否是中华民族品牌；在不同年龄段对于民族品牌认知的调查中，相比于其他年龄段的受访者，46 岁以上年龄组更重视文化符号（品牌标识）、市场表现；在地域对于民族品牌认知的调查中，东北地区受访者更注重注册人是中国人这一国民身份，而对于品牌标识为汉字这一文化符号相较于其他人群而言并不重视。这种差异化的存在使本书的研究结论不仅是有趣的，也是有用的；不仅在理论意义上给本书研究民族品牌带来了新的思路，也在实践层面上为品牌营销提供了新的参考。

基于上述认知，著者对其中提及的内涵要素经过分析、提炼、加工，提出中华民族品牌的六大判断准则：

准则一：品牌具有悠久的历史

具有悠久的品牌历史是指品牌的创立时间较早，具有一定的历史传承。在情感认知上，人们习惯将具有悠久历史的品牌与民族品牌之间建立较强的关联，更愿意接受具有悠久历史的、与社会和时代共同成长的品牌，这样的品牌比较容易被赋予一种感情，商务部在全国范围内开展的"中华老字号"认定，将老字号品牌的品牌创立节点设为 1956 年（含）以前，而认定名单中的品牌毫无疑问会被绝大多数人接受为民族品牌，可见从历史性层面衡量民族品牌符合社会主流评判标准。

同时，著者调查的数据也证明了这一点，在"你认为中华民族品牌的构成要素有哪些"的提问中，"具有悠久的历史"排名第一；另外，从具体的品牌角度，在品牌调研时列举出的"同仁堂""张小泉剪刀""张裕葡萄酒"等具有悠久历史的品牌无一不获得受访者的青睐，受访者更愿意将具有相对悠久历史的品牌视为民族品牌，甚至在很多人看来，历史性是民族品牌必不可少的构成要素，只有具有一定历史年代感，具有时代年轮的品牌才称得上是民族品牌。

准则二：品牌具有深厚的文化底蕴

品牌文化底蕴的概念较为复杂，主要包含两方面的内容：品牌隐性的文化符号和品牌直观的文化符号两种。其中，品牌隐性文化符号主要指品牌所具有的中华民族传统文化背景，能够代表或指征中华民族璀璨文化中的一部分，能够让人产生文化共鸣，如中国悠久的酒文化、茶文化等，调查数据显示，从这些文化中滋养出的品牌也更容易被认为是中华民族品牌，受访者对民族品牌内涵定义的一个重要方面就是品牌是否具有中华民族优秀文化的基因。受访者对于品牌文化底蕴的重视，一方面体现了消费者对于品牌所代表的文化认同，另一方面也体现了在中华民族伟大复兴之路上的文化自觉和文化自信。

品牌直观的文化符号主要指品牌的标识符号、代言人国籍等直观影响文化判断的因素，是品牌文化底蕴的一部分。在民族品牌认知的发展中，曾经是一项十分重要的判别标准，而随着社会经济全球化的不断深入，民族间的交流更加频繁，文化符号所代表的文化内涵已经逐渐被淡化，调查数据表明，对于使用外文标识或谐音的品牌在民族品牌认知度较低，但也存在像 vivo、oppo 这样的品牌通过自身的营销宣传使更多的人认为其是中华民族品牌，说明文化符号对民族品牌的判别作用在减弱；对邀请外国人担任产品形象代言人的品牌，受访者对其是民族品牌的判断比例较高，说明对于代言人所表征的文化符号对民族品牌判断的影响已经非常小了。

准则三：品牌具有健康的公共形象

健康的公共形象主要指品牌在社会或市场行为中表现出的个体特征为消费者带来的关于品牌价值观的判断。品牌社会形象对于消费者而言，是一种直观的感知和定位，对于品牌的发展而言至关重要，尤其是在当前信息爆炸的时代，消费者往往会被各种信息淹没，同质同类产品层出不穷，品牌的社会形象不仅是品牌往往是消费者判断的首要依据。对中华民族品牌而言，健康的社会形象尤为重要。

调查数据显示，受某些恶性事件影响的品牌在受访者对民族品牌认同率很低，同时，在"你认为中华民族品牌的构成要素有哪些"的提问中，"具有较高的美誉度"也排名前列，说明了受访者对于社会形象因素的重视；另一方面，中华民族历来有重视品牌社会形象的传统，"真不二价"的品牌、具有更强社会责任感的品牌更容易受人青睐，因此，从情感上也解释了健康的社会形象对于判别中华民族品牌的重要作用。

准则四：品牌大部分股权或经营权归属中国

品牌股权和经营权属于品牌资本属性的范畴，随着经济全球化的发展，变得越来越复杂，比如全球化生产、投资并购、股权经营权分离等，也为研究民族品牌带来了有关品牌资本属性和民族品牌认知上更复杂的课题。

从传统意义上讲，民族品牌的判断标准之一就是这个品牌是属于中华民族，因此品牌的"所有权"直接决定了其是否为民族品牌，这在商业社会初期是被普遍接受的准则，当前虽然全球化对资本属性和经营权的划分产生了新的变化，然而在民族品牌的认知上，人们依旧倾向于将此视为民族品牌的评判标准。

调查数据显示，许多优秀的品牌在受访者第一次调查中被认为是民族品牌，而当第二次调查中告知受访者品牌被外资控股或所有后，受访者改变了之前的判断；另外，在调查中列举了几项被我国收购的国外品牌，同样在第二次告知品牌资本当前归属中国后，受访者对其民族品牌的认同率上升。同时，在"你认为中华民族品牌的构成要素有哪些"的提问中，"股权大部分属于中国"也排名前列，因此，可以说明受访者对于股权或者经营权的归属影响民族品牌判断还是持认同态度的。

准则五：品牌创始人具备中国国民身份

品牌国民身份包含品牌创始人、品牌创立地、品牌上市地等因素，而随着经济的不断开放，后两者对于民族品牌判断的意义越来越小，只有品牌创始人的国民身份依然在中华民族品牌的判断中占据重要的地位。品牌创始人具备中国国民身份不仅是中华民族品牌概念的一部分，也是"民族品牌属于中华民族"除资本属性以外的另一层注解。

数据显示，在具体品牌是否属于民族品牌的调查中，已知创始人为外国人的品牌一般很少被受访者认为是民族品牌。这是因为在品牌的认知中，品牌的国别首先是由品牌创始人的国别决定的，而品牌的国别是判断民族品牌的重要因素。在"你认为中华民族品牌的构成要素有哪些"的提问中，有相当一部分比例的受访者选择将"注册人为中国人"作为民族品牌的概念构成要素，也直接说明了品牌创立者的国民身份对于判断民族品牌的重要意义。

准则六：品牌获得广泛的社会认同

品牌获得广泛的社会认同包括两方面的内容，一方面是品牌的市场表现，包括具有一定的市场占有率、产业规模、具备良好的盈利状况、具有良好的技术积累等，另一方面是因为市场表现为消费者提供的品牌认同，包括对品牌处于某方面领先地位的认同及产生的民族自豪感等。

数据表明，在具体品牌的民族品牌判断调查中，像中国高铁、中国核电这类能够代表我国当前高速发展水平，在消费者中产生民族自豪感和民族自信心的品牌，具有较高的民族品牌认知度；此外，在受访者提交的民族品牌概念构成要素中，很大一部分都提及社会认同的概念，主要包括对社会地位、经济地位、价值观念的认同。因此，品牌获得广泛的社会认同也是判断品牌是否属于中华民族品牌的重要依据。

正如本小节之前提到的，民族品牌概念构成具有复合性，人们对此的认知也具有差异性，我们无法通过唯一的方法来判定一个品牌是否属于民族品牌，因而归纳了以上六项准则，尽可能全面地覆盖了民族品牌概念的有关思考。正因为准则的复杂与广泛，一个民族品牌的判定不需要完整地符合以上全部准则，只需要符合其中一项或几项即可。

1.8　本章小结

本章主要通过对中华民族品牌内涵在资本属性、历史维度、市场表现、文化内涵、国民身份这五个不同方面的思辨，同时在不同认知条件、不同人群、不同影响因素上对民族品牌概念要素认知差异，在民族品牌的概念内涵上进行了深入的探索和总结。

从资本属性影响民族品牌内涵认知的思辨结果中可以看出，资本是否属于中国，对民族品牌的判断起着显著的影响。具有国内资本属性的民族品牌内涵认知，主要有以下两个方面的特点：国内资本属性品牌的民族品牌认可度较高，且国有资本和民营资本对民族品牌内涵影响无显著差别；中资收购的外国品牌在民族品牌认可度上有所提升但总体依然偏低。具有国外资本属性的民族品牌内涵认知具有以下特点：外资收购的中国品牌在民族品牌认可度上有所下降。在不同的群体之间，性别不同并不会对资本属性影响民族品牌认知产生影响，地域不同会对资本属性影响民族品牌认知产生一定的影响，而年龄不同、专业不同会对资本属性影响民族品牌认知产生显著的影响。

从历史维度影响民族品牌内涵认知的思辨结果中可以看出，是否具有悠久的历史，也对民族品牌的判断起着显著的影响。具有悠久历史的品牌比其他品牌更容易被认可为民族品牌。在不同的群体之间，性别不同、地域不同仅会对历史维度影响民族品牌认知产生微弱的影响；年龄不同会对历史维度影响民族品牌认知产生一定的影响；专业不同会对历史维度影响民族品牌认知产生显著的影响。

从国民身份影响民族品牌内涵认知的思辨结果中可以看出，创始人或高级管理者的国民属性对民族品牌的判断产生十分显著的影响，而上市地或注册地的国民属性对民族品牌的判断影响较小。在不同群体之间，年龄不同对国民身份影响民族品牌认知产生显著的影响；性别不同对国民身份影响民族品牌认知产生微弱的影响；地域不同对国民身份影响民族品牌认知产生一定的影响，而专业不同对国民身份影响民族品牌认知产生较为显著的影响。

从市场表现影响民族品牌内涵认知的思辨结果中可以看出，品牌具有较高美誉度对民族品牌的判断产生十分显著的影响，而品牌具有较高市场占有率和品牌经营销售范围对民族品牌的判断影响相对较弱。在不同群体之间，性别不同不会对市场表现影响民族品牌认知产生影响；年龄不同、地域不同对市场表现影响民族品牌认知产生一定的影响；专业不同对市场表现影响民族品牌认知产生较为显著的影响。

从文化内涵影响民族品牌内涵认知的思辨结果中可以看出，品牌具

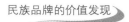

有深刻民族文化内涵对民族品牌的判断产生十分显著的影响，而品牌外在文化要素，如代言人和品牌标识则影响相对较小。不同群体之间，年龄不同、性别不同、地域不同、专业不同均会对文化内涵影响民族品牌认知产生一定的影响。

　　本章的研究工作主要包括对问卷调查结果的统计分析、对受访者提出的民族品牌内涵观点的提炼总结，从以上五个方面对民族品牌内涵展开思辨，并在此基础上提出民族品牌的六大判断准则：品牌具有悠久的历史、品牌具有深厚的文化底蕴、品牌具有健康的公共形象、品牌大部分股权或经营权归属中国、品牌创始人具备中国国民身份、品牌获得广泛的社会认同。通过对民族品牌内涵的探讨与思辨，对民族品牌判别标准的梳理与总结，进一步提升对民族品牌概念的认知，对民族品牌振兴相关工作的开展起到一定的辅助作用。

第 2 章　品牌价值的要素构成

在经济全球化的浪潮与我国改革开放双重环境影响下，以品牌为核心的无形资产竞争正逐渐取代以提高市场占有率为中心的市场竞争模式，对于想要取得成功的企业来说，没有比建立属于自己的、具有独特价值的品牌更重要的途径。品牌是企业发展的命脉，是进步的源泉，在某种意义上可以说是国家综合实力的重要反映，是民族素质的重要表现。

党的十八大以来，品牌建设引起了党中央、国务院及相关部门的高度重视。党的十八大报告中明确提到：实施知识产权战略，加强知识产权保护。中国资产评估协会于 2012 年 11 月 21 日至 23 日在厦门成功举办了"2012 中国资产评估论坛"，此次论坛将"品牌·价值·评估"作为主题，就品牌价值与管理、评估的关系这一社会热点与社会各界共同探讨。2013 年 12 月 17 日，国务院国有资产监督管理委员会公布了《关于加强中央企业品牌建设的指导意见》，确立了提高中央企业品牌建设水平、推动中央企业转型升级、做强做优中央企业、培育具有国际竞争力的世界一流企业的目标。2015 年中央一号文件则聚焦新型农业现代化，鼓励"大力发展名特优新农产品，培育知名品牌"，这对于我国的品牌建设与品牌价值评估事业提出了更高层次的要求。

2.1　品牌价值的内涵分析

品牌这一词语最早可以追溯到古斯堪的纳维亚语 brandr，表明事物的"燃烧"，指经过烧着的印章被工匠烙印到产品上，仅仅起着代表某种产品的作用。1950 年"广告之父"大卫·奥格威（David Ogilvy）则首次提出了品牌这一概念。国内对于品牌的研究晚于西方，最早能够追溯到 20 世纪 80 年代。

品牌价值是指消费者对不同的品牌营销活动做出不同反应的效果的体现，在进行品牌间比较时，品牌价值代表了消费者对品牌给出的总体性的效用评价。❶ 从经济学的角度出发，也有学者提出品牌价值实质上是一种虚拟价值，贯穿品牌生命周期的全过程，即在产品生产、制造、宣传推广、营销策划、商业服务以及日常经营管理等一系列行为中共同创造的价值。❷ 刘文华从消费者的角度出发，认为消费者在精神上对品牌的认可和支持，实质上就是对品牌的需求，消费者对品牌所属组织或机构提供的产品与服务的感受，决定了品牌价值的大小，这也是品牌存在的意义。❸

品牌是一种符号。美国营销协会（AMA）对品牌是这样定义的：品牌是一种特定的术语、设计图案、符号或其他特征元素，甚至是它们之间相异的组合使用，以便用来识别类似商品或服务的卖方和其他卖方。现代营销学之父菲利普·科特勒（Philip Kotler）也给出了与之类似的定义，实际上都将品牌作为商品或服务的提供者表明自身特色的辨别标识，进而可以为消费者提供某种程度上的保证、信用与承诺。这对于品牌的定义显然只将品牌作为一种具有表面形式的要素，既片面又没有将其本质含义考虑进去。

品牌是一种具有复合性的概念，具有象征意义。美国奥美广告公司发起人大卫·奥格威（David Ogilvy）将品牌视作一个复杂的符号，具备无形的特性，包括名称、包装、标价、历史情况、名誉及广告方法。品牌也被定义为消费者使用的回忆，以及他们自己的经验。1997 年美国品牌学者戴维森（Davidson）将品牌视为一座冰山，将品牌分为水上部分与水下部分，占据品牌 15% 的部分是标志、象征符号，这些方面露出水面，而代表品牌的价值观、文化及智慧占据 85%，这些是冰山深藏于水

---

❶ 高鑫，董志文. 品牌价值研究综述 [J]. 江苏商论，2014，11：17–21.

❷ 王彦亮，林左鸣. 广义虚拟经济价值理论视角的品牌价值研究 [J]. 广义虚拟经济研究，2013，1：37–48.

❸ 刘文华. 基于顾客忠诚度的品牌价值提升策略 [J]. 商场现代化，2007，6：38–39.

下的部分，这是品牌产生强大作用力的重要源头。这就是著名的"品牌冰山理论"。这样的观点综合了整个社会环境，认为品牌是多个元素组合在一起的混合体，也导致了人们对于品牌与商标、商誉的关系认识含糊不清。

品牌属于无形资产的范畴。消费者需求的多样性与企业之间竞争的日趋激烈促使品牌成为企业不可替代的无形资产。2010 年国际标准化组织（International Organization for Standards）发布了《品牌评估——价值评估要求》，也被称为 10668 号国际准则，这是目前唯一的具有国际影响的品牌评估准则，准则中明确指出"品牌是所有无形资产中最具内在价值的，同时也是最易被误解，其作用没能被充分认识的资产"。A. L. 贝尔（Alexander L. Biel）也认为无形资产包含了品牌资产，品牌可以增加企业未来的收益，具有有形资产所不具备的价值利益。

品牌是一类特殊的关系。联合利华董事长迈克尔·佩里（Michael Perry）将品牌定义为由消费者对在日常生活中商品的感觉引发的相关意义的综合体。这种定义充分考虑了消费者因素，如与品牌相关的消费者满意度、忠诚度，体现了企业与消费者之间的互动作用，消费者与品牌之间恰当沟通的重要性应得到企业的高度重视。当然，这种特殊关系还可以涉及员工及其他与品牌的利益相关者。如何界定品牌，或如何给品牌下定义，由于时代背景不同，观察方向不同，观察深度相异等，在文献中会找出许多不同的答案。试图找出一个简明而又经典的说法把其他说法排除的想法是非常肤浅的，因为对于品牌的概念，如不从不同视角、不同深度来认识其性质，是不可能有必要的理解。

品牌具有许多特点，包括了识别性、无形性、风险性和成长性。

识别性：品牌具有标志产品或服务的作用，起着与商标相近的功能。现代社会是信息爆炸的时代，消费者对产品或服务进行选择过程中面对洪水般的信息会显得无所适从，而那些具有鲜明特征的产品能够最先吸引消费者的目光，特别是知名度极高的品牌。消费者一旦遇见自己所熟悉的品牌就会形成一种条件反射，将产生该品牌与相关的产品特征的记忆联系。

无形性：品牌是企业重要的无形资源，品牌虽不具备库存产品、机器、设备、厂房等有形资产具有的可视性，但其符合经济学中对于资产的定义，能够在未来带给其所有者经济利益，品牌以其特殊的价值成为企业最宝贵的无形资产。

风险性：品牌是在特定的经济、社会、法律环境与企业自身发展历程中创立的，与企业的命运休戚相关。企业处于一个千变万化的环境中，周围环境的改变直接影响品牌的收益，因此品牌的收益转化具有风险性。

成长性：品牌与众多普通事物一样会经过一个出现、发展的嬗变。资本具有逐利的特征，而品牌的成长则是资本增值的有力武器，企业可以利用品牌发展对市场进行开拓，进而刺激资本扩张。

品牌价值是品牌在某一时点根据特定的评估方法计算出来的品牌内在价值，对于品牌价值理解角度的不同，会引起人们对于品牌价值构成要素认知的差异，进而影响品牌价值评估结果。从财务视角看，品牌价值是与品牌相关产品所产生的附加利益价值；从市场视角看，品牌价值受到了对销售量、利润产生影响的市场营销努力作用；从消费者角度考虑，品牌价值源于消费者对不同品牌产生的差异化行为，消费者的利益与品牌价值互利共生。以上角度虽方向各异，但都承认企业与消费者行为对于品牌价值的影响，只是侧重点存在差异。品牌价值是内涵极为复杂的概念，不可厚此薄彼。品牌价值内涵纷繁复杂，对品牌价值影响因子进行分析有利于深化对品牌价值的了解，提升品牌价值评估的合理性。

（1）宏观环境

品牌价值的形成离不开宏观环境的支持，主要是经济环境、制度政策环境。比如说经济发展、居民消费水平、国家产业政策。国内生产总值（GDP）是反映经济发展最重要的指标之一，GDP 持续稳定增长说明经济发展形势较好，能为企业的发展提供一个良好的外部环境。居民消费水平则直接反映消费者的购买行为，居民消费水平的提升说明消费者增加了对商品或服务的购买，有助于品牌价值的提升。国家的产业政策的支持力度则直接影响与品牌相关的产品或服务的价值实现，进而影响品牌价值。

（2）市场因素

品牌价值来源于商品的购买，市场因素关系到商品价值的成功实现。

比如市场结构、企业在行业中所处的市场地位、企业产品在市场中加工及销售的广度，这都会对品牌价值有直接的影响。

（3）产品因素

产品对品牌价值的影响是基础性的，因为产品是品牌的物质表现，产品的质量、对消费者需求的满足程度都关系到消费者的忠诚度。竞争力强的产品会满足消费者多元化的需求，产品销量及市场占有率持续增长，扩大与产品相关的品牌影响力，提升品牌价值。

（4）品牌维护

品牌价值离不开企业对于品牌的宣传与保护。如今消费者在市场中面对应有尽有的产品有时会感到无所适从，若企业提高对品牌的宣传力度，会扩大产品在市场中的知名度，提升品牌在消费者心目所处的位置。对于品牌的保护主要体现在法律方面，若法律对与品牌对应的商标提供了良好的保护，就可以排除其他人对于该商标的占有，做到享有商标的完全所有权。

2.2　品牌价值的构成来源

目前，学界对品牌价值来源的主要有三种观点：企业视角下的资产评估理论、消费者视角下的品牌价值理论、利益相关者视角下的品牌价值理论。❶

企业视角下的资产评估理论主要是对品牌资产评估中收益法的变形，即出于评估以及市场收购的目的，认为品牌资产代表的是在产品生产过程中所有有形资产带来的价值，❷ 或者说是将品牌为企业带来的利润量化为有形的企业资产，赋予品牌财务上的价值。对于品牌资产的评价方

---

❶ 张燚，张锐，刘进平. 品牌价值来源及其理论评析［J］. 预测，2010，5：74 - 80.

❷ BIEL A L. How Brand Image Drives Brand Equity［J］. Journal of Advertising Research, 1992, 32（6）.

法，大多数情况下是参照企业其他无形资产评估的方法进行价值估算，❶由于企业财产价值是可获得的，并且高价值的品牌必定伴随着企业价值与股东价值的实现，因此基于企业财务理论来衡量品牌价值是有一定可行性的。但也有学者指出，仅依赖企业财务数据计算而得的品牌价值，并不能完全传递企业有用的信息，由于没有考虑消费者的作用，并不能真正说明品牌价值的来源，也忽视了品牌发挥作用的一系列与消费者有关的中间过程，没有考虑消费者对品牌价值的贡献。❷

消费者视角下的品牌价值理论认为，品牌作为一种符号与标识，区分了产品的制造商和销售商，承载着产品的服务与功能提供给消费者的承诺与保证。❸品牌价值的大小受消费者未来的购买倾向与行为的影响，这种购买欲又会依赖于企业为推广品牌做出的一系列营销活动对消费者心理产生的影响。❹品牌的准确定位会为品牌吸引众多目标消费者，最终产生有形的市场利润，品牌价值就是寻求准确定位过程中，付出的所有脑力与体力劳动的总和。❺强势品牌之所以具有更高的品牌价值，是因为在定位的过程中，与消费者建立了更为深度与亲密的关系，从而让消费者体验到了它所代表的价值。❻基于顾客导向的品牌价值评估则是综合了消费者对品牌的认知度、态度、联想和忠诚度等因素来评价的，其根本原因在于，品牌对消费者的意义不仅在于可识别，更在于可简化消费者的购买决策。但这种视角也是存在局限性的，Stewart认为，仅考虑消费者与企业营销部门对品牌的作用是不严谨的，品牌发展过程中的声誉问题对其他利益相关者也很重要，由于在塑造品牌的过程中，不可避免地涉及企业多个部门的合作，这会对品牌产生巨大的潜在伤害。❼同样，有学者指出现有的理论研究缺少对品牌创造过程中跨组织合作的

---

❶ 于春玲，赵平. 品牌资产及其测量中的概念解析 [J]. 南开管理评论，2003，1：10 - 13，25.

❷ 范秀成，冷岩. 品牌价值评估的忠诚因子法 [J]. 科学管理研究，2000，5：50 - 56.

❸ KOTLER P, ARMSTRONG G. 营销学导论 [M]. 俞利军，译. 北京：华夏出版社，1999：320.

❹ 范秀成，冷岩. 品牌价值评估的忠诚因子法 [J]. 科学管理研究，2000，5：50 - 56.

❺ 余明阳. 品牌学 [M]. 广州：广东经济出版社，2002：1 - 10.

❻ KEVIN L K. 战略品牌管理 [M]. 卢泰宏，吴水龙，等译. 北京：中国人民大学出版社，2009，2 - 5.

❼ STEWART F. Taking care of a brand needs a broader outlook [J]. Marketing, 2002.

重要性，忽视了诸如分销商和零售商等下游顾客的重要性。❶

最后，在利益相关者视角中，学者们普遍认为组织就是品牌，品牌就是组织，❷ 基于此，只考虑消费者与产品的竞争就不能很好地支撑起品牌的关系。❸ Duncan 等认为，品牌的利益相关者与其他相关品牌之间的互动催生了品牌价值，这种相对的互动会深刻地影响品牌关系和品牌资产。❹ 不同利益相关者对品牌会有不同的需求和影响。由此可以看出，利益相关者下的品牌价值理论更加多元，王兴元指出，品牌价值可以看作以品牌为中心的，包括品牌所属企业、供给商、中间商、消费者、竞争对手、媒体、政府等经济、社会要素、自然要素互相协调互动而形成的复杂系统。❺ Kotler 认为，品牌应体现政府主管部门、执法部门和社会舆论等的利益，是对员工及人才发展愿景以及供销商的承诺，同时还应包含企业品牌发展过程中履行的社会责任和环保责任等，品牌是在为利益相关者创造价值。❻ Heskett 等也认为，品牌价值是企业机构为所有的消费者、企业工作者、供销商、投资者、制造商和服务提供商、营利组织和非营利组织等在品牌生命周期里存在重要利益的相关者创造价值，基于此他们建立了包含消费者、员工、合作者、投资者四个主体在内的"价值等式"，并提出"价值利润链"以评估品牌价值。❼

❶　DAVIS D F. The effect of brand equity in supply chain relationships ［D］. University of Tennessee，2003.

❷　GYLLING C，LINDBERG R K. Investigating the links between a corporate brand and a customer brand ［J］. Journal of Brand Management，2006，13：257 - 267.

❸　WINKLER A. 快速建立品牌 ［M］. 赵怡，等译. 北京：机械工业出版社，2000：183 - 193.

❹　TOM D，SANDRA M. 品牌至尊：利用整合营销创造终极价值 ［M］. 廖宜怡，译. 北京：华夏出版社，2002：62 - 64.

❺　王兴元. 名牌生态系统分析理论及管理策略研究：基于生态学视角的探索 ［M］. 北京：经济科学出版社，2007：1 - 5.

❻　KOTLER P，JAIN D C，MAESINCEE S. Marketing moves：a new approach to profits，growth，and renewal ［J］. Journal of Academic Librarianship，2002，28 （6）：434 - 435.

❼　JAMES L. HESKETT，SASSER W. E LEONARD A. Schlesinger. The Value Profit Chain：Treat Employees Like Customers and Customers Like Employees ［M］. New York：Free Press，2003：210 - 214.

2.3 品牌价值的影响因素

　　品牌价值不仅受企业的投入影响，也受消费者的感知影响，品牌价值的形成应该是一个从小到大的动态发展的过程。在传统的观念中，品牌价值包含品牌资产价值与财务价值，这两者均为企业创造，缺少了基于消费者的影响视角。

　　我国学者王成荣认为，品牌价值与生产者投入的成本与质量有关，也与市场中消费者的认同程度有关，品牌价值是二者相互作用的结果，取决于品牌属性与消费者认同度、契合度的高低。❶ 张曙临更是提到，品牌价值的高低取决于品牌市场权力的大小，市场权力来自于消费者，具体地说，品牌价值由成本价值（企业为开发品牌所投入的价值）、关系价值（为建立品牌与消费者之间的联系所投入的价值及其带来的收益）、权力价值（品牌权力的行使所带来的价值）3 个因素构成。❷ 贾生华等在研究房地产企业品牌价值时，扩大了品牌价值的构成因素，认为是消费者、市场、社会以及企业 4 种因素的综合，即拥有很高的消费者评价，占有较大的市场，有很强的社会认同，并最终体现在企业经营业绩上，形成品牌的价值。❸ 宋国栋等对学术界品牌价值的研究作了简要的汇总与分析，认为可以归纳为三个层面：企业层面、消费者层面与市场层面。企业是品牌价值创造的场所，包含品牌资源运用能力、研发能力等；消费者对品牌的感知是品牌价值的决定性因素，并最终体现在品牌市场占有率与增长率上；市场是品牌建设的关键，市场价值包括品牌的感知价值与属性价值。❹ 王晓灵等则提出包含企业角度、消费者角度、社会角度三维度的品牌价值构成模型，王晓灵认为企业角度的价值是品

---

❶ 王成荣，邹珊刚. 论品牌价值的来源及构成 [J]. 商业研究，2005（9）：7 - 10.

❷ 张曙临. 品牌价值的实质与来源 [J]. 湖南师范大学社会科学学报，2000，2：38 - 42.

❸ 贾生华，刘勇，柳志明. 房地产企业品牌价值的表现及提升机制 [J]. 中国房地产，2008（7）：54 - 57.

❹ 宋国栋，邓黎黎. 品牌认知价值来源及构成探析 [J]. 现代商贸工业，2011，4：136 - 137.

牌价值的核心，消费者角度的价值是品牌价值的前提，社会角度的价值是品牌价值的先决条件。❶

由此可知，品牌价值是多维的，受多种因素、多种环境、多种主体的影响。在品牌价值的构成上，品牌的功能、服务、情感、社会、成本以及创新价值等都可能影响品牌价值❷，消费者的认知度与购买欲更是品牌价值实现的关键。

品牌价值的形成受多方面因素的影响，学者们从不同角度对品牌价值的影响因素与提升路径展开了研究，有研究在呈现品牌价值形成机制的基础上提出相应阶段的影响因素，有研究则重点考虑营销策略、员工参与、创新活动、顾客体验等单个或多个因素对于品牌价值的影响。

Keller 等（2003）提出基于顾客品牌价值影响因素的品牌价值链（Brand Value Chain）模型，该模型认为，品牌价值形成的每个阶段都会受到企业对营销组合投资的影响，如营销质量、市场条件、投资者情绪，并认为品牌价值的形成历经以下阶段：首先，企业市场营销活动作用于消费者心智；其次，消费者的心理反应影响品牌在产出市场的表现；进而，消费者的态度行为影响品牌在金融市场的表现；最终，综合品牌的市场表现，形成企业的品牌价值。❸❹

除 Keller 等提出的品牌价值链模型之外，还有较多学者从多种角度研究了影响品牌价值形成与提升的各种因素，综合现有品牌价值影响因素有关文献，本书归纳出包括营销策略❺、顾客体验、员工参与以及创新活动四个方面的品牌价值影响因素（见表 2 - 1），其中，营销策略与顾客体验方面的影响因素重点关注基于顾客的品牌价值形成，员工参与方面的影响因素从品牌内化管理角度出发探索基于员工的品牌价值形成，

❶　王晓灵. 品牌价值的结构、影响因素及评价指标体系研究 [J]. 现代管理科学，2010，11：95－97.

❷　唐玉生，曲立中，孙安龙. 品牌价值构成因素的实证研究 [J]. 商业研究，2013，55（9）：110－116.

❸　KELLER K L, LEHMANN D R. How Do Brands Create Value？ [J]. Marketing Management，2003，12（3）：26－31.

❹　谢宇峰. 基于品牌价值链的服务品牌资产实证研究 [D]. 广州：暨南大学，2009.

❺　郑文清. 营销策略对品牌资产的影响机理研究 [D]. 南京：南京林业大学，2012.

创新活动则是对以上三方面影响因素的重要补充。

表 2 - 1 品牌价值影响因素

影响因素		文献中的阐述
一级类目	二级类目	
营销策略	广告支出	广告占有率、市场调研费用、销售团队、进入市场时机、产品组合等因素影响品牌价值❶❷❸
	价格促销	频繁的价格促销会损害品牌价值，广告支出、价格、分销渠道的密集度、店面形象则与品牌价值正相关❹
	市场推广	正确运用市场推广活动可以有效提升品牌价值❺
顾客体验❻	消费体验	顾客消费体验对品牌价值有直接正向影响❼
	感官体验	顾客在对服务网络环境的体验过程中所产生的认识和联想可以塑造和提升该公司的品牌形象（Morgan，2000）
	情感体验	服务行业中，顾客情感体验正向影响品牌忠诚，品牌忠诚正向影响品牌价值❽

❶ CAROL J S, MARY W S. The Measurement and Determinants of Brand Equity: A Financial Approach [J]. Marketing Science, 1993, 12 (1).

❷ PETERSON R, JEONG J. Exploring the impact of advertising and R&D expenditures on corporate brand value and firm - level financial performance [J]. Journal of the Academy of Marketing Science, 2010, 38 (6): 677 - 690.

❸ 买忆媛, 李逸. 新创企业的广告投入和 R&D 投入对品牌资产的影响 [J]. 科研管理, 2016, 37 (1): 137 - 144.

❹ YOO B, DONTHU N, LEE S. An examination of selected marketing mix elements and brand equity [J]. Journal of the Academy of Marketing Science, 2000, 28: 195 - 211.

❺ LASSER, MITTAL, SHARMA. Measuring customer - based brand equity [J]. Journal of Consumer Marketing, 1995, 12: 11 - 19.

❻ 匡聪. 购物网站顾客体验对品牌资产的影响研究 [D]. 广州: 华南理工大学, 2014.

❼ 关辉国, 耿闯闯, 陈达. 顾客消费体验对品牌资产影响效应路径研究: 基于线上价值共创的新视角 [J]. 西北民族大学学报（哲学社会科学版）, 2018 (1): 80 - 88.

❽ 温韬. 情调体验对服务品牌资产影响作用的实证研究: 以服装专卖店为例 [J]. 大连大学学报, 2016, 37 (1): 90 - 94.

影响因素		文献中的阐述
一级类目	二级类目	
员工行为❶	员工背书	员工背书能够在工作场所之外通过积极赞言行为向当前与潜在的顾客提供值得信赖的广告,从而提升企业品牌价值❷
	员工品牌一致性行为	如果员工行为与企业品牌价值取向一致,那么员工可能内化品牌所期望的特性,进而自然地在其行为中表达这些特性,最终满足顾客的品牌期望❸
创新活动	产品创新	以服装制造业为例,从设计理念、样式、面料三个创新维度,采用问卷量表数据监测品牌忠诚度的变化,发现产品创新与品牌忠诚度显著正相关❹
	技术创新	技术创新对品牌价值有显著正向影响,同时,在产品市场竞争程度较高的行业,企业的技术创新对品牌价值的正向影响更显著❺

从已有研究可以看出,学者们在对以往的广告、促销、赞助等营销策略影响因素研究基础上,越来越重视企业创新、员工参与和顾客体验对于品牌价值形成和提升的影响,但大多学者仅从其中一个维度的影响因素开展该因素与品牌价值关系的研究,需要注意到,企业创新、员工参与和顾客体验这些因素存在交互作用,尤其在当前复杂的经济环境下,企业品牌战略的制定和品牌价值的提升更需要考虑内部要素的交互影响。

---

❶ 丁利剑. 跨国品牌并购有效性感知对基于员工品牌资产的影响机制研究 [D]. 上海:华东师范大学,2017.

❷ MOROKANE P, CHIBA M, KLEYN N. Drivers of employee propensity to endorse their corporate brand [J]. Journal of Brand Management, 2016, 23 (1):55 – 66.

❸ GELBBD, RANGARAJARD. Employee contributions to brand equity [J]. California Management Review, 2014, 56:95 – 112.

❹ 吴锦峰,常亚平,潘慧明,黄纯辉. 服装产品创新对品牌权益的影响:基于消费者的视角 [J]. 预测,2014, 33 (5):8 – 14.

❺ 王秋红,陈丽. 产品市场竞争、企业技术创新与品牌价值 [J]. 财会月刊,2017 (32):17 – 23.

2.4　本章小结

　　本章通过品牌价值的内涵分析、构成来源和影响因素对品牌价值的要素构成进行了全面的论述。

　　品牌价值是品牌在某一时点根据特定的评估方法计算出来的品牌内在价值，对于品牌价值理解角度的不同，会引起人们对于品牌价值构成要素认知的差异，进而影响品牌价值评估结果。从财务视角看，品牌价值是与品牌相关产品所产生的附加利益价值；从市场视角看，品牌价值受到了对销售量、利润产生影响的市场营销努力作用；从消费者角度考虑，品牌价值源于消费者对不同品牌产生的差异化行为，消费者的利益与品牌价值互利共生。以上分析虽方向各异，但都承认企业与消费者行为对于品牌价值的影响，只是侧重点存在差异。品牌价值是内涵极为复杂的概念，不可厚此薄彼。品牌价值内涵纷繁复杂，对品牌价值影响因子进行分析有利于深化对品牌价值的了解，提升品牌价值评估的合理性。

　　品牌价值是多维的，受多种因素、多种环境、多种主体的影响。在品牌价值的构成上，品牌的功能、服务、情感、社会、成本以及创新价值等都可能影响品牌价值，❶ 消费者的认知度与购买欲更是品牌价值实现的关键。

　　品牌价值的形成受多方面因素的影响，综合现有品牌价值影响因素的有关文献，本书归纳出包括营销策略❷、顾客体验、员工参与以及创新活动四个方面的品牌价值影响因素，其中，营销策略与顾客体验方面的影响因素重点关注基于顾客的品牌价值形成，员工参与方面的影响因素从品牌内化管理角度出发探索基于员工的品牌价值形成，创新活动则是对以上三方面影响因素的重要补充。

---

　　❶ 唐玉生，曲立中，孙安龙. 品牌价值构成因素的实证研究［J］. 商业研究，2013，55（9）：110－116.
　　❷ 郑文清. 营销策略对品牌资产的影响机理研究［D］. 南京：南京林业大学，2012.

第3章 品牌价值的测算模型

1993 年资产评估机构为满足青岛啤酒在境外进行上市的需求，对其商标进行评估，估值 2.9 亿元。这是中国第一例无形资产评估业务，中国的品牌价值评估历史由此拉开了序幕，之后品牌价值评估成为资产评估的热门领域，但是发展并不成熟，关于品牌价值评估的理论研究水平落后于实践，主要是缺乏科学、有效、能为人们所信服的品牌价值评估理论，不能建立综合多维角度的品牌价值评估模型，因而不能从整体上对品牌价值进行深入、准确的评估。本章将在借鉴国外先进评估理论的基础上，对 Interbrand 模型进行改进，进而应用客观财务指标对我国上市公司品牌价值进行评价。

3.1 品牌价值的测算方法

（1）基于财务视角的评估方法

市场法、收益法、成本法属于资产评估领域的三大基本评估方法，由于品牌资产属于资产评估领域资产的范畴，从理论上来说，市场法、收益法与成本法可以运用于品牌价值评估。由于这三种思路主要是利用与品牌相关的财务资料进行评估，因此属于基于财务角度的评估方法。品牌的识别性及品牌价值与品牌成本之间的弱对应性大大限制了市场法与成本法在品牌价值评估方面的应用。收益法是根据品牌在未来所能产生的预期收益，并结合预期收益期限与风险对预期收益进行折现的方法，这种方法体现了品牌的内在价值，成为人们比较乐于接受的一种方法，但是预期收益、收益期限及折现率的获取有一定的困难，因此人们运用收益法评估品牌价值也比较谨慎。股票市值法由美国芝加哥大学的西蒙与苏里旺两位学者（Simon，1993）提出。该方法属于基于财务要素的评估方法的衍生方法，主要是利用股票市价与股票股数计算出上市公司价值，然后采用一定的方法（如重置成本法）计算出公司有形资产的价值，利用公司价值扣除有形资产价值后可求出无形资产价值，最后利用一些方法将品牌价值从无形资产价值中剥离开来。运用此法需要有稳定、健康的证券市场作为基础，鉴于目前我国的股票市场波动较大，股票市值法并不适合。

（2）基于市场视角的评估研究

由于财务角度的评估方法有其固有的局限性，不能对品牌价值进行深层次的分析，随着品牌在市场竞争中地位凸显，人们将市场因素纳入品牌价值评估方法，根据品牌的市场表现来分析品牌价值。由英国 Inter-brand 公司所创制的 Interbrand 模型是目前最流行的品牌价值评估模型。Interbrand 公司于 1974 年成立，是全世界规模最大的品牌咨询公司。1987 年其利用自身丰富的品牌管理经验及强大的专家团队提出专属于品牌价值评估的方法，即 Interbrand 模型。该模型已于 2010 年通过国际标准化组织（International Organization for Standardization）的认证。根据该模型可以得出品牌价值（BV）＝品牌收益（P）×品牌乘数（S），该方法蕴含了收益法的基本思想，其中品牌收益通过企业财务分析与品牌作用指数两大因子计算得出，根据品牌强度分析与 S 型曲线测算出品牌乘数。由于该方法是在众多的品牌价值评估案例中总结出来的，因此得到了广泛的认同。作为世界范围内在品牌价值评估及策略咨询方面处于领先地位的国际品牌评估机构——世界品牌实验室提出了属于自己的世界品牌实验室法。该方法通过对销售收入、营业成本、净利润等一类的财务资料进行分析，利用"经济附加值法"（Economic Value Added）得出平均业务收益；然后将"经济附加值品牌评估工具箱"与未来盈利能力分析相结合，来确定品牌附加值系数，即品牌对于企业利润的作用强度，最后将平均业务收益、品牌附加值系数与品牌系数指数相乘得出品牌价值。但计算出的品牌价值只体现其相对于其他品牌的相对位置，并不表现品牌的绝对内在价值。

王玉娟（2005，2007）对"中国最有价值品牌评估方法"进行了较为详细的阐述。中国最有价值品牌评估方法由北京名牌资产评估有限公司创立，计算公式为：$P = M + S + D$。其中，M 表示与品牌有关的产品在市场中的占有能力，S 表示品牌所具备的超值收益能力，D 表示品牌在未来的成长潜质。作者认为该法缩短了我国品牌价值评估水平与世界的差距，能够根据不同的行业特点进行具体的调整，在一定程度上有效反映了我国目前品牌市场的客观状况。但此方法通过三部分直接相加得到品牌价值，计算过程过于简单，科学性略显不足，且指标相对于 Interbrand 模型较为单一，不能全面反映品牌价值。❶

（3）基于消费者视角的评估研究

通过考虑品牌价值形成的源泉——消费者，反映顾客对于品牌特征的感知与认同，进而评估品牌价值是基于消费者要素的评估方法的评估思路。其中最具代表性的方法是被称为"品牌资产的祖师"大卫·艾克（Aaker，1992）研究出来的品牌资产十要素模型。他将品牌价值细分为五个方面的十类指标，先对消费者进行某个方面及其相应指标的品牌感知调查，进而结合所有调查结果对品牌价值进行综合分析。但该模型并不具备很强的通用性，对不同行业进行调整时较为主观。

品牌价值评估理论应与时俱进，很多学者在前人研究的基础之上，结合当前的具体形势，对品牌价值评估展开了大胆的尝试。郑文哲、方毅（2009）认为目前流行的品牌价值评估方法大多忽视了环境对于品牌所有者行为的影响，并从这一角度出发，结合实物期权相关理论，对品牌进行期权特征分析，建立了品牌实物期权定价模型，为品牌价值评估指明了一个崭新的方向。❷ 赵青、谷慧娟（2011）基于目前国内外主要的评估方法进行对比分析，运用层次分析法的基本思想，结合模糊理论，通过构造比较矩阵计算出品牌价值各因子的权重，运用德尔菲方法，构建了对企业品牌价值评估的 CM 法。❸ 杜剑、窦康（2013）将企业社会责任与品牌价值结合起来，通过实证分析检验了在品牌价值提升过程中

---

❶　王玉娟. 品牌资产. 商标权与商誉辨析 [J]. 商场现代化, 2015 (13)：65 – 66.

❷　郑文哲, 方毅. 基于实物期权的品牌价值评估初探 [J]. 价值工程, 2009 (6)：67 – 69.

❸　赵青, 谷慧娟. 企业评估：一种新方法的提出与评判 [J]. 会计之友, 2011 (2)：18 – 20.

企业社会责任所起到的推动作用，承担社会责任作为一种信号显示会丰富品牌价值内涵，这为企业品牌价值建设指出了新的方向❶。这些评估方法虽然不是很完善，但是在品牌价值评估方面也给我们提供了新的思路。由于研究背景、研究目的、考虑品牌价值驱动因素等的差异，不同的学者或者机构在品牌价值评估领域尚未形成统一的意见，目前并不存在具备绝对权威性的品牌价值评估体系。品牌价值评估的困难主要在于品牌收益难以分离、评估模型考虑因素不完备、品牌强度难以客观量化，这些也是本书将要努力去尝试探索的问题。

3.2 Interbrand 模型及其改进

本节将首先对 Interbrand 评价模型的思想和步骤进行介绍，然后对模型的优点和不足进行简要评述，从而对模型当中存在的不足进行改进，形成应用于本书分析的品牌价值评价模型。

Interbrand 品牌价值评估模型是英国 Interbrand 公司提出的，简称 Interbrand 模型。该方法蕴含了收益法的基本思路，根据财务分析与品牌作用指数计算品牌收益，利用品牌强度分析来获取品牌乘数，最后利用品牌收益乘以品牌乘数，即可测算出品牌的价值。

Interbrand 模型认为品牌的价值并不只是由为创建品牌所支付的成本决定的，而是由该品牌未来能够创造的收益多少决定的，所以，这种方法的思路与收益法评估思路基本一致。模型需要对历史财务信息进行分析，适合使用于成熟及稳定的品牌资产。

品牌价值评估计算公式为 $BV = P \times S$，其中，BV 表示品牌价值；P 表示品牌收益；S 表示品牌乘数（见图 3 – 1）。

计算流程中的品牌收益是指与品牌相关的产品或服务在未来带来的税后净利润。在实际运用过程中，考虑到预测未来税后净利润方

---

❶ 杜剑，窦康. 基于品牌价值的企业社会责任传导机制研究［J］. 会计之友，2013（29）：35 – 39.

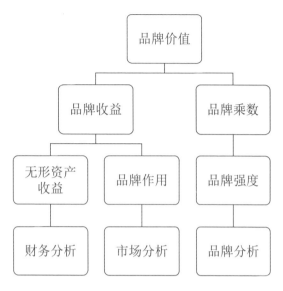

图 3 - 1　**Interbrand** 模型

法复杂，且具有极大不确定性，一般使用最近 3 年的品牌税后净利润来代替预测值。然后从预测净利润中剥离出沉淀收益，进而利用品牌作用指数从沉淀收益中分离品牌收益，因而品牌收益 = 沉淀收益×品牌作用指数。其中沉淀收益指无形资产（专利权、非专利技术、客户关系、有关协议等）产生的收益。无论是品牌资产的贡献还是非品牌资产产生的收益均包括在内。沉淀收益是根据相关数据资料进行财务分析计算出来的。即沉淀收益 = 营业利润 - 有形资产的利润。品牌作用指数则是指品牌对于沉淀收益的贡献比率。测算方法采用专家打分法。

　　计算流程中的品牌强度表示被评估品牌在本行业中所占据的相对市场地位，综合评价品牌各方面的市场表现。在计算品牌强度时，Interbrand 模型把制约品牌强度的因素归纳为：市场性质、稳定性、品牌支持、品牌保护、销售范围、品牌趋势、品牌领导七个因素，采用专家打分法进行分析（见表 3 - 1）。

表 3 - 1　品牌强度评估体系

因素	内涵	分值
市场性质	品牌所处的市场环境，如市场发展、市场结构	0～10
稳定性	获取品牌收益的连续性与长期发展能力	0～15
品牌支持	得到关键扶持或连续投资	0～10
品牌保护	商标注册、法律保护	0～5
销售范围	产品销售的区域范围	0～25
品牌趋势	品牌与时俱进，产品与消费者偏好相吻合	0～10
品牌领导	市场地位，品牌在本行业中所占据的领导地位	0～25

　　品牌乘数反映了品牌的市场认可程度，不仅表明了品牌收益在未来的可实现程度，也反映了品牌在未来满足广大消费者需求的能力，相当于加权平均资本成本（WACC）的作用，所以能够用来计算品牌在未来所面对的风险。品牌乘数由品牌强度决定，通过对各种情况的案例与实验情况的研究，Interbrand 公司总结出一种可以用来反映品牌强度和品牌乘数两者内在关系的函数曲线，即 S 型曲线。其表达公式如下：

$$\begin{cases} 250S = X^2 & X \in [0,50] \\ (S-10)^2 = 2X - 100 & X \in (50,100] \end{cases}$$

　　式中 S 表示品牌乘数，X 表示品牌强度。图 3 - 2 显示了 Interbrand 品牌价值评估模型的 S 型曲线。

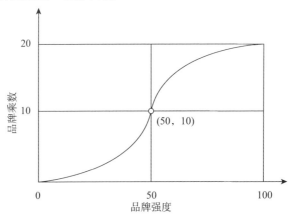

图 3 - 2　S 型曲线

Interbrand 模型蕴含了收益法的评估思路。该方法主要有两大优点：第一，设计品牌作用指数这个指标，将品牌带来的收益从有形资产收益中分离开来，使品牌自身所拥有的价值得到充分体现，这也解决了品牌资产收益剥离的难题。第二，S 型曲线表现了品牌强度、品牌乘数两者的内在联系，利用品牌强度得分可以得出品牌乘数，进而可以算出折现率。S 型曲线是 Interbrand 公司在大量的品牌评估实践与科学合理的调查基础上，通过严格的数理分析总结出来的，具有一定的合理性。在财务分析中，折现率一般是利用资产资本定价（CAPM）模型及加权平均资本成本（WACC）模型计算，但是 CAPM 模型需要满足一系列极为严格的假设才可以成立，其中，β 系数需要利用证券市场中的信息，证券市场需要具有较强的流动性，否则会影响 β 系数的准确性，对于我国证券市场发展不太完善的情况来说，β 系数的运用受到了极大的限制；WACC 模型从整体上考虑了企业的资本结构，主要适用于企业价值评估，但对于品牌价值来说其内涵与企业价值存在许多差异，如果应用 WACC 模型来估计品牌强度系数便会产生较大误差。而 Interbrand 模型中的 S 型曲线基于品牌价值的特征（见图 3–2），通过市场环境、品牌发展特征等要素对品牌的认可度、市场地位以及发展的可持续性进行评估，从而在一定程度上比较客观地反映品牌收益在未来的实现程度。

同时 Interbrand 模型也存在不足，该方法中的品牌作用指数与品牌强度参数通过专家打分法得出，从而导致评价方法当中存在较强的主观性，进而导致品牌评价结果受到人为因素影响较大，而且在对于不同年度的品牌评价来说，由于参与打分的专家团队可能不同，从而难以保证打分标准的一致性。同时，由于具体的打分过程和结果难以复制，导致最终的评价结果难以进行验证。因此，在本章中，著者将应用客观指标对传统 Interbrand 模型中的品牌作用指数以及品牌乘数两项系数的估计方法进行改进，从而提升 Interbrand 模型品牌评价的有效性和一致性。

（1）品牌作用指数的改进

在 Interbrand 模型改进之前，品牌作用指数是品牌对于沉淀收益的贡献比率，测算方法为专家评定法。具体而言，通过评价每个行业销售情况受到品牌因素影响的大小，对每个行业设定一个系数，从而计算每个品牌沉淀收益当中由品牌带来的部分。同时，企业的收益构成部分通常与企业的成本费用的构成比例相关，即由品牌带来的收益，通常是由于企业在品牌建设方面的投资带来的，因此，本章将从企业成本费用的角度出发，通过计算各个行业上市公司中年度销售费用占年度总费用的平均水平衡量行业的品牌作用指数。

（2）品牌强度的指标改进

品牌强度代表该品牌在同行业中所处的相对地位，可以看作品牌收益在未来可实现性的保证。品牌强度通过专家对影响品牌的各个因素逐个打分并汇总求和得出，品牌强度与品牌乘数为正相关的关系，两者越大，表明未来品牌收益越有保证，风险越小。反之，风险越大。本章参考 Interbrand 模型品牌强度的评估方法，应用公司、行业、区域政策等相关指标，对影响品牌的宏观环境、市场因素、产品因素、品牌维护四个维度进行考察。具体来说，在宏观环境方面，本章应用上市公司所在区域的经济、法律以及政策支持的相关情况的指标对企业品牌建设的宏观环境进行评估；在市场因素方面，本章应用行业受中央、地方政策及法规的关注程度对企业所在行业的情况进行评估；在产品因素方面，本章应用企业的资产收益率（ROA）以及研发投入，考察企业产品的盈利能力及持续发展的能力；在品牌维护方面，本章应用企业新闻数量这一指标考察品牌受到社会的关注程度。各项指标的计算方法如表3－2所示。

表3－2　品牌强度计算指标

一级指标	二级指标	三级指标
宏观环境	经济环境	所在区域基础经济指标
	政策环境	所在区域政策扶持水平
	法律环境	所在区域知识产权保护水平
市场因素	行业法规政策	行业在中央、地方法规中被提到的次数
	行业关注度	行业在政府工作报告中被提到的次数
产品因素	企业绩效水平	企业的 ROA 水平
	创新水平	企业的研发投入水平
品牌维护	品牌认知度	新闻数量

（3）品牌强度的计算方法改进

除了对原有 Interbrand 模型的品牌乘数的指标权重进行了改进，原有品牌乘数的评价过程中在专家对各个指标进行打分后，通过对各个指标进行加权加总的方法对企业品牌强度进行度量，但是由于品牌权重的设计同样由专家打分确定，因此，同样存在主观性的问题，针对这一问题，本章应用基于熵值的 TOPSIS 方法对各项指标进行加总。具体的计算方法及步骤如下：

①对 n 个品牌选择 m 个评价指标进行品牌强度评价，原始数据矩阵如下：

$$X = \begin{bmatrix} x_{11} & x_{12} & \cdots & x_{1m} \\ x_{21} & x_{22} & \cdots & x_{2m} \\ \vdots & \vdots & & \vdots \\ x_{n1} & x_{n2} & \cdots & x_{nm} \end{bmatrix}_{n \times p}$$

②在品牌强度评价过程中，由于各指标的量纲不同，而且各指标变化范围有大有小，为较好地反映指标变化的实际情况，评价之前需将矩阵进行规范化，得到规范化矩阵。

$$Z = \begin{bmatrix} z_{11} & z_{12} & \cdots & z_{1m} \\ z_{21} & z_{22} & \cdots & z_{2m} \\ \vdots & \vdots & & \vdots \\ z_{n1} & z_{n2} & \cdots & z_{nm} \end{bmatrix}_{n \times p}$$

其中，

$$z_{ij} = \frac{x_{ij}}{\sum\limits_{p=1}^{n} x_{pj}} \quad i = 1,2,\cdots,n; \quad j = 1,2,\cdots,m$$

③由各项指标最优值和最劣值分别构成最优值向量 $\mathbf{Z}^+$ 和最劣值向量 $\mathbf{Z}^-$。

$$\mathbf{Z}^+ = (z_1^+, z_2^+, \cdots, z_m^+); \quad \mathbf{Z}^- = (z_1^-, z_2^-, \cdots, z_m^-)$$

其中，

$$z_j^+ = \max\{z_{1j}, z_{2j}, \cdots, z_{nj}\} \quad j = 1,2,\cdots,m$$
$$z_j^- = \min\{z_{1j}, z_{2j}, \cdots, z_{nj}\} \quad j = 1,2,\cdots,m$$

④熵值法计算权重。该方法是在客观条件下，由评价指标值来确定指标权重的一种方法，具有可操作性和客观性强的特点，能够反映数据隐含的信息，增强指标的分辨意义和差异性，以避免因选用指标的差异过小造成的分析困难，全面反映各类信息。其思路是评价对象在某项指标上的值相差越大越重要，权重相应也越大。根据各项指标的变异程度，可以客观地计算出各项指标的权重，为多指标综合评价提供依据。计算公式如下：

$$w_j = \frac{1 - e_j}{m - \sum\limits_{j=1}^{m} e_j} \quad j = 1, 2, \cdots, m$$

其中

$$e_j = -k \sum_{i=1}^{n} z_{ij} \ln z_{ij}, \quad k = \frac{1}{\ln n}$$

⑤计算各品牌与正负理想点的距离：

$$d_i^+ = \sqrt{\sum_{j=1}^{n} w_j \times (z_{ij} - z_j^+)^2} \quad i = 1, 2, \cdots, n$$

$$d_i^- = \sqrt{\sum_{j=1}^{n} w_j \times (z_{ij} - z_j^-)^2} \quad i = 1, 2, \cdots, n$$

其中，w_j 表示第 j 个指标的重要程度；同时，由计算过程可知，d_i^+ 越大，d_i^- 越小，则该品牌的强度越高。

⑥综合评价指标的计算，计算品牌 i 对理想解的相对接近程度：

$$c_i = \frac{d_i^+}{d_i^+ + d_i^-} \quad i = 1, 2, \cdots, n$$

其中，c_i 越大，则品牌强度越接近最优情况，该品牌强度越高。通过基于熵值的优劣解距离法（Technique for Order Preference by Similarity to Ideal Solution，TOPSIS）对品牌的强度进行评价，从而提升评价结果的客观性和一致性。

（4）数据来源于样本选择

根据上述改进的 Interbrand 模型，我们可以通过企业的客观数据对品牌的价值进行评价，同时，考虑到数据的可获得性以及绝大多数高价值品牌均为上市公司，本书选取中国 A 股上市公司的财务数据对上市公司的品牌价值进行评估，即本书中评估的品牌单元为 A 股上市公司。

此外，为了保证评估结果的合理性及科学性，本书依据如下标准对样本进行选择：①上市 10 年以上。之所以选取上市 10 年以上的公司，一方面是如果上市时间较短，企业难以形成稳定的财务环境，从而导致估计结果会有较大偏差；另一方面，公司有较长的上市时间可以让我们考察品牌价值的时间序列，从而对不同时间的品牌价值变化进行比较。②选取公司净利润为正的企业样本。由于 Interbrand 模型的基本思路是考察由品牌带来的企业利润，如果企业利润为负，便无法得到企业品牌价值的有效估计，因此，本书在分析过程中仅选取企业利润为正的上市公司进行分析。基于以上的样本选择标准以及改进的 Interbrand 模型，本书将在下一章对 2017 年上市公司品牌价值进行评估。

3.3　本章小结

本章在分析主要品牌价值评估方法、品牌价值影响因素的基础之上，运用改进后的 Interbrand 模型，结合企业客观的财务指标以及改进的权重计算方法对品牌评价的模型进行了改进。

由于我国市场经济发展并不充分、资本市场并不完善的现状，品牌价值没有得到我国企业的足够重视，品牌评估方法难以满足市场需求。品牌与品牌价值内涵的丰富性要求通过品牌评估价值模型得出的评估结论具有多重性，本章对 Interbrand 模型进行改进，增加了品牌作用指数以及品牌强度计算指标的客观性，并且结合改进的 TOPSIS 方法提升品牌强度指数权重的合理性，完善了 Interbrand 模型，提升了品牌价值评估方法的科学性，进而可以推广到其他品牌的价值评估实践。

第4章 民族品牌价值评估

4.1 2017年我国上市公司品牌价值榜单

本章将应用上一章节论述的品牌价值测算模型对我国民族品牌价值进行测算。本书第1章得出了判断民族品牌的六大准则，考虑到数据可得性，本章应用准则四和准则六进行样本筛选，即品牌大部分股权或经营权归属中国和品牌获得广泛的社会认同两项准则。最终选择我国上市10年以上的本土企业进行测评，并得出本章第一小节的榜单（见表4-1）。

表4-1 2017年我国上市公司品牌价值排名

证券简称	所属行业	上市日期	省（区市）	品牌价值/元	排名
工商银行	金融业	2006-10-27	北京市	2.77×10^{11}	1
中国平安	金融业	2007-03-01	广东省	1.71×10^{11}	2
中国人寿	金融业	2007-01-09	北京市	1.65×10^{11}	3
中国银行	金融业	2006-07-05	北京市	1.42×10^{11}	4
贵州茅台	制造业	2001-08-27	贵州省	1.39×10^{11}	5
中国石油	采矿业	2007-11-05	北京市	1.36×10^{11}	6
招商银行	金融业	2002-04-09	广东省	1.32×10^{11}	7
建设银行	金融业	2007-09-25	北京市	1.20×10^{11}	8
苏宁云商	批发和零售业	2004-07-21	江苏省	1.19×10^{11}	9
中国联通	信息传输、软件和信息技术服务业	2002-10-09	上海市	1.17×10^{11}	10
上汽集团	制造业	1997-11-25	上海市	1.10×10^{11}	11

证券简称	所属行业	上市日期	省 （区市）	品牌价值/元	排名
用友网络	信息传输、软件和信息技术服务业	2001－05－18	北京市	7.80×10^{10}	12
中国石化	采矿业	2001－08－08	北京市	7.75×10^{10}	13
中国神华	采矿业	2007－10－09	北京市	6.79×10^{10}	14
五粮液	制造业	1998－04－27	四川省	6.45×10^{10}	15
三一重工	制造业	2003－07－03	北京市	6.42×10^{10}	16
中联重科	制造业	2000－10－12	湖南省	5.71×10^{10}	17
泸州老窖	制造业	1994－05－09	四川省	4.30×10^{10}	18
上港集团	交通运输、仓储和邮政业	2006－10－26	上海市	4.15×10^{10}	19
青岛啤酒	制造业	1993－08－27	山东省	3.47×10^{10}	20
中集集团	制造业	1994－04－08	广东省	3.40×10^{10}	21
TCL 集团	制造业	2004－01－30	广东省	2.78×10^{10}	22
北方稀土	制造业	1997－09－24	内蒙古自治区	2.76×10^{10}	23
张裕 A	制造业	2000－10－26	山东省	2.70×10^{10}	24
悦达投资	综合	1994－01－03	江苏省	2.69×10^{10}	25
海通证券	金融业	1994－02－24	上海市	2.66×10^{10}	26
盘江股份	采矿业	2001－05－31	贵州省	2.36×10^{10}	27
兰花科创	采矿业	1998－12－17	山西省	2.28×10^{10}	28
大秦铁路	交通运输、仓储和邮政业	2006－08－01	山西省	2.24×10^{10}	29
冀中能源	采矿业	1999－09－09	河北省	2.21×10^{10}	30
新集能源	采矿业	2007－12－19	安徽省	2.16×10^{10}	31
徐工机械	制造业	1996－08－28	江苏省	2.16×10^{10}	32
华润三九	制造业	2000－03－09	广东省	2.15×10^{10}	33
＊ST 大有	采矿业	2003－10－09	河南省	2.15×10^{10}	34
格力电器	制造业	1996－11－18	广东省	2.14×10^{10}	35

续表

证券简称	所属行业	上市日期	省（区市）	品牌价值/元	排名
中国国航	交通运输、仓储和邮政业	2006 – 08 – 18	北京市	2.09×10^{10}	36
仁和药业	制造业	1996 – 12 – 10	江西省	2.00×10^{10}	37
宝硕股份	金融业	1998 – 09 – 18	河北省	2.00×10^{10}	38
酒钢宏兴	制造业	2000 – 12 – 20	甘肃省	1.98×10^{10}	39
全聚德	住宿和餐饮业	2007 – 11 – 20	北京市	1.97×10^{10}	40
西山煤电	采矿业	2000 – 07 – 26	山西省	1.94×10^{10}	41
西部资源	制造业	1998 – 02 – 25	四川省	1.89×10^{10}	42
南方航空	交通运输、仓储和邮政业	2003 – 07 – 25	广东省	1.86×10^{10}	43
民生银行	金融业	2000 – 12 – 19	北京市	1.86×10^{10}	44
西部矿业	采矿业	2007 – 07 – 12	青海省	1.86×10^{10}	45
恒源煤电	采矿业	2004 – 08 – 17	安徽省	1.80×10^{10}	46
苏泊尔	制造业	2004 – 08 – 17	浙江省	1.77×10^{10}	47
平庄能源	采矿业	1997 – 06 – 06	内蒙古自治区	1.76×10^{10}	48
*ST 神火	制造业	1999 – 08 – 31	河南省	1.72×10^{10}	49
冀东水泥	制造业	1996 – 06 – 14	河北省	1.70×10^{10}	50
王府井	批发和零售业	1994 – 05 – 06	北京市	1.66×10^{10}	51
金岭矿业	采矿业	1996 – 11 – 28	山东省	1.60×10^{10}	52
城投控股	房地产业	1993 – 05 – 18	上海市	1.57×10^{10}	53
老凤祥	制造业	1992 – 08 – 14	上海市	1.48×10^{10}	54
盐湖股份	制造业	1997 – 09 – 04	青海省	1.46×10^{10}	55
东阿阿胶	制造业	1996 – 07 – 29	山东省	1.41×10^{10}	56
盛达矿业	采矿业	1996 – 08 – 23	北京市	1.38×10^{10}	57
凯迪生态	电力、热力、燃气及水生产和供应业	1999 – 09 – 23	湖北省	1.34×10^{10}	58
中国船舶	制造业	1998 – 05 – 20	上海市	1.33×10^{10}	59

证券简称	所属行业	上市日期	省 （区市）	品牌价值/元	排名
云南白药	制造业	1993 – 12 – 15	云南省	1.30×10^{10}	60
柳工	制造业	1993 – 11 – 18	广西壮族 自治区	1.22×10^{10}	61
平安银行	金融业	1991 – 04 – 03	广东省	1.21×10^{10}	62
新希望	制造业	1998 – 03 – 11	四川省	1.20×10^{10}	63
上海建工	建筑业	1998 – 06 – 23	上海市	1.16×10^{10}	64
方大炭素	制造业	2002 – 08 – 30	甘肃省	1.12×10^{10}	65
中国中铁	建筑业	2007 – 12 – 03	北京市	1.09×10^{10}	66
中青旅	租赁和商务服务业	1997 – 12 – 03	北京市	1.09×10^{10}	67
农产品	租赁和商务服务业	1997 – 01 – 10	广东省	1.07×10^{10}	68
同仁堂	制造业	1997 – 06 – 25	北京市	1.06×10^{10}	69
盐田港		1997 – 07 – 28	广东省	1.05×10^{10}	70
长安汽车	制造业	1997 – 06 – 10	重庆市	1.04×10^{10}	71
交通银行	金融业	2007 – 05 – 15	上海市	1.03×10^{10}	72
中信银行	金融业	2007 – 04 – 27	北京市	1.01×10^{10}	73
潞安环能	采矿业	2006 – 09 – 22	山西省	1.01×10^{10}	74
东方电气	制造业	1995 – 10 – 10	四川省	9.95×10^{9}	75
海螺水泥	制造业	2002 – 02 – 07	安徽省	9.81×10^{9}	76
光明地产	房地产业	1996 – 06 – 06	上海市	9.75×10^{9}	77
天山股份	制造业	1999 – 01 – 07	新疆 维吾尔 自治区	9.70×10^{9}	78
湖南黄金	采矿业	2007 – 08 – 16	湖南省	9.64×10^{9}	79
海马汽车	制造业	1994 – 08 – 08	海南省	9.62×10^{9}	80
江铃汽车	制造业	1993 – 12 – 01	江西省	9.60×10^{9}	81
广发证券	金融业	1997 – 06 – 11	广东省	9.44×10^{9}	82
平煤股份	采矿业	2006 – 11 – 23	河南省	9.40×10^{9}	83

证券简称	所属行业	上市日期	省（区市）	品牌价值/元	排名
兴业银行	金融业	2007 – 02 – 05	福建省	9.39×10^9	84
大唐发电	电力、热力、燃气及水生产和供应业	2006 – 12 – 20	北京市	9.38×10^9	85
东软集团	信息传输、软件和信息技术服务业	1996 – 06 – 18	辽宁省	9.10×10^9	86
西宁特钢	制造业	1997 – 10 – 15	青海省	9.07×10^9	87
日照港	交通运输、仓储和邮政业	2006 – 10 – 17	山东省	8.77×10^9	88
伊利股份	制造业	1996 – 03 – 12	内蒙古自治区	8.71×10^9	89
海南航空	交通运输、仓储和邮政业	1999 – 11 – 25	海南省	8.66×10^9	90
青岛海尔	制造业	1993 – 11 – 19	山东省	8.41×10^9	91
海正药业	制造业	2000 – 07 – 25	浙江省	8.29×10^9	92
宇通客车	制造业	1997 – 05 – 08	河南省	8.04×10^9	93
四川长虹	制造业	1994 – 03 – 11	四川省	7.97×10^9	94
南岭民爆	制造业	2006 – 12 – 22	湖南省	7.49×10^9	95
中色股份	采矿业	1997 – 04 – 16	北京市	7.48×10^9	96
东方航空	交通运输、仓储和邮政业	1997 – 11 – 05	上海市	7.42×10^9	97
驰宏锌锗	采矿业	2004 – 04 – 20	云南省	7.20×10^9	98
金种子酒	制造业	1998 – 08 – 12	安徽省	6.95×10^9	99
双汇发展	制造业	1998 – 12 – 10	河南省	6.92×10^9	100
獐子岛	农、林、牧、渔业	2006 – 09 – 28	辽宁省	6.70×10^9	101
万科 A	房地产业	1991 – 01 – 29	广东省	6.47×10^9	102
中文传媒	文化、体育和娱乐业	2002 – 03 – 04	江西省	6.43×10^9	103
中金黄金	采矿业	2003 – 08 – 14	北京市	6.35×10^9	104

续表

证券简称	所属行业	上市日期	省（区市）	品牌价值/元	排名
古井贡酒	制造业	1996 – 09 – 27	安徽省	6.28×10^9	105
*ST 煤气		2000 – 06 – 22	山西省	6.21×10^9	106
广晟有色	采矿业	2000 – 05 – 25	海南省	6.14×10^9	107
德豪润达	制造业	2004 – 06 – 25	广东省	6.00×10^9	108
天马股份	制造业	2007 – 03 – 28	浙江省	5.99×10^9	109
中国太保	金融业	2007 – 12 – 25	上海市	5.73×10^9	110
上海医药	批发和零售业	1994 – 03 – 24	上海市	5.64×10^9	111
北巴传媒	批发和零售业	2001 – 02 – 16	北京市	5.58×10^9	112
康达尔	制造业	1994 – 11 – 01	广东省	5.40×10^9	113
游久游戏	信息传输、软件和信息技术服务业	1990 – 12 – 19	上海市	5.36×10^9	114
厦工股份	制造业	1994 – 01 – 28	福建省	5.33×10^9	115
海航创新	房地产业	2001 – 03 – 28	海南省	5.33×10^9	116
亚宝药业	制造业	2002 – 09 – 26	山西省	5.24×10^9	117
石化油服	采矿业	1995 – 04 – 11	北京市	5.15×10^9	118
中兴通讯	制造业	1997 – 11 – 18	广东省	5.14×10^9	119
宝钢股份	制造业	2000 – 12 – 12	上海市	5.04×10^9	120
湖北宜化	制造业	1996 – 08 – 15	湖北省	4.86×10^9	121
双环科技	制造业	1997 – 04 – 15	湖北省	4.86×10^9	122
上海石化	制造业	1993 – 11 – 08	上海市	4.71×10^9	123
国中水务	电力、热力、燃气及水生产和供应业	1998 – 11 – 11	黑龙江省	4.71×10^9	124
锦江投资		1993 – 06 – 07	上海市	4.68×10^9	125
中国软件	信息传输、软件和信息技术服务业	2002 – 05 – 17	北京市	4.62×10^9	126
沙钢股份	制造业	2006 – 10 – 25	江苏省	4.60×10^9	127
东阳光科	制造业	1993 – 09 – 17	广东省	4.58×10^9	128

续表

证券简称	所属行业	上市日期	省（区市）	品牌价值/元	排名
银座股份	批发和零售业	1994 – 05 – 06	山东省	4.57×10^9	129
海南高速	房地产业	1998 – 01 – 23	海南省	4.56×10^9	130
铜陵有色	制造业	1996 – 11 – 20	安徽省	4.46×10^9	131
新大洲 A	采矿业	1994 – 05 – 25	海南省	4.43×10^9	132
渝开发	房地产业	1993 – 07 – 12	重庆市	4.40×10^9	133
宁波韵升	制造业	2000 – 10 – 30	浙江省	4.35×10^9	134
光明乳业	制造业	2002 – 08 – 28	上海市	4.32×10^9	135
葛洲坝	建筑业	1997 – 05 – 26	湖北省	4.31×10^9	136
燕京啤酒	制造业	1997 – 07 – 16	北京市	4.28×10^9	137
江西长运		2002 – 07 – 16	江西省	4.27×10^9	138
露天煤业	采矿业	2007 – 04 – 18	内蒙古自治区	4.27×10^9	139
海信电器	制造业	1997 – 04 – 22	山东省	4.26×10^9	140
莱宝高科	制造业	2007 – 01 – 12	广东省	4.26×10^9	141
百联股份	批发和零售业	1994 – 02 – 04	上海市	4.24×10^9	142
吉林敖东	制造业	1996 – 10 – 28	吉林省	4.21×10^9	143
江中药业	制造业	1996 – 09 – 23	江西省	4.07×10^9	144
中材国际	制造业	2005 – 04 – 12	江苏省	4.06×10^9	145
智慧农业	制造业	1997 – 08 – 18	江苏省	4.05×10^9	146
东风汽车	制造业	1999 – 07 – 27	湖北省	4.04×10^9	147
佛山照明	制造业	1993 – 11 – 23	广东省	4.04×10^9	148
长园集团	制造业	2002 – 12 – 02	广东省	4.03×10^9	149
同力水泥	制造业	1999 – 03 – 19	河南省	4.03×10^9	150
国际实业	批发和零售业	2000 – 09 – 26	新疆维吾尔自治区	3.99×10^9	151
大东方	批发和零售业	2002 – 06 – 25	江苏省	3.99×10^9	152
深圳机场	交通运输、仓储和邮政业	1998 – 04 – 20	广东省	3.86×10^9	153

证券简称	所属行业	上市日期	省（区市）	品牌价值/元	排名
明星电力	电力、热力、燃气及水生产和供应业	1997 – 06 – 27	四川省	3.81×10^9	154
中海油服	采矿业	2007 – 09 – 28	天津市	3.77×10^9	155
四川美丰	制造业	1997 – 06 – 17	四川省	3.68×10^9	156
珠海港	交通运输、仓储和邮政业	1993 – 03 – 26	广东省	3.64	157
云煤能源	制造业	1997 – 01 – 23	云南省	3.64×10^9	158
维维股份	制造业	2000 – 06 – 30	江苏省	3.57×10^9	159
百花村	科学研究和技术服务业	1996 – 06 – 26	新疆维吾尔自治区	3.55×10^9	160
国电电力	电力、热力、燃气及水生产和供应业	1997 – 03 – 18	辽宁省	3.55×10^9	161
天坛生物	制造业	1998 – 06 – 16	北京市	3.54×10^9	162
海印股份	租赁和商务服务业	1998 – 10 – 28	广东省	3.54×10^9	163
中百集团	批发和零售业	1997 – 05 – 19	湖北省	3.47×10^9	164
中牧股份	制造业	1999 – 01 – 07	北京市	3.47×10^9	165
中航电子	制造业	2001 – 07 – 06	北京市	3.45×10^9	166
山河智能	制造业	2006 – 12 – 22	湖南省	3.38×10^9	167
合肥百货	批发和零售业	1996 – 08 – 12	安徽省	3.37×10^9	168
小天鹅 A	制造业	1997 – 03 – 28	江苏省	3.35×10^9	169
山推股份	制造业	1997 – 01 – 22	山东省	3.34×10^9	170
雅戈尔	房地产业	1998 – 11 – 19	浙江省	3.33×10^9	171
*ST 爱富	制造业	1993 – 03 – 16	上海市	3.32×10^9	172
佛塑科技	制造业	2000 – 05 – 25	广东省	3.29×10^9	173
物产中大	批发和零售业	1996 – 06 – 06	浙江省	3.17×10^9	174
新海宜	制造业	2006 – 11 – 30	江苏省	3.15×10^9	175

续表

证券简称	所属行业	上市日期	省（区市）	品牌价值/元	排名
中信证券	金融业	2003 - 01 - 06	广东省	3.15×10^9	176
山大华特	制造业	1999 - 06 - 09	山东省	3.14×10^9	177
交运股份		1993 - 09 - 28	上海市	3.10×10^9	178
长江传媒	文化、体育和娱乐业	1996 - 10 - 03	湖北省	3.09×10^9	179
江西铜业	制造业	2002 - 01 - 11	江西省	3.09×10^9	180
六国化工	制造业	2004 - 03 - 05	安徽省	3.08×10^9	181
深赤湾 A	交通运输、仓储和邮政业	1993 - 05 - 05	广东省	3.08×10^9	182
亿阳信通	信息传输、软件和信息技术服务业	2000 - 07 - 20	黑龙江省	3.07×10^9	183
中国重汽	制造业	1999 - 11 - 25	山东省	3.06×10^9	184
航天信息	制造业	2003 - 07 - 11	北京市	3.04×10^9	185
经纬纺机	制造业	1996 - 12 - 10	北京市	3.01×10^9	186
阳泉煤业	采矿业	2003 - 08 - 21	山西省	2.98×10^9	187
重庆港九	交通运输、仓储和邮政业	2000 - 07 - 31	重庆市	2.98×10^9	188
健康元	制造业	2001 - 06 - 08	广东省	2.96×10^9	189
中国长城	制造业	1997 - 06 - 26	广东省	2.95×10^9	190
*ST 青松	制造业	2003 - 07 - 24	新疆维吾尔自治区	2.92×10^9	191
辽宁成大	批发和零售业	1996 - 08 - 19	辽宁省	2.90×10^9	192
桂林旅游	水利、环境和公共设施管理业	2000 - 05 - 18	广西壮族自治区	2.88×10^9	193
中船防务	制造业	1993 - 10 - 28	广东省	2.88×10^9	194
太阳纸业	制造业	2006 - 11 - 16	山东省	2.84×10^9	195
湖南投资		1993 - 12 - 20	湖南省	2.80×10^9	196

证券简称	所属行业	上市日期	省（区市）	品牌价值/元	排名
科达洁能	制造业	2002 – 10 – 10	广东省	2.78×10^9	197
新湖中宝	房地产业	1999 – 06 – 23	浙江省	2.78×10^9	198
紫江企业	制造业	1999 – 08 – 24	上海市	2.77×10^9	199
厦门国贸	批发和零售业	1996 – 10 – 03	福建省	2.77×10^9	200
人民同泰	批发和零售业	1994 – 02 – 24	黑龙江省	2.76×10^9	201
沱牌舍得	制造业	1996 – 05 – 24	四川省	2.76×10^9	202
天润数娱	信息传输、软件和信息技术服务业	2007 – 02 – 08	湖南省	2.75×10^9	203
江淮汽车	制造业	2001 – 08 – 24	安徽省	2.75×10^9	204
轴研科技	制造业	2005 – 05 – 26	河南省	2.74×10^9	205
安琪酵母	制造业	2000 – 08 – 18	湖北省	2.72×10^9	206
中鼎股份	制造业	1998 – 12 – 03	安徽省	2.71×10^9	207
浙江医药	制造业	1999 – 10 – 21	浙江省	2.71×10^9	208
福建水泥	制造业	1994 – 01 – 03	福建省	2.68×10^9	209
大众公用	电力、热力、燃气及水生产和供应业	1993 – 03 – 04	上海市	2.68×10^9	210
太钢不锈	制造业	1998 – 10 – 21	山西省	2.67×10^9	211
久联发展	制造业	2004 – 09 – 08	贵州省	2.66×10^9	212
晨鸣纸业	制造业	2000 – 11 – 20	山东省	2.63×10^9	213
巨化股份	制造业	1998 – 06 – 26	浙江省	2.63×10^9	214
启迪古汉	制造业	1996 – 01 – 19	湖南省	2.63×10^9	215
盾安环境	制造业	2004 – 07 – 05	浙江省	2.61×10^9	216
尖峰集团	制造业	1993 – 07 – 28	浙江省	2.57×10^9	217
华东医药	批发和零售业	2000 – 01 – 27	浙江省	2.54×10^9	218
氯碱化工	制造业	1992 – 11 – 13	上海市	2.51×10^9	219
华数传媒	文化、体育和娱乐业	2000 – 09 – 06	浙江省	2.51×10^9	220
宁夏建材	制造业	2003 – 08 – 29	宁夏回族自治区	2.50×10^9	221

续表

证券简称	所属行业	上市日期	省 （区市）	品牌价值/元	排名
九芝堂	制造业	2000 – 06 – 28	湖南省	2.47×10^9	222
中航动控	制造业	1997 – 06 – 26	江苏省	2.46×10^9	223
云天化	制造业	1997 – 07 – 09	云南省	2.46×10^9	224
精工钢构	建筑业	2002 – 06 – 05	安徽省	2.44×10^9	225
软控股份	制造业	2006 – 10 – 18	山东省	2.44×10^9	226
广汇能源	采矿业	2000 – 05 – 26	新疆维吾尔自治区	2.43×10^9	227
长春高新	制造业	1996 – 12 – 18	吉林省	2.34×10^9	228
综艺股份	综合	1996 – 11 – 20	江苏省	2.32×10^9	229
大众交通		1992 – 08 – 07	上海市	2.29×10^9	230
南风化工	制造业	1997 – 04 – 28	山西省	2.28×10^9	231
华域汽车	制造业	1996 – 08 – 26	上海市	2.25×10^9	232
厦门空港	交通运输、仓储和邮政业	1996 – 05 – 31	福建省	2.23×10^9	233
华胜天成	信息传输、软件和信息技术服务业	2004 – 04 – 27	北京市	2.19×10^9	234
新力金融	金融业	2000 – 12 – 08	安徽省	2.19×10^9	235
生益科技	制造业	1998 – 10 – 28	广东省	2.18×10^9	236
英洛华	制造业	1997 – 08 – 08	山西省	2.15×10^9	237
荣盛发展	房地产业	2007 – 08 – 08	河北省	2.14×10^9	238
中原高速		2003 – 08 – 08	河南省	2.14×10^9	239
老白干酒	制造业	2002 – 10 – 29	河北省	2.13×10^9	240
古越龙山	制造业	1997 – 05 – 16	浙江省	2.10×10^9	241
安泰科技	制造业	2000 – 05 – 29	北京市	2.08×10^9	242
哈投股份	电力、热力、燃气及水生产和供应业	1994 – 08 – 09	黑龙江省	2.07×10^9	243

证券简称	所属行业	上市日期	省（区市）	品牌价值/元	排名
康恩贝	制造业	2004 – 04 – 12	浙江省	2.06×10^9	244
丽珠集团	制造业	1993 – 10 – 28	广东省	2.05×10^9	245
华海药业	制造业	2003 – 03 – 04	浙江省	2.04×10^9	246
深桑达 A	批发和零售业	1993 – 10 – 28	广东省	2.04×10^9	247
罗牛山	农、林、牧、渔业	1997 – 06 – 11	海南省	2.03×10^9	248
伟星股份	制造业	2004 – 06 – 25	浙江省	2.02×10^9	249
鲁银投资	综合	1996 – 12 – 25	山东省	2.00×10^9	250
维科精华	制造业	1998 – 06 – 09	浙江省	2.00×10^9	251
精功科技	制造业	2004 – 06 – 25	浙江省	2.00×10^9	252
冠豪高新	制造业	2003 – 06 – 19	广东省	1.98×10^9	253
ST 山水	制造业	2000 – 06 – 15	山西省	1.94×10^9	254
深中华 A	制造业	1992 – 03 – 31	广东省	1.93×10^9	255
保税科技	交通运输、仓储和邮政业	1997 – 03 – 06	江苏省	1.91×10^9	256
风华高科	制造业	1996 – 11 – 29	广东省	1.90×10^9	257
华工科技	制造业	2000 – 06 – 08	湖北省	1.89×10^9	258
安徽合力	制造业	1996 – 10 – 09	安徽省	1.89×10^9	259
冀东装备	制造业	1998 – 08 – 13	河北省	1.88×10^9	260
苏州高新	房地产业	1996 – 08 – 15	江苏省	1.85×10^9	261
山东海化	制造业	1998 – 07 – 03	山东省	1.85×10^9	262
深物业 A	房地产业	1992 – 03 – 30	广东省	1.85×10^9	263
报喜鸟	制造业	2007 – 08 – 16	浙江省	1.83×10^9	264
南钢股份	制造业	2000 – 09 – 19	江苏省	1.82×10^9	265
酒鬼酒	制造业	1997 – 07 – 18	湖南省	1.80×10^9	266
同方股份	制造业	1997 – 06 – 27	北京市	1.80×10^9	267
中国宝安	综合	1991 – 06 – 25	广东省	1.80×10^9	268
金花股份	制造业	1997 – 06 – 12	陕西省	1.77×10^9	269

续表

证券简称	所属行业	上市日期	省（区市）	品牌价值/元	排名
中科三环	制造业	2000 – 04 – 20	北京市	1.77×10^9	270
阳光照明	制造业	2000 – 07 – 20	浙江省	1.77×10^9	271
华菱星马	制造业	2003 – 04 – 01	安徽省	1.76×10^9	272
恒瑞医药	制造业	2000 – 10 – 18	江苏省	1.76×10^9	273
东方市场	电力、热力、燃气及水生产和供应业	2000 – 05 – 29	江苏省	1.74×10^9	274
华帝股份	制造业	2004 – 09 – 01	广东省	1.73×10^9	275
海立股份	制造业	1992 – 11 – 16	上海市	1.72×10^9	276
武汉凡谷	制造业	2007 – 12 – 07	湖北省	1.72×10^9	277
广弘控股	制造业	1993 – 11 – 18	广东省	1.71×10^9	278
恒逸石化	制造业	1997 – 03 – 28	广西壮族自治区	1.69×10^9	279
京东方 A	制造业	2001 – 01 – 12	北京市	1.68×10^9	280
西王食品	制造业	1996 – 11 – 26	山东省	1.67×10^9	281
巨轮智能	制造业	2004 – 08 – 16	广东省	1.66×10^9	282
潍柴动力	制造业	2007 – 04 – 30	山东省	1.63×10^9	283
五矿发展	批发和零售业	1997 – 05 – 28	北京市	1.63×10^9	284
北大医药	制造业	1997 – 06 – 16	重庆市	1.61×10^9	285
栋梁新材	制造业	2006 – 11 – 20	浙江省	1.61×10^9	286
金融街	房地产业	1996 – 06 – 26	北京市	1.60×10^9	287
潍柴重机	制造业	1998 – 04 – 02	山东省	1.60×10^9	288
象屿股份	租赁和商务服务业	1997 – 06 – 04	福建省	1.59×10^9	289
澳柯玛	制造业	2000 – 12 – 29	山东省	1.58×10^9	290
华孚色纺	制造业	2005 – 04 – 27	安徽省	1.58×10^9	291
众合科技	制造业	1999 – 06 – 11	浙江省	1.58×10^9	292
深圳能源	电力、热力、燃气及水生产和供应业	1993 – 09 – 03	广东省	1.57×10^9	293
陕西金叶	制造业	1998 – 06 – 23	陕西省	1.57×10^9	294

续表

证券简称	所属行业	上市日期	省 （区市）	品牌价值/元	排名
航天通信	批发和零售业	1993 – 09 – 28	浙江省	1.56×10^9	295
华微电子	制造业	2001 – 03 – 16	吉林省	1.56×10^9	296
东方锆业	制造业	2007 – 09 – 13	广东省	1.56×10^9	297
浪潮信息	制造业	2000 – 06 – 08	山东省	1.53×10^9	298
美菱电器	制造业	1993 – 10 – 18	安徽省	1.52×10^9	299
远兴能源	制造业	1997 – 01 – 31	内蒙古 自治区	1.49×10^9	300
博瑞传播	文化、体育和娱乐业	1995 – 11 – 15	四川省	1.47×10^9	301
恒生电子	信息传输、软件和信息 技术服务业	2003 – 12 – 16	浙江省	1.47×10^9	302
大商股份	批发和零售业	1993 – 11 – 22	辽宁省	1.47×10^9	303
深天马 A	制造业	1995 – 03 – 15	广东省	1.46×10^9	304
大连友谊	批发和零售业	1997 – 01 – 24	辽宁省	1.46×10^9	305
宝信软件	信息传输、软件和信息 技术服务业	1994 – 03 – 11	上海市	1.46×10^9	306
浦东金桥	房地产业	1993 – 03 – 26	上海市	1.42×10^9	307
天士力	制造业	2002 – 08 – 23	天津市	1.42×10^9	308
银轮股份	制造业	2007 – 04 – 18	浙江省	1.40×10^9	309
上海家化	制造业	2001 – 03 – 15	上海市	1.40×10^9	310
双良节能	制造业	2003 – 04 – 22	江苏省	1.39×10^9	311
中航高科	制造业	1994 – 05 – 20	江苏省	1.39×10^9	312
电广传媒	信息传输、软件和信息 技术服务业	1999 – 03 – 25	湖南省	1.38×10^9	313
印纪传媒	租赁和商务服务业	2007 – 07 – 20	四川省	1.37×10^9	314
东方明珠	信息传输、软件和信息 技术服务业	1993 – 03 – 16	上海市	1.37×10^9	315
海润光伏	制造业	2003 – 09 – 24	江苏省	1.37×10^9	316

续表

证券简称	所属行业	上市日期	省 (区市)	品牌价值/元	排名
正邦科技	制造业	2007 – 08 – 17	江西省	1.36×10^9	317
华鲁恒升	制造业	2002 – 06 – 20	山东省	1.36×10^9	318
东华科技	建筑业	2007 – 07 – 12	安徽省	1.36×10^9	319
锦江股份	住宿和餐饮业	1996 – 10 – 11	上海市	1.36×10^9	320
敦煌种业	农、林、牧、渔业	2004 – 01 – 15	甘肃省	1.36×10^9	321
华鑫股份	房地产业	1992 – 12 – 02	上海市	1.36×10^9	322
鲁阳节能	制造业	2006 – 11 – 30	山东省	1.35×10^9	323
厦门钨业	制造业	2002 – 11 – 07	福建省	1.35×10^9	324
太极集团	制造业	1997 – 11 – 18	重庆市	1.35×10^9	325
中粮生化	制造业	1999 – 07 – 12	安徽省	1.34×10^9	326
金龙汽车	制造业	1993 – 11 – 08	福建省	1.33×10^9	327
中材科技	制造业	2006 – 11 – 20	江苏省	1.33×10^9	328
兖州煤业	采矿业	1998 – 07 – 01	山东省	1.32×10^9	329
一汽轿车	制造业	1997 – 06 – 18	吉林省	1.32×10^9	330
铁龙物流	交通运输、仓储和邮政业	1998 – 05 – 11	辽宁省	1.32×10^9	331
浩物股份	制造业	1997 – 06 – 27	四川省	1.32×10^9	332
金螳螂	建筑业	2006 – 11 – 20	江苏省	1.30×10^9	333
中国国贸	房地产业	1999 – 03 – 12	北京市	1.30×10^9	334
中航光电	制造业	2007 – 11 – 01	河南省	1.30×10^9	335
伊力特	制造业	1999 – 09 – 16	新疆 维吾尔 自治区	1.30×10^9	336
冠城大通	房地产业	1997 – 05 – 08	福建省	1.30×10^9	337
威海广泰	制造业	2007 – 01 – 26	山东省	1.28×10^9	338
国光电器	制造业	2005 – 05 – 23	广东省	1.28×10^9	339
金晶科技	制造业	2002 – 08 – 15	山东省	1.26×10^9	340

证券简称	所属行业	上市日期	省（区市）	品牌价值/元	排名
北京城建	房地产业	1999 - 02 - 03	北京市	1.26×10^9	341
绿庭投资	金融业	1993 - 11 - 22	上海市	1.25×10^9	342
黄山旅游	水利、环境和公共设施管理业	1997 - 05 - 06	安徽省	1.24×10^9	343
北方股份	制造业	2000 - 06 - 30	内蒙古自治区	1.24×10^9	344
茂业通信	信息传输、软件和信息技术服务业	1997 - 12 - 18	河北省	1.24×10^9	345
华邦健康	制造业	2004 - 06 - 25	重庆市	1.23×10^9	346
博汇纸业	制造业	2004 - 06 - 08	山东省	1.23×10^9	347
沈阳化工	制造业	1997 - 02 - 20	辽宁省	1.23×10^9	348
广州发展	电力、热力、燃气及水生产和供应业	1997 - 07 - 18	广东省	1.23×10^9	349
登海种业	农、林、牧、渔业	2005 - 04 - 18	山东省	1.22×10^9	350
思源电气	制造业	2004 - 08 - 05	上海市	1.22×10^9	351
丽江旅游	水利、环境和公共设施管理业	2004 - 08 - 25	云南省	1.22×10^9	352
曙光股份	制造业	2000 - 12 - 26	辽宁省	1.21×10^9	353
华能国际	电力、热力、燃气及水生产和供应业	2001 - 12 - 06	北京市	1.21×10^9	354
上海机场	交通运输、仓储和邮政业	1998 - 02 - 18	上海市	1.20×10^9	355
美欣达	制造业	2004 - 08 - 26	浙江省	1.19×10^9	356
锦州港	交通运输、仓储和邮政业	1999 - 06 - 09	辽宁省	1.17×10^9	357
沃尔核材	制造业	2007 - 04 - 20	广东省	1.17×10^9	358

续表

证券简称	所属行业	上市日期	省（区市）	品牌价值/元	排名
湖北能源	电力、热力、燃气及水生产和供应业	1998 - 05 - 19	湖北省	1.17×10^9	359
峨眉山 A	水利、环境和公共设施管理业	1997 - 10 - 21	四川省	1.16×10^9	360
兴蓉环境	电力、热力、燃气及水生产和供应业	1996 - 05 - 29	四川省	1.16×10^9	361
片仔癀	制造业	2003 - 06 - 16	福建省	1.16×10^9	362
新世界	批发和零售业	1993 - 01 - 19	上海市	1.16×10^9	363
星湖科技	制造业	1994 - 08 - 18	广东省	1.16×10^9	364
香溢融通	租赁和商务服务业	1994 - 02 - 24	浙江省	1.16×10^9	365
白云山	制造业	2001 - 02 - 06	广东省	1.15×10^9	366
御银股份	制造业	2007 - 11 - 01	广东省	1.15×10^9	367
浦发银行	金融业	1999 - 11 - 10	上海市	1.14×10^9	368
钱江水利	电力、热力、燃气及水生产和供应业	2000 - 10 - 18	浙江省	1.13×10^9	369
粤宏远 A	房地产业	1994 - 08 - 15	广东省	1.13×10^9	370
通程控股	批发和零售业	1996 - 08 - 16	湖南省	1.12×10^9	371
广誉远	制造业	1996 - 11 - 05	青海省	1.12×10^9	372
上海能源	采矿业	2001 - 08 - 29	上海市	1.11×10^9	373
中润资源	采矿业	1993 - 03 - 12	山东省	1.10×10^9	374
航民股份	制造业	2004 - 08 - 09	浙江省	1.10×10^9	375
达安基因	制造业	2004 - 08 - 09	广东省	1.10×10^9	376
华映科技	制造业	1993 - 11 - 26	福建省	1.09×10^9	377
万向钱潮	制造业	1994 - 01 - 10	浙江省	1.09×10^9	378
新疆众和	制造业	1996 - 02 - 15	新疆维吾尔自治区	1.09×10^9	379

证券简称	所属行业	上市日期	省（区市）	品牌价值/元	排名
中兴商业	批发和零售业	1997 – 05 – 08	辽宁省	1.09×10^9	380
安凯客车	制造业	1997 – 07 – 25	安徽省	1.09×10^9	381
创元科技	综合	1994 – 01 – 06	江苏省	1.07×10^9	382
瑞泰科技	制造业	2006 – 08 – 23	北京市	1.07×10^9	383
中安消	信息传输、软件和信息技术服务业	1990 – 12 – 19	上海市	1.07×10^9	384
天成控股	制造业	1997 – 11 – 27	贵州省	1.07×10^9	385
时代出版	文化、体育和娱乐业	2002 – 09 – 05	安徽省	1.06×10^9	386
美年健康	卫生和社会工作	2005 – 05 – 18	江苏省	1.06×10^9	387
横店东磁	制造业	2006 – 08 – 02	浙江省	1.06×10^9	388
华联股份		1998 – 06 – 16	北京市	1.05×10^9	389
歌华有线	信息传输、软件和信息技术服务业	2001 – 02 – 08	北京市	1.03×10^9	390
航天电器	制造业	2004 – 07 – 26	贵州省	1.03×10^9	391
中天科技	制造业	2002 – 10 – 24	江苏省	1.02×10^9	392
康缘药业	制造业	2002 – 09 – 18	江苏省	1.02×10^9	393
东风科技	制造业	1997 – 07 – 03	上海市	1.00×10^9	394
宁沪高速		2001 – 01 – 16	江苏省	1.00×10^9	395
沈阳机床	制造业	1996 – 07 – 18	辽宁省	9.97×10^8	396
宏达股份	制造业	2001 – 12 – 20	四川省	9.97×10^8	397
东莞控股		1997 – 06 – 17	广东省	9.96×10^8	398
山东药玻	制造业	2002 – 06 – 03	山东省	9.94×10^8	399
北斗星通	制造业	2007 – 08 – 13	北京市	9.92×10^8	400
新华联	房地产业	1996 – 10 – 29	北京市	9.89×10^8	401
隆平高科	农、林、牧、渔业	2000 – 12 – 11	湖南省	9.85×10^8	402
卧龙电气	制造业	2002 – 06 – 06	浙江省	9.80×10^8	403
中国中期	批发和零售业	2000 – 07 – 18	北京市	9.76×10^8	404

续表

证券简称	所属行业	上市日期	省（区市）	品牌价值/元	排名
安徽水利	建筑业	2003 - 04 - 15	安徽省	9.75×10^8	405
乐山电力	电力、热力、燃气及水生产和供应业	1993 - 04 - 26	四川省	9.75×10^8	406
广聚能源	批发和零售业	2000 - 07 - 24	广东省	9.74×10^8	407
广东明珠	批发和零售业	2001 - 01 - 18	广东省	9.73×10^8	408
宗申动力	制造业	1997 - 03 - 06	重庆市	9.63×10^8	409
京能电力	电力、热力、燃气及水生产和供应业	2002 - 05 - 10	北京市	9.58×10^8	410
德美化工	制造业	2006 - 07 - 25	广东省	9.57×10^8	411
焦作万方	制造业	1996 - 09 - 26	河南省	9.48×10^8	412
华光股份	制造业	2003 - 07 - 21	江苏省	9.42×10^8	413
华茂股份	制造业	1998 - 10 - 07	安徽省	9.37×10^8	414
新疆城建	建筑业	2003 - 12 - 03	新疆维吾尔自治区	9.35×10^8	415
大湖股份	农、林、牧、渔业	2000 - 06 - 12	湖南省	9.28×10^8	416
上海机电	制造业	1994 - 02 - 24	上海市	9.23×10^8	417
亚盛集团	农、林、牧、渔业	1997 - 08 - 18	甘肃省	9.22×10^8	418
鲁泰 A	制造业	2000 - 12 - 25	山东省	9.17×10^8	419
浙数文化	文化、体育和娱乐业	1993 - 03 - 04	浙江省	9.15×10^8	420
龙溪股份	制造业	2002 - 08 - 05	福建省	9.13×10^8	421
南天信息	信息传输、软件和信息技术服务业	1999 - 10 - 14	云南省	9.12×10^8	422
南玻 A	制造业	1992 - 02 - 28	广东省	9.10×10^8	423
烽火通信	制造业	2001 - 08 - 23	湖北省	9.09×10^8	424
现代制药	制造业	2004 - 06 - 16	上海市	9.07×10^8	425
汉钟精机	制造业	2007 - 08 - 17	上海市	9.05×10^8	426

证券简称	所属行业	上市日期	省（区市）	品牌价值/元	排名
华天酒店	住宿和餐饮业	1996 – 08 – 08	湖南省	8.95×10^8	427
时代新材	制造业	2002 – 12 – 19	湖南省	8.94×10^8	428
安源煤业	采矿业	2002 – 07 – 02	江西省	8.90×10^8	429
＊ST郑煤	采矿业	1998 – 01 – 07	河南省	8.88×10^8	430
东方钽业	制造业	2000 – 01 – 20	宁夏回族自治区	8.85×10^8	431
百利电气	制造业	2001 – 06 – 15	天津市	8.82×10^8	432
中工国际	建筑业	2006 – 06 – 19	北京市	8.76×10^8	433
新兴铸管	制造业	1997 – 06 – 06	河北省	8.75×10^8	434
长电科技	制造业	2003 – 06 – 03	江苏省	8.68×10^8	435
天健集团	建筑业	1999 – 07 – 21	广东省	8.67×10^8	436
海特高新	制造业	2004 – 07 – 21	四川省	8.67×10^8	437
中通客车	制造业	2000 – 01 – 13	山东省	8.66×10^8	438
烽火电子	制造业	1994 – 05 – 09	陕西省	8.65×10^8	439
沧州明珠	制造业	2007 – 01 – 24	河北省	8.65×10^8	440
金杯汽车	制造业	1992 – 07 – 24	辽宁省	8.64×10^8	441
河钢股份	制造业	1997 – 04 – 16	河北省	8.64×10^8	442
石化机械	制造业	1998 – 11 – 26	湖北省	8.62×10^8	443
广深铁路	交通运输、仓储和邮政业	2006 – 12 – 22	广东省	8.56×10^8	444
江南高纤	制造业	2003 – 11 – 27	江苏省	8.48×10^8	445
通宝能源	电力、热力、燃气及水生产和供应业	1996 – 12 – 05	山西省	8.47×10^8	446
凌钢股份	制造业	2000 – 05 – 11	辽宁省	8.45×10^8	447
赣粤高速		2000 – 05 – 18	江西省	8.44×10^8	448
厦门港务	交通运输、仓储和邮政业	1999 – 04 – 29	福建省	8.41×10^8	449
保千里	制造业	1997 – 06 – 23	江苏省	8.40×10^8	450
鲁西化工	制造业	1998 – 08 – 07	山东省	8.40×10^8	451
孚日股份	制造业	2006 – 11 – 24	山东省	8.37×10^8	452
丰乐种业	农、林、牧、渔业	1997 – 04 – 22	安徽省	8.33×10^8	453

续表

证券简称	所属行业	上市日期	省 (区市)	品牌价值/元	排名
海翔药业	制造业	2006 - 12 - 26	浙江省	8.31×10^{8}	454
东方创业	批发和零售业	2000 - 07 - 12	上海市	8.26×10^{8}	455
沙隆达 A	制造业	1993 - 12 - 03	湖北省	8.13×10^{8}	456
亿利洁能	制造业	2000 - 07 - 25	内蒙古 自治区	8.12×10^{8}	457
黑猫股份	制造业	2006 - 09 - 15	江西省	8.06×10^{8}	458
兴化股份	制造业	2007 - 01 - 26	陕西省	8.05×10^{8}	459
凯恩股份	制造业	2004 - 07 - 05	浙江省	8.01×10^{8}	460
扬农化工	制造业	2002 - 04 - 25	江苏省	8.00×10^{8}	461
皖维高新	制造业	1997 - 05 - 28	安徽省	7.87×10^{8}	462
华媒控股	文化、体育和娱乐业	1996 - 08 - 30	浙江省	7.86×10^{8}	463
国电南自	制造业	1999 - 11 - 18	江苏省	7.83×10^{8}	464
景兴纸业	制造业	2006 - 09 - 15	浙江省	7.68×10^{8}	465
士兰微	制造业	2003 - 03 - 11	浙江省	7.65×10^{8}	466
鹏起科技	制造业	1992 - 08 - 28	上海市	7.63×10^{8}	467
方大集团	制造业	1996 - 04 - 15	广东省	7.63×10^{8}	468
中国武夷	房地产业	1997 - 07 - 15	福建省	7.62×10^{8}	469
威孚高科	制造业	1998 - 09 - 24	江苏省	7.62×10^{8}	470
申达股份	批发和零售业	1993 - 01 - 07	上海市	7.60×10^{8}	471
南方汇通	制造业	1999 - 06 - 16	贵州省	7.59×10^{8}	472
宝新能源	电力、热力、燃气及水生产和供应业	1997 - 01 - 28	广东省	7.59×10^{8}	473
金陵药业	制造业	1999 - 11 - 18	江苏省	7.55×10^{8}	474
南京公用	电力、热力、燃气及水生产和供应业	1996 - 08 - 06	江苏省	7.51×10^{8}	475
安纳达	制造业	2007 - 05 - 30	安徽省	7.44×10^{8}	476
华金资本	综合	1994 - 01 - 03	广东省	7.43×10^{8}	477

证券简称	所属行业	上市日期	省 （区市）	品牌价值/元	排名
华远地产	房地产业	1996 – 09 – 09	北京市	7.42×10^8	478
华谊集团	制造业	1992 – 12 – 04	上海市	7.41×10^8	479
泰豪科技	制造业	2002 – 07 – 03	江西省	7.35×10^8	480
广东鸿图	制造业	2006 – 12 – 29	广东省	7.34×10^8	481
万向德农	农、林、牧、渔业	2002 – 09 – 16	黑龙江省	7.27×10^8	482
西藏天路	建筑业	2001 – 01 – 16	西藏 自治区	7.24×10^8	483
新华制药	制造业	1997 – 08 – 06	山东省	7.23×10^8	484
大冶特钢	制造业	1997 – 03 – 26	湖北省	7.23×10^8	485
华讯方舟	制造业	1997 – 02 – 21	河北省	7.18×10^8	486
龙建股份	建筑业	1994 – 04 – 04	黑龙江省	7.16×10^8	487
首商股份	批发和零售业	1996 – 07 – 16	北京市	7.10×10^8	488
＊ST 常林	批发和零售业	1996 – 07 – 01	江苏省	7.09×10^8	489
中金岭南	制造业	1997 – 01 – 23	广东省	6.98×10^8	490
航天动力	制造业	2003 – 04 – 08	陕西省	6.94×10^8	491
中国医药	制造业	1997 – 05 – 15	北京市	6.89×10^8	492
升华拜克	制造业	1999 – 11 – 16	浙江省	6.88×10^8	493
弘业股份	批发和零售业	1997 – 09 – 01	江苏省	6.88×10^8	494
新华百货	批发和零售业	1997 – 01 – 08	宁夏回族 自治区	6.85×10^8	495
漳州发展	批发和零售业	1997 – 06 – 26	福建省	6.83×10^8	496
秦川机床	制造业	1998 – 09 – 28	陕西省	6.75×10^8	497
华菱钢铁	制造业	1999 – 08 – 03	湖南省	6.71×10^8	498
天富能源	电力、热力、燃气及水 生产和供应业	2002 – 02 – 28	新疆 维吾尔 自治区	6.71×10^8	499
深圳惠程	制造业	2007 – 09 – 19	广东省	6.65×10^8	500

4.2 2017 年我国上市公司品牌价值榜述评

2017 年我国上市公司品牌价值总共有 500 家企业上榜,分为 17 个行业。其中,制造行业的企业数量占比与品牌价值占比均处首位,有 280 家制造企业进入榜单,品牌价值之和占 500 家企业品牌价值之和的比重高达 37%。19 家金融企业进入总榜,虽然在数量上不足制造业的 1/10,其品牌价值之和占 500 家企业品牌价值之和的比重却高达 27%,与此同时,排名前 4 位上市公司均属于金融业。企业品牌价值总量前 5 位的行业统计如表 4 - 2 所示。

表 4 - 2   品牌价值排名前五行业统计

所属行业	企业数量	品牌价值均值/亿元	品牌价值总值/亿元
制造业	280	54.18	15200.00
金融业	19	598.48	11400.00
采矿业	32	181.44	5810.00
信息传输、软件和信息技术服务业	16	145.13	2320.00
批发和零售业	33	61.96	2040.00

上市公司品牌价值榜单各行业品牌价总值的分布情况如图 4 - 1 所示。

2017 年上市公司品牌价值榜单前 5 名品牌企业分别为工商银行、中国平安、中国人寿、中国银行、贵州茅台,价值分别约为 2770.30 亿元、1713.29 亿元、1646.20 亿元、1424.83 亿元、1391.94 亿元,合计占 500 强企业品牌价值总量的 21.54%。

此次上榜品牌的企业存续平均时间约 18 年,75% 的企业品牌存续时间在 15 年以上,其中,时间最长的是 27 年,显示出上市品牌企业更旺盛的生命力。

此次上榜品牌分布在全国(港澳台地区除外)的 31 个省区市,虽

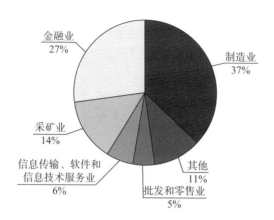

图 4 - 1　上市公司各行业品牌价值总量分布

然各个省级行政单位均有覆盖，然而数量差距悬殊，具体地区分布情况
如表 4 - 3 所示。

表 4 - 3　上榜企业地区分布统计

省（区市）	企业数量	品牌价值均值/亿元	品牌价值总值/亿元
北京市	51	263.70	13400.00
广东省	64	91.76	5870.00
上海市	48	96.32	4620.00
江苏省	38	60.33	2290.00
四川省	17	103.46	1760.00
贵州省	6	280.45	1680.00
山东省	35	46.41	1620.00
安徽省	26	38.79	1010.00
山西省	12	82.54	991.00
浙江省	40	24.47	979.00
湖南省	16	60.57	969.00
河南省	11	68.27	751.00
河北省	11	63.47	698.00
内蒙古自治区	7	88.11	617.00
江西省	11	47.32	521.00

省（区市）	企业数量	品牌价值均值/亿元	品牌价值总值/亿元
湖北省	15	32.56	488.00
青海省	4	108.45	434.00
海南省	7	58.24	408.00
辽宁省	14	24.22	339.00
福建省	15	22.28	334.00
甘肃省	4	82.99	332.00
云南省	6	47.35	284.00
新疆维吾尔自治区	9	29.54	266.00
重庆市	7	32.76	229.00
广西壮族自治区	3	56.04	168.00
黑龙江省	6	23.41	140.00
吉林省	4	23.60	94.40
陕西省	6	10.63	63.80
天津市	3	20.25	60.80
宁夏回族自治区	3	13.58	40.70
西藏自治区	1	7.24	7.24

数据显示，品牌企业主要集中在经济发达的地区，其中，广东省上榜企业数量最多，上榜品牌企业达到 64 个，其次是北京、上海、浙江、江苏，数量分别为 51 个、48 个、40 个、38 个；北京市上榜企业品牌总价值最高，达 13400 亿元，其次为广东、上海、江苏、四川。上榜企业价值总和排名前 5 位的省市与其他各省市品牌价值总和分布情况如图 4-2 所示。

由图 4-2 可以明显看出，北京、上海、广东企业品牌价值总量超过上榜全部企业总量的一半，其中，北京上市企业品牌价值总量与除广东、上海、江苏、四川之外的其余 26 个省（区市）上市公司品牌价值总和相当。由此可以明显看出，品牌经济的地区发展不均衡性显著。

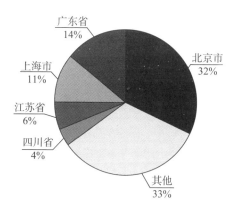

图 4-2　上市公司品牌价值地区分布

4.3　本章小结

　　本章应用品牌价值测算模型,选择上市 10 年以上的本土企业进行了品牌价值测评并得出了 500 家分布于 17 个行业的企业排名。测评结果发现,我国民族品牌中,金融业和制造业的上榜品牌价值遥遥领先于其他行业,其次为采矿业、信息传输、软件和信息技术服务业以及批发和零售业。

　　上榜品牌企业分布于全国 31 个省(区市),虽然覆盖了全部地区,但是各地区上榜品牌企业数量与价值相差悬殊,品牌经济的地区差距显著。北京、上海、广东企业品牌价值总和超过全部上榜企业品牌价值的一半,上榜品牌价值总量排名第三、第四的分别为江苏省和四川省,上述五省之外的全部省份上榜品牌价值总和与北京市相当。

第5章 知识创新与民族品牌价值

已有研究普遍认为，知识创新是知识经济时代企业提高竞争力、实现持续经营的一项关键的基础性能力。因此，本章关注知识创新对民族品牌价值的影响，以期发现其中的作用机制，进一步得出通过知识创新提升民族品牌价值的方法。

本章选取了沪深两市连续5年（2012～2016年）上榜上市公司品牌价值500强的79家A股上市公司作为研究样本，通过国泰安数据库、Wind数据库、中国知网、企业年报所披露的公开数据确定研究指标。通过Stata和EViews 8.0进行数据分析和建立模型。

通过实证研究得出，知识创新对民族品牌价值有正向影响作用。其中，知识创新投入对企业品牌价值有正向影响。企业知识创新投入越多，对品牌价值的提升作用越明显。知识创新投入主要由企业原有知识存量、企业研发投入以及研发人员构成。知识创新产出对民族品牌价值有正向影响。知识创新产出分为非商业化产出和商业化产出。营销能力对与知识创新与民族品牌价值之间的负向调节作用已得到证明。知识创新与民族品牌价值之间的关系受到企业营销能力的影响，且这种影响是反向的。

5.1 知识创新的内涵与作用

1912年，现代创新理论的提出者熊彼特在《经济发展理论》一书中首次对创新概念作出了界定：所谓创新就是要建立一种新的生产函数，要把一种未曾有过的关于生产要素和生产条件的新组合引进生产体系中，以实现对生产要素或生产条件的新组合。熊彼特建立了以创新为特征的动态经济发展理论，一方面演变发展成为以技术变革和技术推广为对象的技术创新理论，另一个很重要的方面则是为之后的知识创新机制的研究奠定了理论依据。

1993 年，美国知名咨询公司恩图维的总裁艾弥顿（Amidon）提出"知识创新"（Knowledge innovation）的概念，他认为，知识创新是创造、演化、交换和应用新思想，使其转化为市场化的产品和服务的过程，最终的目标是达到企业成功、活跃国家经济和促进社会进步。这一概念包含了两个关键要素：一是知识创新重点在于要有新事物、新思想的产生，二是这种新产生的思想需要商业化转化成可交易的产品或服务。

在这以后，知识创新逐渐成为学者们的研究方向。经过总结归纳，以往学者们对知识创新概念的理解主要基于以下几个视角。

（1）理论视角

一般认为，知识创新是指世界上某个新知识的首次发现、发明、创造或应用。其中，"新"不是指实践意义或地理意义的"新"，而是知识产权意义的"新"，即在原理、结构、功能、性质、方法、过程等方面发生的显著变化。从创新来源角度来讲，知识创新主要包括四种表现形式：科学发现、技术发明、知识创造、新技术的首次应用。科学发现指世界上首次发现某种新现象、新规律或新原理；技术发明指世界上首次制造出某种东西，如新材料、新方法、新工艺、新设备、新系统或新服务等；知识创造指世界上首次创造出某种新知识，如新概念、新发明、新作品等；新知识的首次应用指对新知识的检验，包括理论应用、生产应用和商业应用等。

（2）应用视角

艾弥顿对知识创新的界定被认为是基于知识应用的视角，是创造、演化、交换和应用新思想，使其转化为市场化的产品和服务的过程。从这个概念来讲，知识创新包括了知识创造和应用两个过程。

（3）过程视角

知识创新从实现过程的视角界定，指通过知识管理，在知识获取、处理、共享的基础上不断追求新发展、探索新规律、创造新学说、提出新方法、积累新知识，并将知识应用于新领域以实现再次创新、促进科技进步和经济持续增长。Leonard – Barton（1995）提出，知识创新包括了解决共享问题，实施与整合知识与工具、实验与原型，吸收组织外部知识等一系列过程。❶ Szulanski（1996）认为，知识创新包含了知识的启动、实现、上升和继承的一系列过程。❷ Alavi（1997）将知识创新分为知识创造与开发；索引、集成和内外的互联以及知识的应用。黄立军（2002）认为知识创新包括创新构思的产生、难题解答的产生和创新的扩散三个阶段。❸

因此，知识创新的过程主要是知识的产生、转移及应用的过程。

基于上述界定知识创新的各种观点，可以发现知识创新的本质应该同时具备"新颖性"和"应用价值性"。由此，著者认为，知识创新是基于企业知识管理的背景，通过知识吸收、知识共享、知识整合，不断追求和探索新的发展领域、创立新学说，并将知识不断应用到新的价值创造空间，推动企业核心竞争力的不断增强，实现企业经营活动成功的行为活动。

梳理知识创新对企业的影响作用关系可以发现，知识创新主要对组织绩效、企业竞争优势与核心竞争力、企业品牌价值存在影响。

5.1.1 知识创新对企业竞争优势的影响

知识是企业竞争优势的根源，不仅因为企业知识本身，还在于企业的知识存量及其知识结构决定了企业构建和改善竞争优势的能力；❹ 过去一度被认为存在于物质、金钱，用劳动和资本可以发现的财富，现在主要来自于知识创新。❺

德戈伊斯曾经提出，在不久的将来，企业能够比竞争对手更快地掌握新知识的能力将是其唯一可持续的竞争优势。彼得·圣吉认为，企业

❶ RICHARD H. Wellsprings of knowledge：Building and Sustaining the Sources of Innovation Dorothy Leonard – Barton［J］. Journal of Organizational Behavior，1996（17）：197 – 199.

❷ SZULANSKI G. Exploring internal stickness：Impediments to the transfer of best practice within the firm［J］. Knowledge and Firm Strategic Management Journal，1996（17）：27 – 43.

❸ 黄立军. 企业知识管理系统的评价方法［J］. 情报理论与实践，2002（4）：273 – 275.

❹ 林山，黄培伦. 论组织创新的学习机制［J］. 科学管理研究，2004（1）：23 – 27.

❺ 王缉慈. 知识创新和区域创新环境［J］. 经济地理，1999（1）：12 – 16.

快速获取新知识和开发在市场运用知识的技能是可持续竞争的关键源泉之一。野中郁次郎认为"当原有的市场开始衰落，新技术突飞猛进，竞争对手成倍增长、产品淘汰加速的时候，只有那些持续创造新知识，将新知识传遍整个组织，并迅速开发出新技术和新产品的企业才能成功"。❶

大部分文献是通过知识创新对企业核心能力的影响进而论述对于企业竞争优势的影响。Leonard – Barton（1992）认为，企业核心能力就是识别和提供优势的知识体系，它包含了四种尺度：雇员的知识和技能、物理的技术系统、管理系统、价值和规范。究其本质，核心能力是一个知识系统，并且更多地体现为企业的隐性知识。Leonard – Barton（1995）提出了知识创新与核心能力框架模型，如图 5 – 1 所示。该框架包含了核心能力的四个维度以及知识创新的四个活动，围绕着企业的核心能力，四个创新活动分别为：解决共享和创造的问题（用于产生当前产品）、组织外部的知识导入和吸收技术：实验和成型（用于为将来建造能力）、实现和成型（用于为将来建造能力）、实现和集成的新方法和新工具（用于增强内部运作）。Prahalad 和 Hamel 提出了关于核心能力的定义，核心能力是"组织中的积累性学识，特别是关于如何协调不同的生产技术和有机结合多种技术流的学识"。❷ Gary Hamel（1994）在 *Competence – Based Competition* 一书中的序言中提出：一种核心竞争力毫无疑问地包括隐性知识（tacit knowledge）和显性知识（explicit knowledge）。这里的隐性知识包含技能知识（Know – how）与人为知识（Know – who），显性知识包含事实知识（Know – what）与原理知识（Know – why）。美国麦肯锡咨询公司认为，"核心能力是某一组织内部一系列互补的技能和知识的结合，它具有使一项或多项业务达到世界一流水平的能力"。这两者的共同之处在于强调知识的重要性，以及企业知识的积累使企业获得超额利润、保持持续竞争优势的基础。

---

❶ 野中郁次郎. 知识创新型企业：知识管理［M］. 北京：中国人民大学出版社，1999：106 – 145.

❷ PRAHALAD C K, GARY H. The Core Competence of the Corporation［J］. Harvard Business Review, 1990（5 – 6）：79 – 91.

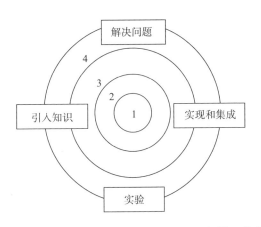

图 5 - 1 Leonard - Barton（1995）知识创新与核心能力框架

由此可见，企业核心竞争力与知识息息相关。它是企业在长期生产经营过程中形成的以知识为基本构成要素的实体性与过程性相统一的成长协调系统。

徐瑞平等（2005）认为企业为保持长期的竞争优势，实质上就是不断进行知识积累和快速创新，特别是快速的知识创新能力，是企业长期竞争优势的重要源泉。在野中郁次郎知识创造模型的基础上，著者对芮明杰关于知识创造模型的分析作了进一步的探讨，并对相关的知识库和知识场作了简要描述，形成了一个较完整的企业知识创新的动态过程体系。❶

周佩莹等（2006）采用演化经济学的理论框架对知识创新进行了全新的分析，认为在不断变化的外部环境中，企业保持持续竞争优势的关键在于企业间的协同知识创新。❷

郭伟刚（2006）认为，能力是知识的外在表现，企业的能力来源于企业所拥有的资源，归根到底是企业的知识。但企业内的资源多种多样，并非所有资源都可以成为企业竞争优势。能力是决定企业异质性的根本，而核心能力是隐藏在企业资源背后的企业配置、开发和保护资源的能力，

---

❶ 徐瑞平，陈莹. 企业知识共享效果综合评估指标体系的建立 [J]. 情报杂志，2005（10）：2 - 5.

❷ 周佩莹，袁国栋，肖洋. 竞争优势与协同知识创新的经济学研究 [J]. 软科学，2006（2）：118 - 122.

是企业竞争优势的深层来源❶。

5.1.2　知识创新对组织绩效的影响

前人研究能够充分证明，知识创新能够提升组织绩效。从知识创新与质量管理的整合角度研究对于组织绩效的影响可以得出结论：与知识创新有关的质量管理可以提高员工满意度，有效提升顾客价值观，降低产品错误率，提高产品生产率，对企业周期绩效、安全以及道德的提升均有正向促进作用；❷ 对制造业企业的实证分析可以发现知识应用与组织绩效之间存在正相关，并且，知识应用在企业背景变量与组织绩效之间存在完全中介效应；❸ 通过企业知识管理与组织绩效的关系研究，能够发现知识获取、知识创新和知识应用显著影响了组织绩效。❹

以研发支出强度作为知识创新的代理变量，通过研究美国及加拿大上市公司的研发支出强度与企业绩效之间的关系，有人发现：企业研发支出强度和企业绩效之间的关系是显著正相关的❺。

此外，还分别有学者❻以 2001～2005 年沪深上市的家族企业为研究对象，利用回归分析模型，实证发现：创新能力（专利数量和技术人员投入比例）与企业绩效之间存在显著的正相关关系；利用最小二乘法模型，对 174 家制造业企业进行问卷调查发现，企业组织创新、技术创新（产品创新、过程创新）和企业绩效之间的关系是正相关的❼；运用生产函数对 1957 年到 1977 年 1000 家大型美国制造业企业的研发投入强度和

❶　郭伟刚. 基于动态能力理论的企业知识创新研究［J］. 中国流通经济，2006（8）：37 - 40.

❷　KEVIN L，ROGER G S，SRILATA Z，CHARLES L，ADRIAN S CHOO. Integrating quality management practices with knowledge creation processes［J］. Journal of Operations Management，2004（22）：589 - 607.

❸　CORNELIA D，CINIDY C，RICHARD G. Does knowledge mediate the effect of context on performance？Some initial evidence［J］. Decision Secience，2003，34（3）：541 - 568.

❹　李秀敏. 企业知识管理与组织绩效的关系研究［D］. 杭州：浙江大学，2006.

❺　TSAI K H，WANG J C. The R&D performance in Taiwan's electronics industry：a longitudinale Aamination［J］. R&D Management，2004，34（2）：179 - 189.

❻　李婧，贺小刚，茆键. 亲缘关系、创新能力与企业绩效［J］. 南开管理评论，2010，3：117 - 124.

❼　王喜刚. 组织创新、技术创新能力对企业绩效的影响研究［J］. 科研管理，2016，37（2）：107 - 115.

生产能力进行分析，结果发现：研发投入强度和企业生产能力之间的关系是正相关关系；❶ 从企业的资源、核心能力（市场、管理和技术）和企业文化角度，选择 2008～2010 年，314 家高新技术企业，研究了其研发支出强度、技术人员投入强度、固定资产成新率、专利比例和销售费用率对企业盈利能力、发展能力的影响；❷ 以 2009～2012 年中国创业板高新技术上市公司作为样本，利用回归模型研究发现：高新技术企业绩效（用总资产收益率和 Tobin's Q 衡量）与其研发投入强度之间存在倒 U 型关系，即随着研发投入强度的增加，公司业绩先逐渐上升而后逐步下降；❸ 利用高科技上市公司 2007～2013 年的 78 家企业，探讨了技术创新阶段研发投入与绩效的关系。实证研究表明：随着企业生命周期的不同，研发经费投入强度和企业绩效的相关性越来越小。在成长期，研发投入强度和企业绩效的关系最显著，是正相关的；在成熟期，研发投入强度和企业绩效是正相关的，但是相关度有所减弱；进入衰退期，二者之间已经没有显著的相关性。❹

5.2 企业知识创新的测评指标

本节通过对大量文献的梳理，归纳总结了目前主流的针对企业知识创新评价方法，大致可分为以下 3 种类型：第一种是以 SECI 知识创新螺旋转化过程模型为基础，对知识创新的知识社会化、知识外部化、知识内部化、知识结合化四个维度进行评价。第二种是从企业资源管理视角出发，认为知识创新是从人力、物力、财力、信息等资源要素维度展开并对其进行评价。第三种是从知识创新的过程模型角度出发，对企业进

---

❶ ROMER P M. Increasing return and long – run growth［J］. R&D management，2006，36（5）：499 –515.

❷ 李茜雯. 高新技术企业创新能力对经营绩效的影响研究［D］. 合肥：安徽大学，2011.

❸ 吴卫华，万迪防，吴祖光. 高新技术企业 R&D 投入强度与企业业绩——基于会计和市场业绩对比的激励契约设计［J］. 经济与管理研究，2014，05：93 –102.

❹ 陈收，邹增明，刘端. 技术创新能力生命周期与研发投入对企业绩效的影响［J］. 科技进步与对策，2015，12：72 –78.

行知识创新的投入与相关产出进行分析并建立评价。

5.2.1　基于 SECI 知识创新螺旋转化模型的知识创新评价及测量

（1）SECI 知识创新螺旋转化模型

在知识创新过程研究中，比较有代表性的理论是知识螺旋理论。Nonaka 和 Takeuchi（1995）提出的 SECI 知识创新模型在世界范围内享有很高的声誉。Nonaka 等认为，知识可以分为显性知识和隐性知识；人类的知识创造活动就是显性知识与隐性知识相互作用、螺旋上升的过程。每个组织都有其特定内容的知识（包括显性知识和隐性知识），其特定内容的知识都是通过其知识所有者个体间相互作用创造的。他们提出了4 种"知识转换"的模式，在这 4 个阶段中，知识形态由隐性到显性，再由显性到隐性不断转化，螺旋上升，从而达到知识创新的目的（见图5 – 2）。

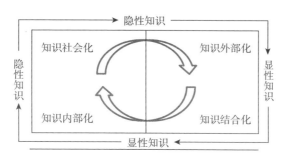

图 5 – 2　SECI 知识螺旋转化模型

企业知识活动的根本目标是实现明晰的显性知识和模糊的隐性知识之间的共享和有效转换的新途径。因为在知识的社会化、外部化、结合化和内部化的过程中，不仅实现了个体与个体、个体与组织之间的知识共享，还激发创造新的个体和组织的知识产生。因此，Nonaka和 Takeuchi 对企业知识创新的具体实践进行了详细的描述，具体如表5 – 1所示。

表 5 - 1   组织内构成知识创新的因素

因素		表达
社会化：从模糊知识到模糊知识	模糊知识的积累	管理人员从销售和生产部门收集信息，与供应商和用户共享经验，并与竞争者进行对话
	收集企业外部的社会信息	管理人员在企业外部搜索，从日常社会生活中收集与公司战略有关的观念，同企业外专家发生相互作用，并与竞争者进行非正式接触
	收集企业内部的社会信息	管理人员在企业内部搜求并发现新的战略和市场机遇
	模糊知识的转换	管理人员创建一种环境，使工人们能观察到技能高超者的演示和实际操作，以便理解与他们工作有关的专业技能
外部化：从模糊知识到明晰知识		管理人员促进具有创造性的实际性对话，提倡"诱导思维"，运用比喻来创造概念，在计划小组内包括行业设计师
结合化：从明晰知识到明晰知识	获取与整合	管理人员利用发表的文献，电脑模拟，以及为了聚集企业内外部数据而进行预测，由此作出战略计划和操作计划
	综合与加工处理	管理人员针对产品和服务说明手册、文件与数据库，并在公司范围内收集管理数据和技术信息
	传播	管理人员为了传播新创造的概念而将之公布于众
内部化：从明晰知识到模糊知识	个人经验，获取真实世界的知识	管理人员通过跨职能开发小组成员同职能部门一起参与"角色扮演联系"活动，同时进行产品开发、管理人员寻求共享新的价值观和思想，通过与组织成员的交流来分享并理解管理思想与价值观
	模拟与实验：获取虚拟世界的知识	管理人员在组织内树立标杆和榜样以培养进取精神，管理人员组织模范团队，指导实验并与全部门共享成果

（2）评价方法

对于 SECI 知识创新螺旋转化模型的理论价值，它并不能用来直接评估企业的知识管理绩效，它更重要的是一种思想，并非可操作的工具。因此，学术界在利用 SECI 模型进行实证研究时，多是基于变量社会化、外部化、结合化和内部化的构成，对测量指标进行设计和修改，开发相应问卷量表，使之更符合企业实际生产经营过程。

张玲（2008）基于野中郁次郎提出的组织内构成知识创新的因素（见表 5 - 1）和韩国先进科学与技术研究机构（KAIST）的问卷调查，对测量指标进行相应修改和删减，提出了表 5 - 2 所示的测量指标及量表。采用问卷调研的形式，针对吉林长春汽车企业集群（有效问卷 85 份）进行相关数据采集。

表 5 - 2　知识创新量表

变量	测量指标
社会化	1. 贵公司更能够与供应商和客户共享生产知识经验
	2. 贵公司更能够与同行竞争者进行交流
	3. 贵公司更能够适时采用新战略和开发新市场
外部化	4. 贵公司更能够创造有利于内部知识共享的工作环境
	5. 贵公司内部更能够促进各种思想交流
	6. 贵公司更能够应用归纳和推理的思维方法
结合化	7. 贵公司更能够为产品和服务编写手册和说明书
	8. 贵公司更能够建立产品和服务的相关数据库
	9. 贵公司更能够管理数据和收集技术信息以建立知识库
内部化	10. 贵公司更能够检测竞争对手产品，确定赶超目标、预测市场
	11. 贵公司更能够建立项目团队，并在整个部门共享项目成果
	12. 贵公司更能够发现和共享新想法和观点
	13. 贵公司更能够与员工共享和理解管理方面的理念和价值观

史丽萍等（2014）❶ 基于知识创新螺旋结构模型，在前人研究的基础上提出了企业知识创新评价指标及体系。将知识创新划分为：知识外显化、知识内隐化、知识整合化、知识社会化四个维度，并开发了相应的量表，对企业知识创新进行评价。

5.2.2 基于企业资源管理视角的知识创新评价及测量

在经济学视角下，创新是指"新的生产函数的建立"，知识创新包括了技术知识创新、管理知识创新、市场知识创新等（Schumpeter，1912；弗里德曼、伦德华尔）。

技术知识创新主要指企业生产新的或改进原有的产品、生产工艺和服务方式的过程，以及这些新的或者改进后的产品、工艺和服务在整个经济中的商业化扩散过程。技术知识创新通常由新产品品质、顾客满意度、利润目标、市场占有率、生产效率改进程度、产品成本控制效果、研发经费比率、设备先进程度、技术人员投入比例等指标进行衡量。❷

市场知识创新主要指以开辟新市场为目标而进行的知识创新，如发现产品新用途、寻找产品新用户、重新进行市场细分等。市场知识主要是体现新产品市场影响力。衡量市场知识创新的主要指标有高管学历程度、研发人员占比。

管理知识创新主要指以创造新的、更为有效的资源整合模式而进行的知识创新，这类创新主要包括提出一种新的并且有效的经营思路；创设一个新的并且得以实施运转的组织机构；提出一个新的管理方式，能够有效地提高生产效率和激励效率；设计一种新的管理方式或者新的管理制度，以规范企业资源整合方式。衡量管理知识创新的主要指标有：人均增收率、无形资产增长率、高管平均领导人数、董监高平均工资、管理人员平均工作年限。

---

❶ 史丽萍，刘强，吴康俊，腾云. FDI 技术溢出、知识创新与企业竞争优势的关系研究：基于企业吸收能力、内部控制机制的调节作用 [J]. 研究与发展管理，2014，5：5-17.
❷ 薛进. 知识创新对企业绩效的影响研究 [D]. 西安：西北大学，2015.

5.2.3　基于知识创新过程的评价及测量

学术界针对企业知识创新的评价，多数采用基于知识创新过程的评价方式，对知识创新的主要过程环节进行评估（见图 5 - 3）。

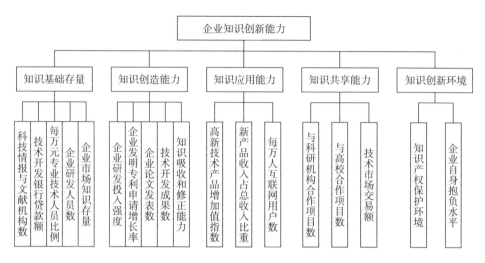

图 5 - 3　企业知识创新能力评价体系

（1）全过程视角

基于知识创新全过程的评价方式，则是较为全面地覆盖了知识创新的整个过程：知识创新能力由知识基础存量、知识创造能力、知识应用能力和知识共享能力、知识创新环境构成。

衡量知识基础存量的主要指标有：企业建立合作关系的科技情报和文献机构数、技术开发银行贷款额、研发人员比例、研发人员数量、企业市场知识存量等。

衡量知识创造能力的主要指标有：企业研发投入强度、企业发明专利申请增长率、企业论文发表数、技术开发成果数以及知识吸收和修正能力。

衡量知识应用能力的主要指标有：高新技术产品增加值指数、新产品收入占总收入比重等。衡量知识共享能力的主要指标有：与科研机构合作项目数、与高校合作项目数、技术市场交易额。衡量知识创新环境的主要指标为：知识产权保护环境、企业自身抱负水平。

学者们在建立起知识创新评价指标体系后，通常采用问卷收集形式，使用德尔菲法、专家打分法等对企业知识创新能力进行评价。经过计量分析后得出，在影响企业知识创新能力的诸多因素中，企业研发人员人数、企业研发投入、发明专利、高技术产品增加值是企业知识创新能力的主要影响因子。[1]

（2）简化（投入—应用）视角

艾弥顿对知识创新的界定被认为是基于知识应用的视角，是创造、演化、交换和应用新思想，使其转化为市场化的产品和服务的过程，最终实现商业化。从艾弥顿的视角而言，知识创新实质上囊括了知识创新投入和应用（实现商业化价值）两个过程。

与艾弥顿的思想较为类似，Oto Hudec 和 Martina Procházdková（2013）提出，知识创新过程是由两个子过程构成的，即知识生产过程和知识商业化过程。知识生产过程产生新知识，知识商业化过程则是将新知识引入市场以产生经济效益。两个过程构成知识创新的整体结构：通过创新投入，知识生产过程得到两种产出，一是尚未商业化的创新（主要为研究期刊出版物），二是被用作知识商业化过程输入值的技术创新，该技术创新再通过知识商业化过程，最终以专利形式作为商业化产出，其模型如图 5-4 所示。

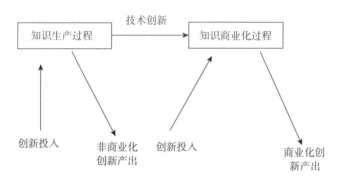

图 5-4　知识创新的知识生产与知识商业化过程模型

---

[1] 李文慧. 基于知识管理的企业知识创新能力评价研究［J］. 情报科学，2009（2）：231-235.

从投入和应用视角对知识创新展开评价，评价指标主要有：知识创新投入（包括了企业知识存量、研发投入、研发人员数量）；知识创新产出，包含了非商业化创新产出和商业化创新产出，非商业化创新产出主要指企业发表的期刊文献，商业化创新产出是指企业的研发专利以及商业秘密的预期市场价值。

由于知识必须通过特定的载体、概念、图像和文档等来展现自己是新知识的基础，而载体太难以量化和衡量，所以在很多实际操作中运用新技能、新产品、新程序来衡量知识创新的绩效表现。Arundel（1998）、Fleming（2001）利用专利的数量和新产品和总销售量之比来衡量知识创新。

众多研究将研发投入作为知识创新的代理变量，认为研发投入是企业进行创新的源泉。William C. Bogner（2007）提出，研发投入对重要新知识的影响力提供了支持。研发投入是企业发展的必备条件，企业运用特有的研发能力进行创新产品的开发是决定企业创新绩效的重要源泉。企业研发投入的多少与其盈利能力和发展能力以及创新能力都有直接的关系。如前文所述，研发投入是企业创新过程的关键环节，是创新活动中非常重要的投入。由于企业研发投入是企业长期效益与短期效益的博弈，企业研发投入的效用需要在未来的某个时间或期间内的销售收入中得到体现。

专利数据同样被众多学者使用作为知识创新的代理变量。赵淼（2009）使用自由专利权增长数量衡量企业的知识创新能力。程启栋（2009）使用专利与期末资产总额的比值衡量企业知识创新能力，得出知识创新能力对于企业绩效有正向影响作用的结论。如前文提到的知识创新能力评价体系，在进行计量分析后得出结论，发明专利是影响知识创新的一大重要因素。

企业发表的期刊文献以及专著也常被视为知识创新的代理变量。

5.3　知识创新对民族品牌价值的影响

基于企业能力理论，资源基础观、能力基础观、知识基础观的理论指导，企业具备的知识创新能力、营销能力等是保证企业获得盈利、扩

大市场份额、提升价值的基础。本节提出了关于知识创新和民族品牌价值的相关研究假设与概念模型。

5.3.1 理论基础

在竞争日益激烈的市场背景下，企业具备的多种能力（知识创新、营销能力、运营能力等）是保证其获得盈利，维持并争取更大市场份额，最终提升企业价值与品牌价值的源动力。

1. 企业能力理论

企业能力理论是从企业内部视角出发，基于战略层面探寻影响企业竞争优势的相关因素，主要形成了资源基础观和能力基础观两种主流学派观点，进而又在新时代背景下衍生出了知识基础观等理论。

（1）资源基础观

Wernerfelt 首次提出资源基础观概念。该观点认为，企业是一系列有形资源与无形资源的集合，并且企业资源是企业竞争力的来源和基础。资源基础观在众多学者的研究中得到不断的补充与发展，企业的持续竞争优势来源于企业资源，并且这些资源至少应该具备四个特性：价值性、稀缺性、不可模仿复制及不可替代性。

在市场经济条件下，"强者愈强，弱者愈弱"的马太效应现象十分常见。大型企业往往拥有的资源要比中小型企业多得多，也因此获得了竞争优势地位。企业只有挖掘出具备自身个性的特质资源与能力，才能在竞争中与对手拉开差距，保证企业的优势地位。基于这样的背景，学者们在资源基础观的基础上探讨了企业能力对于市场绩效、企业价值的影响，由此形成了能力基础观。

（2）能力基础观

能力基础观是在资源基础观之上的继承与发展。该观点认为，企业是多种知识与能力的集合，知识基础给企业奠定了核心竞争优势，决定了企业的经营战略和市场地位。这些核心能力是竞争对手无法复制的，并且能给企业带来巨大的利润。能力决定了企业的规模和边界，也决定了企业战略的深度与广度。现代市场竞争与其说是基于产品的竞争，不如说是基于核心能力的竞争。

（3）知识基础观

知识基础观是资源基础观在知识经济时代的发展。Shapira 等
（2006）认为，企业创造、积累并运用知识的能力成为其获得并维持竞
争优势的关键性因素。[1] Cohen 等（1990）认为企业通过对知识元素的获
取、积累、扩散、整合及应用来实现创新，企业间绩效差异很大程度上
源于其创造新知识的能力差异。[2] 企业本质上是一个知识元素的集合，
企业内各类知识元素的集合构成了企业知识基础。[3][4]

2. 微笑曲线理论

微笑曲线理论是由宏基创始人施振荣提出来的，在不断的发展过程
中成为指导企业发展的理论基础。如图 5 - 5 所示，曲线两端分别代表企
业的研发或创新和营销环节，具有较高的附加值，曲线中间凹陷部分是
指企业产生附加值较低的制造环节。由此我们知道，研发或创新和营销
是企业获取高附加值最重要的两个环节，而这两个环节也恰恰是企业不
可被替代的，由此可以创造出高价值。营销能力强的企业能创造更多的
品牌价值，创新能力强的企业也能够获取更高的品牌价值。

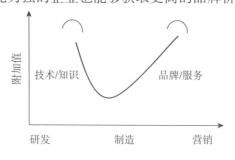

图 5 - 5 "微笑曲线"理论示意图

❶ SHAPIRA P, YOUTIE J, YOGEESVARAN K, et al. Knowledge economy measurement：Meth-ods, results and insightsfrom the Malaysian knowledge content study ［J］. Research Policy, 2006, 35 (10)：1522 - 1537.

❷ COHEN W M, LEVINTHAL D A. Absorptive capacity：A new perspective on learning and innova-tion ［J］. Administrative Science Quarterly, 1990, 35 (1)：128 - 152.

❸ GRANT R M. Toward a knowledge - based theory of the firm ［J］. Strategic Management Journal, 1996, 17 (S2)：109 - 122.

❹ KOGUT B, ZANDER U. Knowledge of the firm, combinative capabilities, and the replication of technology ［J］. Organization Science, 1992, 3 (3)：383 - 397.

5.3.2 假设构建

1. 知识创新与品牌价值关系

本书在对知识创新和品牌价值基本概念、相关研究进行梳理后，认为知识创新是在基于企业知识管理的背景下，通过知识吸收、知识共享、知识整合，不断追求和探索新的发展领域、创立新学说，并将知识不断应用到新的价值创造空间的过程。企业通过知识创新，加强新产品的研究、提高工艺水准以提升产品质量，提升服务水平，提升企业的竞争优势和企业绩效，并且建立良好的品牌形象，提升品牌美誉度，从而促进企业品牌价值的提升。

综合艾弥顿（1993）对知识创新的定义以及 Oto Hudec 和 Martina Procházdková（2013）提出的知识创新过程模型，著者认为，知识创新通过创新投入，获得了新思想和新事物，这种新产生的思想和事物能够转化成可交易的商品，即可商业化。因此，知识创新的衡量包括了知识创新投入与知识创新产出两个维度。

借鉴 William C. Bogner（2007）、Hall（1993）、Chungetal（2003）、Xiaowen Wang（2011）、赵淼（2009）、陈守名等（2012）的研究成果，著者认为，知识创新投入包括了企业知识存量、研发投入、研发人员投入指标；知识创新产出则是从非商业化产出和商业化产出两个角度展开，非商业化产出以发表的论文数量为指标，商业化产出则以企业的专利数量为指标进行衡量。

由此，著者提出关于"知识创新－品牌价值"的假设：

H1：企业知识创新与品牌价值正相关，企业知识创新越强，品牌价值越高。

H1a：企业知识创新投入与品牌价值正相关，企业知识创新投入越多，品牌价值越高。

H1b：企业知识创新非商业化产出与商业化产出均与品牌价值正相关，（非）商业化产出越多，品牌价值越高。

2. 营销能力的调节作用猜想

营销与创新的关系一直受到学术界的关注，学术界的不同学派存在两种截然不同的观点。营销学家普遍认为营销能力对创新存在正向的影响关系，指出营销能力对于研发创新辨别正确的方向有极其重要的指导作用，新产品迅速投放并占领市场才是技术创新成功的标志。然而管理学家的观点完全相反，认为企业营销能力对创新存在负向的影响关系，其观点基于这样的分析，若遵循消费者意愿，企业很难实现突破式创新，其创新会受到消费者能力、学识等方面的局限，从而只会不断地产生"升级产品"而非真正意义上的创新产品。

（1）正向观点

营销学家普遍认为营销能力对创新存在正向的影响关系，指出营销能力对于企业创新辨别正确的方向有极其重要的指导作用，新产品迅速投放并占领市场才是企业创新成功的标志。Amabile 等（1996）以高技术企业、服务业和传统制造业等行业共 12525 份样本为研究对象对创新环境问题展开研究。研究发现营销能力对于企业整合资源、促进企业创新活动和改善企业创新绩效方面具有重要作用。Song 等（1996）以 376 家美国企业为研究样本，探讨研发和营销在新产品开发过程中的整合问题。他们认为消费者的需求和市场竞争的情况需要被评估并整合到新产品研究的过程中，营销能力对于辨别创新的方向并且增加创新的价值具有重大的意义。Dutta 等（1999）通过对 92 家美国半导体制造的上市企业的实证研究发现营销能力会影响技术创新的产出以及创新应用的广度和深度，并指出营销能力与创新能力的相互作用是高科技企业绩效的重要决定因素。Weerawardena（2003）通过对机械设备制造和金属产品制造行业的 326 家美国企业的营销能力在创新竞争战略中的作用的研究得出结论，营销能力会对企业创新强度和持续竞争优势产生影响，然而由于企业创新强度仅是企业技术创新的一个方面，营销能力是否会对技术创新的其他环节发生影响，并未在这篇文章中体现。于建原等（2007）以软件、医药、电子和通信行业的 137 家中国企业为样本研究营销能力对企业自主创新的影响。研究表明营销能力对企业创新的欲望、预期和绩效都存在显著的正相关关系且影响程度不同，影响最大的是创新绩效，其次是创新预期，最后是创新欲望。Hao 等（2008）以软件、医药、电子和通信行业的 158 家中国企业为样本研究营销能力对技术创新的影响，

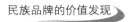

研究结果验证了于建原等（2007）的结论，认为营销能力对企业技术创新的发展非常重要。

（2）反向观点

Christensen 等（1996）通过对 70 位高层管理者进行访谈，探讨在破坏性技术创新面前，为何强大的企业容易失败。结果表明，大型企业并不是不具备开发突破式创新的能力，而是由于这些企业固守以顾客为导向的营销理念，过分重视顾客的需求，导致难以产生重大创新，更多的是"修补"式的更新换代，最终在突破式创新面前失去其市场地位。

Chandy 等（1998）认为顾客导向会导致营销能力越强的企业越会被市场竞争所"吞食"，奉行营销理论的企业一般会通过不断的市场研究密切关注顾客动向，了解顾客对企业产品的评价与建议，但是普通消费者由于受到知识结构、信息完整性等自身的局限性限制，很难给出考虑全面的建议，只能是一些局部的改良建议，导致企业可能丧失了突破性创新的机会。

在商业实践中，很多活生生的案例也可佐证以上观点。如复印机行业的施乐公司，长期占据大规模复印的白纸复印市场，却错过了小型台式复印机的巨大市场和机遇。Sear 公司曾经是美国最大的百货连锁公司之一，销售额曾经占到美国零售业销售总额的 2% 以上，其首创的信用消费、供货连锁管理至今仍然被众多零售商所使用。这样一个被认为最具营销竞争力以及精于管理的连锁百货公司，在社区中心和折价零售出现时却选择无视，导致 Sear 公司最后被这种低成本销售名牌耐用品的方式夺取了市场份额。

根据前文文献综述相关内容，著者认为，营销能力对知识创新存在影响作用。营销通过直接应对市场后产生的反馈会对企业知识创新产生影响，从而影响企业知识创新–品牌价值之间的关系，因此营销能力在"知识创新–品牌价值"关系中起调节作用。

因此提出假设：

H2：营销能力在"知识创新与品牌价值"关系之间起正向调节作用。

H2a：营销能力在"知识创新投入与品牌价值"关系之间起正向调

节作用。

H2b：营销能力在"知识创新产出与品牌价值"关系之间起正向调节作用。

H3：营销能力在"知识创新与品牌价值"关系之间起反向调节作用。

H3a：营销能力在"知识创新投入与品牌价值"关系之间起反向调节作用。

H3b：营销能力在"知识创新产出与品牌价值"关系之间起反向调节作用。

5.3.3　概念模型

综合上述文献研究及研究假设，著者提出本书的研究模型，如图 5-6所示。

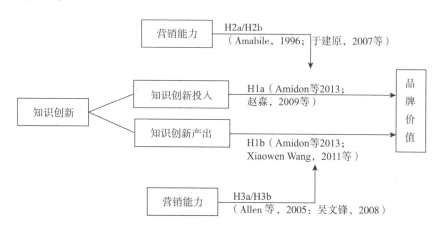

图 5-6　知识创新、营销能力、品牌价值关系概念模型

1. 基本回归模型

为验证假设 H1，本节利用以下模型来估计知识创新各因素对上市公司品牌价值的影响。知识创新投入与品牌价值关系模型：

$$BV_{it} = \beta_0 + \beta_1 KS_{it} + \beta_2 RD_{it} + \beta_3 RD_{it-1} + \beta_4 RD_{it-2} + \beta_5 RD_{it-3} +$$
$$\beta_6 RD\,members_{it} + \Sigma_j \beta_j Controlvaribles_{it} + \varepsilon_{it} \qquad (1)$$

知识创新产出与品牌价值关系模型

$$BV_{it} = \beta + \beta_1 Papers_{it} + \beta_2 Patents_{it} + \Sigma_j \beta_j Control\ varibles_{it} + \varepsilon_{it} \quad (2)$$

知识创新与品牌价值关系模型：

$$BV_{it} = \beta_0 + \beta_1 KS_{it} + \beta_2 RD_{it} + \beta_3 RD_{it-1} + \beta_4 RD_{it-2} + \beta_5 RD_{it-3} +$$

$$\beta_6 RD\ members_{it} + \beta_7 Papers_{it} + \beta_8 Patents_{it} + \Sigma_j \beta_j Controlvaribles_{it} + \varepsilon_{it}$$

$$(3)$$

其中，i 和 t 分别代表第 i 家上市公司和第 t 年；KS_{it} 表示第 i 家上市公司在第 t 年的知识存量；RD_{it} 表示第 i 家公司在第 t 年的研发强度，由于研发投入对企业品牌价值的影响具有滞后性，故对研发强度进行滞后 1~3 期处理。$RD members_{it}$ 代表第 i 家公司在 t 年的研发人员占比；$Papers_{it}$ 表示第 i 家公司在 t 年的非商业化知识创新产出，即发表期刊论文数；$Patents_{it}$ 表示第 i 家公司在 t 年的商业化知识创新产出，即专利数量，$Controlvaribles_{it}$ 代表本书所采用的控制变量；β_j 代表回归系数；ε_{it} 为残差项。

2. 营销能力的调节作用回归模型

为验证营销能力对"知识创新－品牌价值"的影响，在基础方程中引入营销能力与知识创新的交互项，分为知识创新投入和知识创新产出两个维度展开，以进一步讨论知识创新与营销在与品牌价值关系演变中互动的特殊性。

营销能力对知识创新投入与品牌价值关系的调节作用模型：

$$BV_{it} = \beta_0 + \beta_1 KS_{it} \times MC_{it} + \beta_2 RD_{it} \times MC_{it} + \beta_3 RD_{it-1} \times MC_{it} + \beta_4 RD_{it-2} \times$$

$$MC_{it} + \beta_5 RD_{it-3} \times MC_{it} + \beta_6 RD\ members_{it} \times MC_{it} +$$

$$\Sigma_j \beta_j Controlvaribles_{it} + \varepsilon_{it} \quad (4)$$

营销能力对知识创新产出与品牌价值关系的调节作用模型：

$$BV_{it} = \beta_0 + \beta_1 Papers_{it} \times MC_{it} + \beta_2 Patents_{it} \times MC_{it} + \Sigma_j \beta_j Controlvaribles_{it} +$$

$$\varepsilon_{it} \quad (5)$$

营销能力对知识创新与品牌价值关系的调节作用模型：

$$BV_{it} = \beta_0 + \beta_1 KS_{it} \times MC_{it} + \beta_2 RD_{it} \times MC_{it} + \beta_3 RD_{it-1} \times MC_{it} + \beta_4 RD_{it-2} \times$$

$$MC_{it} + \beta_5 RD_{it-3} \times MC_{it} + \beta_6 RD\ members_{it} \times MC_{it} + \beta_7 Papers_{it} \times$$

$$MC_{it} + \beta_8 Patents_{it} \times MC_{it} + \Sigma_j \Sigma_j Controlvaribles_{it} + \varepsilon_{it} \quad (6)$$

在建立了本书的概念模型后，本章将对实证研究做前期的研究设计，包括样本的选择、基本数据的选择和整理，以及对模型变量的指标选取。

本书品牌价值视角下的知识创新，是以上市公司品牌价值作为因变量进行研究，考虑到因变量的可获得性，本书以品牌价值 500 强中出现的沪深两市上市公司为研究对象。

考虑到高新技术行业知识创新的表现会更加明显，知识创新对品牌价值的影响会更加凸显，本书根据 2016 年发布的《科技部、财政部、国家税务总局关于修订印发〈高新技术企业认定管理办法〉的通知》以及《国家重点支持的高新技术领域》的相关规定，选定了计算机、通信和其他电子设备制造业，软件和信息技术服务业，铁路、船舶、航空航天和其他运输设备制造业，医药制造业等四大行业的上市公司作为进一步研究的对象。并剔除了 ST 公司以及部分数据缺失的样本。由于品牌价值 500 强榜单中，每年上榜企业有一定差别，为了保证面板数据的有效性，本书只选取了在 2012 ~ 2016 年度均上榜的高新技术企业，最终筛选结果为 79 家。

本书的数据来源分为两部分：因变量上市公司品牌价值来源于研究课题"中国上市公司品牌价值 500 强"中的数据；自变量指标中的上市公司发表论文数量来源于中国知网数据库，系手动查找所得；其余数据均来自于国泰安数据库、Wind 数据库，部分缺失数据为手动翻阅年报所得。

本书基于品牌价值的视角对上市公司知识创新进行研究，实质上是研究知识创新对品牌价值的影响作用及具体表现形式。因变量为品牌价值，自变量为知识创新，并引入了营销能力作为调节变量，公司股权性质、所在地区、公司存续时间、财务杠杆、公司规模等作为控制变量。

5.3.4　模型变量

1. 自变量——知识创新

本书借鉴 Oto Hudec 和 Martina Procházdková（2013）的知识创新过程模型，将知识创新指标构建为：知识创新投入和知识创新产出两个维度。

知识创新投入主要从研发人员、研发投入和企业知识存量水平考虑建立指标。

受企业规模和行业差异的影响，直接使用研发人员绝对值和研发投入绝对值作为知识创新的代理变量存在的误差较大。而研发人员占比（研发人员占员工人数的比例）、研发强度（研发投入占营业收入的比重）可以忽略企业规模与行业差异带来的影响。因此，著者认为，研发人员占比、研发强度更适合用来作为企业知识创新投入的指标，用以作为后续计量分析。企业知识存量水平的衡量指标为：永续盘存法下的资本化研发支出；知识创新产出分为商业化产出和非商业化产出两个部分，商业化产出由授权专利数量衡量，非商业化产出由公司当年发表论文数量衡量（见表5-3）。

表 5-3　知识创新指标

一级指标	二级指标	三级指标	指标说明
知识创新	知识创新投入	研发人员占比	研发人员数量/员工人数
		研发强度	研发投入/营业收入
		知识存量	永续盘存法下的资本化研发支出
	知识创新产出	商业化产出	当年母子公司合计专利授权数量
		非商业化产出	当年公司发表论文数量

2. 因变量——品牌价值

因变量为上市公司品牌价值，具体数值来源于上市公司品牌价值500强。❶ 该数据是"我国品牌景气指数的测算模型及实证研究"项目成果中的企业品牌价值得分，作为因变量品牌价值的数据来源，具有良好的信度和效度。

3. 调节变量

（1）营销能力

关于营销能力的指标构建，著者在查阅了现有研究的基础上发现，目前主要有两种方法。一种是采用随机前沿生产函数，将销售费用、无形资产、代表顾客关系管理的销售收入增长量作为营销能力的输入资源，

---

❶ 钱明辉，等. 中国人民大学科学研究基金项目——研究品牌计划"我国品牌景气指数的测算模型及实证研究"，2016.

将销售收入作为输出指标，搭建营销能力的测算模型。另一种则是直接采用存货周转率、销售费用、销售费用率、销售人员、销售人员比例、营业收入等指标构建，用营销投入与产出水平来衡量企业营销能力。著者借鉴了前者的构建方式，使用随机前沿生产函数计算营销能力。

随机前沿生产函数反映了在具体的技术条件和给定的生产要素组合下，企业各投入组合与最大产出量之间的函数关系。其中，企业的营销投入包括：①企业用于销售、促销、折让的成本，以及销售过程中产生的管理成本，即销售费用（XS）和企业管理费用（XGA）；②企业用以维护客户关系的应收账款（RECT）；③代表企业顾客规模的客户基础（IBC），即销售额两期滞后项的乘积；④表示企业声誉的无形资产（INTA）。

本书使用"柯布道格拉斯"函数计算销售前沿：

$$LN(Sales_{it}) = \beta_0 + \beta_1 LN(XS_{it}) + \beta_2 LN(XGA_{it}) + \beta_3 LN(RECT_{it}) + \beta_4 LN(ICB_{it}) + \beta_5 LN(INTA_{it}) + \varepsilon_{it} + \eta_{it}$$

其中，ε_{it} 是模型设定引起的非观测误差项；η_{it} 是非负无效率项，满足标准正态分布，代表了企业的销售额与销售额前沿的距离。将 η_{it} 进行指数化处理即可得到企业的营销能力 $MC = e^{-u_i}$。

（2）企业性质

首先，在中国，由于信息不对称等因素，银行，尤其是国有银行，对于非国有企业存在天然的信贷歧视。国有企业能够更多地从银行获得贷款，从而更有可能扩大自己的经营规模，增加营业收入和研发投入。除了信贷歧视外，国有企业还享有很多政策和税收上的便利，能够拿到更多的政府补助，特别是关于研究、设计、创新的项目，政府大多会将相关的项目及配套资金给国有企业。

但是，从另一个角度来看，国有企业作为政府介入经济运行的一个媒介，除其经济主体的属性之外，还承担着一定的社会责任，比如保障就业、提供公共服务、维持经济稳定等。因此，当宏观经济遭遇大规模的负向冲击时，国有企业也发挥着保持宏观经济稳定的作用。比如，在2008 年经济危机爆发时，国家出台了四万亿元的救市计划，以拉动内需，而这些钱，大多都是通过国有企业为媒介，投入了公共基建设施的

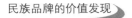

建设和刺激就业上。这些行为虽然对于保持经济稳健有着积极的作用，但是对于国有企业本身的主营业务和研发而言，可能存在消极的影响。

4. 控制变量

为控制其他因素对企业品牌价值的影响，著者借鉴相关文献引入企业规模、企业年龄、企业成长性、财务杠杆等控制变量。

（1）企业规模

企业规模对于品牌价值的影响是比较显著的，由于大企业具有一定的规模效应，大企业相对于小企业具有更多的研发资金，而且大企业长期以来累计的专利和高素质人才是一个很难打破的行业壁垒，尤其是一些软件类或医疗类高科技企业；当企业形成一定的生态链以后，就对市场有着很强的牵制作用。一些大企业还参与制定行业标准，以提高行业的运营门槛，这对没有资金的小企业是很致命的打击。随着企业规模的增大，企业的生产技术也日趋完善，企业的盈利能力变得更加平稳，大企业更愿意承受风险进行突破性的创新，斩获更多的行业先机。而小企业对创新资源的拥有是很少的，往往缺少持续的资金支持，无法进行长周期的企业研发。但是从企业发展的角度来看，当规模经济超过一定临界值以后就会出现规模不经济的效应，主要表现在官僚主义的横生、创新壁垒的形成、执行力下降等，这时就需要企业进行科学的管理、采用集约型的经济增长方式，不断进行资产重组以继续优化企业结构。

（2）企业年龄

企业年龄是指企业的存续时间。一般认为，企业存续时间越长，其在消费者心中留存的概率就越高，是能够获得社会广泛认同的，品牌知名度也越大。因此企业年龄对品牌价值呈正向影响作用。

（3）财务杠杆

相关实证研究得出结论，资产负债率对企业盈利成负相关性，财务杠杆作为筹资管理中的工具，可以用来衡量企业制定的资金结构是否合理。合理运用财务杠杆会给企业权益资本带来额外收益，但同时会给企业带来财务风险。资产负债率提高会导致企业融资出现困难，加大财务风险，继而引发连锁效应，制约企业发展，影响企业的盈利情况和品牌声誉，进而对品牌价值产生一定的负面影响。但是，企业的日常运营活动中，采取负债融资的形式有利于占有市场，提升企业的市场竞争力，从而有利于品牌增值。将财务杠杆稳定在一个合适的区间是适合企业长久发展的。

本节变量的符号、定义与测量见表 5 - 4。

表 5 - 4　变量的符号、定义与测量

变量类型	变量名称	变量符号	变量说明
因变量	品牌价值	*BV*	绝对数，来源于上市公司品牌价值 500 强
自变量	研发人员占比	*RDmember*	研发人数/员工人数
	研发强度	*RD*	研发投入/营业收入
	知识存量	*KS*	永续盘存法下的资本化研发支出
	商业化产出	*Patents*	当年授权专利数
	非商业化产出	*Papers*	当年公司发表期刊论文数
调节变量	营销能力	*MC*	随机前沿函数模型计算得出
	股权性质	*SOE/USOE*	虚拟变量，国有企业取值为 1，非国有企业取值为 0
控制变量	企业规模	*SIZE*	资产总额的自然对数
	企业年龄	*AGE*	企业成立年限的自然对数
	企业成长性	*SGR*	营业收入增长额/上期营业收入
	财务杠杆	*ALR*	负债总额/资产总额（资产负债率）

5.3.5　模型检验

在上一节，著者建立了研究模型，确定了研究样本以及数据来源，并对相关变量进行界定和解释说明，本节将开展针对"知识创新 - 品牌价值"关系的计量研究，对模型进行实证检验，主要包含描述性统计分析，基本模型的回归和检验，加入营销能力变量后的调节作用分析以及对模型的稳健性检验。

首先对样本数据进行描述性统计，表 5 - 5 列示了各个变量的描述性统计结果。

表 5 - 5 变量描述性统计   单位：万元

变量	均值	最大值	最小值	标准差	样本量
BV	678779	72186797	3737.75	4119276	395
KS	5676.85	154890.60	0	14329.50	395
RD	0.05	0.31	0	0.05	395
RD_{t-1}	0.05	0.31	0	0.04	395
RD_{t-2}	0.04	0.31	0	0.04	395
RD_{t-3}	0.03	0.31	0	0.04	395
$RDmember$	0.29	0.90	0.01	0.23	395
MC	7.47	81.91	0.22	12.87	395
SGR	1.25	11.05	0.44	0.73	395
$SIZE$	22.64	27.15	2.48	1.52	395
AGE	2.86	2.83	2.08	0.24	395
ALR	0.47	26.14	0.07	1.30	395

从表 5 - 5 中可以看出，企业品牌价值（BV）的平均水平为 678779 万元，标准差为 4119276 万元，最大值为 72186797 万元，最小值为 3737.75 万元，说明不同企业之间品牌价值差异明显。从研发强度（RD）及其三期滞后数据可以看到，研发强度呈逐年递增趋势，说明从总体而言，企业重视研发投入。从研发人员占比可以看到，研发人员占比达到 0.29，占比较高，符合样本群体属于高新科技企业这一特点。从营销能力（MC）数据可以看到，样本均值为 7.47，而样本最大值为 81.91，样本最小值为 0.22，说明样本企业之间营销能力差别较大。

1. 基本模型回归分析

本节主要是对上文中建立的"知识创新 - 品牌价值"关系模型进行回归分析和检验。在计量经济学建模分析过程中，首先应根据样本数据的特点选择合适的估计方法，然后再对模型进行回归分析，检验模型整体拟合度以及变量显著性。

在处理面板数据时，为了检验数据的平稳性，首先应检验面板数据是否存在单位根，以避免伪回归或者虚假回归，确保估计的有效性。但由于样本的面板数据时间跨度较小（$t = 5$），一般认为时间区间小于15年的面板数据单位根检验无意义，因此无需进行检验。

本节主要考察自变量系数所反映出来的样本整体性效应，所以考虑最小二乘法、固定效应模型和随机效应模型3种形式。首先对模型（1）～（3）进行 F 检验和 Hausman 检验，选择恰当的估计方法。

检验程序如下：首先构造 F 统计量判断是否所有个体效应为零，进行固定效应和齐性参数的筛选；然后通过拉格朗日乘数检验进行随机效应和齐性参数检验；最后用 Hausman 检验进行固定效应和随机效应之间的筛选（见表5-6）。

表5-6　检验结果

检验项目	检验方法	检验结果			结论
		模型（1）	模型（2）	模型（3）	
混合模型/固定效应	F 检验	$P > F = 0$	$P > F = 0$	$P > F = 0$	均选择固定效应
混合模型/随机效应	拉格朗日检验	$P > chi2$	$P > chi2$	$P > chi2$	均选择随机效应
随机效应/固定效应	Hausman 检验	$P > chi2$	$P > chi2$	$P > chi2$	均选择固定效应

结果表明，模型（1）"知识创新投入-品牌价值"关系、模型（2）"知识创新产出-品牌价值"关系、模型（3）"知识创新-品牌价值"关系的回归方程均适用于固定效应模型。

根据上文提出的计量方程，运用 Eviews 8.0 对数据进行回归。回归结果如表5-7所示。

表5-7　基本模型回归结果

变量	只加控制变量	模型（1）	模型（2）	模型（3）
KS	—	0.00^{***} (3.82)	—	0.00^{***} (2.62)
RD_t	—	1.93 (1.36)	—	2.02 (1.45)

变量	只加控制变量	模型（1）	模型（2）	模型（3）
RD_{t-1}	—	8.47*** (6.16)	—	8.21*** (6.03)
RD_{t-2}	—	5.60*** (3.92)	—	6.00*** (4.31)
RD_{t-3}	—	6.03*** (4.78)	—	5.79*** (4.68)
$RDmembers$	—	1.11** (1.97)	—	1.21** (2.16)
$Patemts$	—	—	0.00*** (4.03)	0.00** (2.05)
$Papers$	—	—	0.00*** (1.71)	0.00** (2.38)
ALR	0.09 (0.16)	−1.11* (−2.57)	0.01 0.03)	−0.98** (−2.19)
AGE	0.00 (2.85)	0.00*** (5.38)	0.00** (2.91)	0.00 (4.82)
SGR	0.17** (2.80)	0.19*** (3.64)	0.19** (3.10)	0.19*** (3.77)
$SIZE$	1.67*** (20.09)	1.12*** (13.74)	1.60*** (19.01)	1.12 (13.52)
常数项	−26.33*** (13.67)	−14.75*** (−8.03)	−24.75*** (−12.65)	−14.62*** (−7.90)
修正 R^2	0.81	0.88	0.81	0.88
F 值	21.57***	32.36***	21.56***	32.42***
DW 值	2.26	2.17	2.27	2.19

注：*、**和***分别表示10%、5%、1%的水平下显著。

模型（1）～（3）的修正后 R^2 均超过0.8，说明模型有较好的拟合度。通过观察 3 个模型中各系数的情况，发现除当期研发强度以外，其余自变量均通过显著性检验。模型（1）和模型（3）回归结果显示，当期研发强度（RD_t）对品牌价值（BV_t）的回归系数均没有通过显著性检验，滞后 1 期、2 期、3 期的研发强度 RD 对品牌价值 BV 的回归系数均显著，因此，著者认为，研发强度对上市公司品牌价值的影响具有滞后性，上市公司当年的研发强度对当年公司品牌价值的作用不明显。因此，本节将计量模型（1）、模型（3）中的 RD_t 剔除，保留 RD_{t-1}、RD_{t-2}、RD_{t-3} 对模型进行修正。

修正后的模型表示为：

①知识创新投入与品牌价值关系模型

$$BV_{it} = \beta_0 + \beta_1 KS_{it} + \beta_2 RD_{it-1} + \beta_3 RD_{it-2} + \beta_4 RD_{it-3} + \beta_5 RDmembers_{it} + \Sigma_j \beta_j Controlvaribles_{it} + \varepsilon_{it} \quad (7)$$

②知识创新产出与品牌价值关系模型

$$BV_{it} = \beta_0 + \beta_1 Papers_{it} + \beta_2 Patents_{it} + \Sigma_j \beta_j Controlvaribles_{it} + \varepsilon_{it} \quad (8)$$

③知识创新与品牌价值关系模型

$$BV_{it} = \beta_0 + \beta_1 KS_{it} + \beta_2 RD_{it-1} + \beta_3 RD_{it-2} + \beta_4 RD_{it-3} + \beta_5 RDmembers_{it} + \beta_6 Papers_{it} + \beta_7 Patents_{it} + \Sigma_j \beta_j Controlvaribles_{it} + \varepsilon_{it} \quad (9)$$

再对修正后的模型进行回归分析，得到结果如表 5 - 8 所示。

表 5 - 8　修正后的基本模型回归结果

变量	模型（7）	模型（8）	模型（9）
KS	0. 19 *** (4. 02)	—	0. 15 ** (2. 68)
RD_{t-1}	9. 33 *** (7. 44)	—	9. 19 *** (7. 49)
RD_{t-2}	4. 88 *** (3. 46)	—	5. 22 *** (3. 78)
RD_{t-3}	5. 99 *** (4. 76)	—	5. 73 *** (4. 64)
RDmembers	1. 19 ** (2. 11)	—	1. 28 ** (2. 32)

变量	模型（7）	模型（8）	模型（9）
Patents	—	0.51*** (4.03)	0.15** (2.38)
Papers	—	0.40* (1.71)	0.50** (2.43)
ALR	−1.13** (−2.64)	0.02 (0.03)	−0.96** (−2.19)
AGE	0.00*** (5.53)	0.00** (2.91)	0.00*** (4.95)
SGR	0.19*** (3.82)	0.19** (3.10)	0.20*** (3.98)
SIZE	1.15*** (14.64)	1.60*** (19.01)	1.16*** (14.50)
常数项	−15.29*** (−8.58)	−24.74*** (−12.63)	−15.44*** (−8.66)
修正 R^2	0.88	0.81	0.89
F 值	35.68***	21.56***	37.30***
DW 值	2.19	2.27	2.21

注：*、**和***分别表示10%、5%、1%的水平下显著。

修正后的模型（7）~（9）的修正 R^2 均超过0.8，说明模型整体拥有较好的拟合度。*DW* 值是检验残差是否存在自相关的指标，一般认为介于 1.5~2.5 的指标是不存在自相关性的。模型（7）~（9）的 *DW* 值为 1.5~2.5，符合检验标准，可以认为不存在自相关性。因此，模型具有较高的解释力度。

从模型（7）的回归结果中可以看到，知识创新投入各维度（知识存量、滞后 1~3 阶的研发强度、研发人员占比）对品牌价值的回归系数均为正，且分别通过了显著性检验。因此，知识创新投入与品牌价值正相关，企业知识创新投入越多，品牌价值越高（H1a 得到验证）。

从模型（8）的回归结果中可以看到，知识创新产出各维度（商业化产出、非商业化产出）对品牌价值的回归系数均为正，且分别通过了1%、10%的显著性检验。因此，知识创新产出与品牌价值正相关，企业知识创新产出越高，品牌价值越高（H1b 得到验证）。

从模型（9）的回归结果中可以看出知识创新各维度对于品牌价值的表现情况。第一，知识存量水平对于品牌价值的回归系数为0.149，通过了5%的显著性检验，说明企业知识存量水平会对品牌价值存在显著的正面推动。在本书中，企业知识存量水平的衡量指标是永续盘存法下的资本化研发支出。在新会计准则中，企业用于内部研发开发阶段的支出，需同时满足5个条件才能被确认为资本化。一是完成该研发项目以使其能够使用或出售，在技术上具有可行性；二是具有完成该无形资产并使用或出售的意图；三是能够对该无形资产产生经济利益的方式进行可靠证明；四是能够保证有足够的技术、财务资源和其他资源支持以完成该无形资产；五是归属于该无形资产开发阶段的支出能够有效地计量。根据会计准则对研发支出资本化的定义可知，资本化的研发支出实质上是由于研发活动而留存在企业，并且确认后续期间能够为企业带来经济效益，实现其商业化价值的无形资产。

第二，研发人员比例对品牌价值的回归系数为1.28，通过了5%的显著性检验，说明研发人员占比对品牌价值有正向提升作用。

第三，研发强度滞后1期~滞后3期对品牌价值的回归系数分别为9.19、5.22、5.73，均通过了1%的显著性检验，说明研发投入对品牌价值的影响存在滞后性，对品牌价值有正向提升作用。

第四，知识创新商业化产出（专利数量）对品牌价值的回归系数为0.15，通过了5%的显著性检验，说明专利数量对品牌价值有正向提升作用。

第五，知识创新非商业化产出（论文数量）对品牌价值的回归系数为0.50，通过了5%的显著性检验，说明论文数量对品牌价值有正向提升作用。

通过对比专利数量系数（0.15）和论文数量系数（0.50）可以发现，论文对品牌价值的提升要优于专利对品牌价值的提升。

因此，假设 H1 得到验证。

2. 营销能力的调节作用回归分析

上文提出了营销能力对"知识创新－品牌价值"产生调节作用（模型（6））的假设，并在此基础上提出了营销能力对"知识创新投入－品牌价值"产生调节作用（模型（4））以及营销能力对"知识创新产出－品牌价值"产生调节作用（模型（5））两个假设。基于此，本节通过上文构建的 3 个模型对上述假设进行实证检验（见表 5 - 9）。

表 5 - 9　调节作用回归结果

变量	模型（4）	模型（5）	模型（6）
KS	0.13 ** (2.33)	—	0.09 (1.40)
RD_{t-1}	11.44 (8.30)	—	10.90 *** (8.01)
RD_{t-2}	5.74 *** (3.67)	—	6.06 *** (3.89)
RD_{t-3}	7.28 *** (5.20)	—	6.57 *** (4.71)
$RDmembers$	1.37 ** (2.26)	—	1.57 * (2.54)
$Patents$	—	0.00 ** (2.65)	0.0012 * (1.70)
$Papers$	—	0.00 (1.38)	0.00 (1.30)
MC	0.05 *** (3.83)	0.02 * (1.73)	0.04 ** (2.76)
$MC \times KS$	0.01 (2.66)	—	0.01 (1.88)
$MC \times RD_{t-1}$	- 0.41 *** (- 7.21)	—	- 0.29 *** (- 3.71)

变量	模型（4）	模型（5）	模型（6）
$MC \times RD_{t-2}$	0.01 （0.20）	—	-0.05 （-0.79）
$MC \times RD_{t-3}$	-0.20*** （-4.78）		-0.11 （-1.52）
$MC \times RDmembers$	0.05 （0.31）		-0.00 （-0.00）
$MC \times Patents$		0.00 （-0.49）	-0.00 （-1.17）
$MC \times Papers$		-0.00*** （-3.63）	-0.00** （-2.07）
修 R^2	0.92	0.83	0.92
F 值	51.66	23.65	50.00
DW 值	2.24	2.28	2.24

注：*、** 和 *** 分别表示 10%、5%、1% 水平下显著。

从模型（4）可以看出，"知识创新投入－品牌价值"关系模型在加入了营销能力与知识创新投入的交互项后，尽管存在部分交互项系数不显著，但 $MC \times RD_{t-1}$ 的系数为 -0.41，通过 1% 的显著性检验；$MC \times RD_{t-3}$ 的系数为 -0.20，通过 1% 的显著性检验。因此，存在营销能力对"知识创新投入－品牌价值"的调节作用，由于交互项系数为负，因此调节作用为负向。

从模型（5）可以看出，"知识创新产出－品牌价值"关系模型在加入了营销能力和知识创新产出的交互项后，$MC \times Patents$、$MC \times Papers$ 交互项系数均为负，且 $MC \times Papers$ 系数通过了 1% 的显著性检验，因此，存在营销能力对"知识创新产出－品牌价值"的调节作用，且由于交互项系数均为负，调节作用为负向。

从模型（6）可以看出，"知识创新－品牌价值"关系模型在加入了营销能力与知识创新各维度的交互项后，$MC \times Papers \times MC \times RD$ 的系数为负，且通过了显著性检验，因此，存在营销能力对"知识创新－品牌价值"的调节作用，且由于交互项系数为负，调节作用为负。

因此，拒绝假设 H2、H2a、H2b；假设 H3、H3a、H3b 得到验证。

3. 稳健性检验

（1）按地区检验

上文中通过 Hausman 检验，确定了本书的研究模型为固定效应模型，在一定程度上保证了回归结果的稳健性。为了保证结论的可靠有效，借鉴孔令池等（2017）的稳健性检验方法，通过更换样本对模型进一步展开稳健性检验。由于我国具有大国经济特征，地区之间发展不平衡，❶可以通过按地区样本对模型进行检验。本章将我国分为东部、中部、西部三个地区。东部地区包括北京、天津、河北、辽宁、上海、江苏、浙江、福建、山东、广东、海南；中部地区包括山西、吉林、黑龙江、安徽、江西、河南、湖北、湖南；西部地区包括重庆、内蒙古、四川、广西、贵州、云南、陕西、甘肃、青海、宁夏和新疆。

将样本按照上述地区分类原则进行分类，由于本身截面样本量较小（79），分类之后，东部地区截面样本量最大（57），中部地区截面样本量（15）偏小，西部地区截面样本量仅有 5 家。因此，将中西部合并，分为东部和中西部两个地区进行检验。

按地区样本估计结果显示，在东部地区，知识存量水平、研发人员比例、滞后 1 期、滞后 2 期、滞后 3 期的研发强度对品牌价值的回归系数均通过了显著性检验，且系数均为正。在中西部地区，滞后 1 期、滞后 2 期、滞后 3 期的研发强度、论文发表数、专利数对品牌价值的回归系数均通过了显著性检验，且系数均为正。因此，东部和中西部"知识创新－品牌价值"关系得到了与全样本一致的估计。

由此发现，不管是东部地区还是中西部地区的企业，知识创新都对品牌价值有正向影响作用。特别是，东部地区知识创新对品牌价值的影响主要体现在知识创新投入方面；而中西部地区知识创新对品牌价值的影响则主要体现在知识创新产出以及研发投入上（见表 5 - 10 和表 5 - 11）。

---

❶ 孔令池，高波，李言. 市场开放、地方财税竞争与产业结构调整：基于我国省级面板数据的实证研究 [J]. 经济理论与经济管理，2017，10.

表 5 - 10　东部地区样本回归结果

变量	系数	标准差	T 检验	显著性
KS	0.00	0.00	2.48	0.01
$RDmember$	1.55	0.63	2.46	0.01
RD_{t-1}	7.63	1.44	5.30	0.00
RD_{t-2}	5.56	1.50	3.70	0.00
RD_{t-3}	5.26	1.34	3.92	0.00
$Papers$	0.00	0.00	0.72	0.47
$SIZE$	1.24	0.10	12.17	0.00
SGR	0.12	0.08	1.42	0.16
$Patents$	0.00	0.00	0.62	0.53
AGE	0.00	0.00	3.72	0.00
ALR	-0.73	0.54	-1.35	0.18
C	-17.49	2.29	-7.65	0.00

表 5 - 11　中西部地区样本回归结果

变量	系数	标准差	T 检验	显著性
KS	0.00	0.00	0.36	0.72
$RDmember$	-0.20	1.78	-0.11	0.91
RD_{t-1}	13.04	3.58	3.65	0.00
RD_{t-2}	9.19	3.88	2.37	0.02
RD_{t-3}	8.10	3.88	2.09	0.04
$Papers$	0.01	0.00	2.88	0.01
$Patents$	0.00	0.00	3.04	0.00
ALR	-1.74	0.92	-1.89	0.06
SGR	0.22	0.07	3.33	0.00
$SIZE$	0.83	0.22	3.72	0.00
AGE	0.70	0.88	0.79	0.43
C	-9.97	3.90	-2.56	0.01

（2）按企业性质检验

将原有样本按企业性质（国有企业/非国有企业）分类，进行稳健性检验，得到41家国有企业205个观测样本，39家民营企业190个观测样本，然后分别进行"知识创新－品牌价值"关系回归检验。

首先对非国有企业样本回归结果进行分析。从表5－12可知，企业知识存量（KS）、研发人员占比、研发强度1～3期滞后项、论文数量、专利数量的回归系数均通过显著性检验，且系数均为正。该回归估计所得结论与上文中基本模型结论一致，验证了知识创新与品牌价值的关系。

表5－12　非国有企业样本回归结果

变量	系数	标准差	T检验	显著性
KS	0.28	0.08	3.38	0.00
$RDmember$	2.09	0.74	2.83	0.01
RD_{t-1}	13.44	2.27	5.93	0.00
RD_{t-2}	3.65	2.16	1.69	0.09
RD_{t-3}	8.39	1.99	4.22	0.00
$Papers$	0.01	0.00	2.97	0.00
$Patents$	0.00	0.00	3.41	0.00
ALR	-2.38	0.70	-3.40	0.00
SGR	0.33	0.06	5.09	0.00
$SIZE$	0.86	0.19	4.57	0.00
AGE	0.52	0.73	0.72	0.48
C	-10.29	2.71	-3.80	0.00

然后针对国有企业样本回归结果进行分析。从表5－13可知，知识存量水平、研发强度1～3期滞后项的回归系数通过了显著性检验，且系数均为正，表明国有企业这些因素对品牌价值的影响作用更大，而专利、论文和研发人员占比的系数则没有通过显著性检验。部分验证了上文基本模型"知识创新－品牌价值"的结论。出现这种回归误差的原因，一方面由于样本数偏少，另一方面，企业性质确实可能对"知识创新－品牌价值"起调节作用。

表 5 – 13　国有企业样本回归结果

变量	系数	标准差	T 检验	显著性
$SIZE$	1.02	0.12	8.28	0.00
SGR	0.08	0.07	1.12	0.27
RD_{t-3}	5.49	1.52	3.61	0.00
RD_{t-2}	5.85	1.66	3.51	0.00
RD_{t-1}	8.61	1.43	6.02	0.00
AGE	0.00	0.00	3.16	0.00
ALR	– 0.59	0.55	– 1.08	0.28
$RDmember$	– 1.13	0.96	– 1.17	0.24
$Patents$	0.00	0.00	0.94	0.35
$Papers$	0.00	0.00	1.51	0.13
KS	0.00	0.00	1.96	0.05
C	– 11.50	2.93	– 3.92	0.00

国有企业作为政府介入经济运行的一个媒介，除其经济主体的属性之外，还承担着一定的社会责任，比如保障就业、提供公共服务、维持经济稳定等。因此，当宏观经济遭遇到大规模的负向冲击时，国有企业也发挥着保持宏观经济稳定的作用。比如，在 2008 年经济危机爆发时，国家出台了四万亿元的救市计划，以拉动内需，而这些钱，大多都是通过国有企业为媒介，投入到了公共基建设施的建设和刺激就业上。这些行为虽然对于保持经济稳健有着积极的作用，但是对于国有企业本身的主营业务和研发创新而言，可能会存在消极的影响。

5.4　民族品牌价值提升的启示与建议

本章以民族品牌价值为视角，研究上市公司知识创新，通过上文的理论梳理和实证分析，著者认为可以从五个方面对管理实务界提出相关建议：一是要重视知识创新投入，促进品牌价值的提升；二是要加快创新成果转化，推动品牌经济发展；三是要妥善应对市场反馈，保证品牌的健康稳定发展；四是国家和区域层面要加大对中西部地区的产业扶持，缩减地区环境差距，保障品牌区域间发展平衡；五是要深化国有企业改革，提升品牌竞争力。

1. 重视知识创新投入，促进民族品牌价值提升

从上文实证研究中得出结论，验证假设 H1：知识创新投入对品牌价值具有显著正向影响。结合实践，著者认为以品牌价值提升为视角，企业应该重视知识创新投入。知识创新投入主要由企业原有知识存量、企业研发投入以及研发人员构成。

首先，企业原有知识存量体现了企业的基础创新能力。因此，应重视企业资本化的研发支出，方能成为企业的知识存量，为品牌价值提升带来促进作用。根据会计准则对研发支出资本化的定义可知，资本化的研发支出实质上是由于研发活动而留存在企业，并且确认后续期间能够为企业带来经济效益，实现其商业化价值的无形资产。

其次，企业研发投入持续动态影响企业品牌价值。根据研究结果，当年企业品牌价值会受到上一年度、上上年度甚至前三年度的研发投入的影响，且作用系数均为正，而当年产生的研发投入则对当年品牌价值无显著影响。产生这一现象的原因不难理解，企业从事研发活动，是一个长期动态的过程，只有当一个阶段的研发活动结束，得到相应的研发成果并确认会产生商业价值，研发投入对品牌价值的影响才会开始展现。因此企业在进行研发投入时，尽管短期来看耗费大量资金，给企业造成财务负担，但不要局限于当期收益，应从中长期发展来看待研发投入对品牌价值的提升作用。

最后，研发人员占比也会正向影响企业品牌价值。对于高新技术企业而言，研发是内核，是灵魂，研发人员在企业发展中起到了决定性的作用。因此，应该在保证研发团队优质性的前提下，适当扩充研发人员梯队，有效提升品牌价值。

2. 加快创新成果转化，推动品牌经济发展

在本书中，知识创新产出对品牌价值有正向促进作用的假设通过了检验。因此，企业要重视并加快创新成果的转化，以推动品牌经济的

发展。

加快创新成果转化，需要企业和产业层面的共同推进。首先，在企业层面上，企业作为科技成果转化的主体，要坚持开展原始创新、集成创新和通过引进消化吸收后的二次创新，重视专利申请；要加大科技成果转化的资金投入力度，对科技成果转化过程中的量产、市场推广等环节给予较多关注。其次，在产业层面上，产业园区要创新产业引导机制，明确科技成果转化的重点领域；要创新投融资机制，支持企业科技成果转化。最后，社会要重视学术与科研、技术的有机结合，鼓励高校、科研院所和企业广泛开展产学研合作。例如，企业与高校自主联合科技攻关与人才培养；共建研究中心、研究所和实验室；建立科技园区，实施科学研究与成果孵化；建立基金会，设立产学研合作专项基金；吸纳企业和社会资金成立学校董事会，建立高校高科技企业；高校与地区实行全方位合作等。通过上述路径，加快创新成果转化以推动品牌经济发展。

3. 妥善应对市场反馈，保证民族品牌稳定发展

在本书中，营销能力对于知识创新与品牌价值之间的负向调节作用已得到证明。

奉行营销理论的企业一般会通过不断的市场研究密切关注顾客动向，了解顾客对企业产品的评价与建议，但是普通消费者受到知识结构、信息完整性等自身局限性的限制，很难给出考虑全面的建议，只能提供一些局部的改良建议，导致企业可能丧失了突破性创新的机会。

在商业实践中，很多活生生的案例也可佐证以上观点。例如，复印机行业的施乐公司长期占据大规模的白纸复印市场，却错过了小型台式复印机的巨大市场和机遇。Sear 公司曾经为美国最大的百货连锁公司之一，销售额占到美国零售业销售总额的 2% 以上，其首创的信用消费、供货连锁管理至今仍然被众多零售商所使用。这样一个被认为最具营销竞争力以及最精于管理的连锁百货公司，在社区中心和折价零售出现时却选择无视，导致 Sear 公司最后被低成本销售名牌耐用品的方式夺取了市场份额。

因此，企业在发展过程中，既不能完全受市场导向，被消费者的反馈所牵制，一味地顺应市场需求；又不能闭门造车，完全忽视市场反馈。

应该对市场采取辩证态度，妥善应对市场反馈，培育突破式创新能力，保证品牌的健康稳定发展。

4. 缩减区域环境差距，保障民族品牌发展平衡

通过对研究样本的地区分布观察可知，进入中国上市公司品牌价值 500 强的 79 家高新技术企业中，57 家位于东部地区，22 家位于中西部地区。由于集中了各类资源优势，高新技术企业、高品牌价值企业多集中于东部地区。因此，要加大对中西部地区的产业扶持，缩减区域环境差距。在财税政策方面，对中西部地区符合条件的国家级经济技术开发区和高新技术开发区公共基础设施项目贷款实施财政贴息。加强规划统筹，优化产业布局，引导转移产业向园区集中，促进产业园区规范化、集约化、特色化发展，增强重点地区产业集聚能力。同时完善基础设施保障，加强公共服务平台建设，打破地区封锁，消除地方保护，为承接产业转移营造良好的环境，从而保障全国范围内品牌的平衡发展。

5. 深化国有企业改革，提升民族品牌竞争能力

在对样本按企业性质进行分组回归检验时，著者发现，国有企业性质的高新技术企业知识创新对品牌价值的提升作用要弱于非国有企业知识创新对品牌价值的提升作用。

党的十八大报告指出，要毫不动摇巩固和发展公有制经济，推行公有制多种实现形式，深化国有企业改革，完善各类国有资产管理体制，推动国有资本更多投向关系国家安全和国民经济命脉的重要行业和关键领域，不断增强国有经济活力、控制力、影响力。

推进国有企业改革，有利于国有资本保值增值，有利于提高国有经济竞争力，有利于放大国有资本功能。因此，应该深入践行国有企业改革，提升国有企业知识创新能力，培养一批高品牌价值的国有企业。

5.5　本章小结

本章根据以往的研究结论为参考，通过理论分析、提出假设、构建模型、实证检验几个步骤对知识创新和品牌价值关系进行了全面的分析。

根据实证检验的结果，得到以下三点结论：

第一，知识创新投入对民族品牌价值有正向影响。企业知识创新投入越多，对品牌价值的提升作用越明显。知识创新投入主要由企业原有知识存量、企业研发投入以及研发人员构成。首先，企业知识存量水平越高，后续期间能够为企业带来的经济效益就越高，品牌价值提升也就越明显。其次，企业研发投入持续动态影响企业品牌价值。根据研究结果，当年企业品牌价值会受到上一年度、上上年度甚至前三年度的研发投入的影响，且作用系数均为正，而当年产生的研发投入则对当年品牌价值无显著影响。最后，研发人员占比也会正向影响企业品牌价值，研发人员在企业发展中起到了决定性的作用。

第二，知识创新产出对民族品牌价值有正向影响。知识创新产出分为非商业化产出和商业化产出。非商业化产出主要指企业发表的论文及专著；商业化产出主要指企业研发活动产生的专利。这二者均对品牌价值提升产生了重要的正向促进作用。

第三，营销能力对于知识创新与民族品牌价值之间的负向调节作用已得到证明。知识创新与品牌价值之间的关系会受到企业营销能力的影响，这种影响是反向的。因此，企业在以提升品牌价值的目标前提下进行知识创新活动时，应该对市场建立辩证态度，妥善应对市场反馈，重点培育突破式创新能力，保证品牌的健康稳定发展。

第6章 智力资本与民族品牌价值

合理利用智力资本可以实现价值创造，对企业而言，可以提升品牌价值。在我国，一些民族品牌如华为、海尔等已经开始引入知识管理并取得可喜的实践成果，但整体上我国知识管理企业实践仍未达到欧美国家的普及程度，亟需在借鉴欧美国家知识管理经验的基础上，结合我国实际，促进知识价值的增值，驱动社会经济的发展。因此，本章关注智力资本对民族品牌价值的影响，以期发现其中的作用机制，进一步得出通过良好的智力资本管理提升民族品牌价值的方法。

自20世纪60年代管理学大师彼得·德鲁克（Peter F. Drucker）提出"知识将成为可取代土地等传统资源的关键资源"以来，作为关键战略资源的知识对于企业的重要价值就日益凸显，企业知识管理吸引了众多学者的注意。

研究初期，学者们主要着眼于知识管理对于企业绩效的影响，探讨了知识管理能力、知识管理战略在企业环境、管理决策等因素调节下对于企业绩效的关联作用。[1] 随着品牌是企业最具价值的资产这一观点的接受，越来越多的学者致力于从知识管理的视角研究品牌价值提升的策略与方法。有学者站在企业角度，观察了企业内部知识、顾客品牌知识与企业外部知识三个维度的知识管理与品牌绩效的关系，对品牌进化的路径进行了探讨[2]；有学者以某一产品市场中的消费者为研究对象，将消费者自身拥有的产品知识作为内部知识，消费者所处互联网环境中的信息推荐代理作为外部知识，研究了消费者的信息资本对其品牌忠诚度

---

[1] 李雪松，司有和，龙勇. 企业环境、知识管理战略与企业绩效的关联性研究：以重庆生物制药行业为例 [J]. 中国软科学，2008（4）：98－108.

[2] 杨保军. 基于知识管理视角的品牌进化路径与绩效研究 [D]. 合肥：合肥工业大学，2015.

的影响。❶ 智力资本作为企业知识管理的重要内容，被 Thomas A. Stewart 定义为"公司中所有成员所知晓的、能为企业在市场上获得竞争优势的事物"，包含可以用来创造财富的才智、技能、知识和人际关系等，是品牌价值创造和提升的重要影响因素，也是研究品牌价值提升路径的重要线索。

本书以探讨企业无形资产的来源及其利用为初衷，着眼于企业的智力资本与品牌价值，在对国内外有关研究文献进行分析整理的基础上，划分了智力资本要素构成，阐述了智力资本价值创造的机理，并以连续五年被评为中国上市公司品牌 500 强的企业为样本，对智力资本要素与企业品牌价值的关系进行了实证。研究的意义与价值主要体现在理论和实践两个层面。

在理论层面，本书在归纳多位学者对智力资本的定义和构成要素划分的基础上，对智力资本的要素划分进行了总结，将其归纳为基于人的智力资本、基于组织的智力资本和基于关系的智力资本三类，丰富了智力资本理论研究的内容；同时，本书整理了品牌价值的定义和研究流派，并对企业品牌价值影响因素有关实证研究进行了总结，为品牌价值理论的拓展提供了参考；此外，本书构建了智力资本与品牌价值的关系模型，为发现品牌价值的智力资本驱动提供了有价值的观点，扩展了已有品牌价值理论的研究范围。

在实践层面，本书从当前品牌、智力等无形资产对企业价值创造的作用不断提升并有望甚至已经超过机器、建筑等有形资产这一实际入手，提出了企业智力资本的品牌价值提升这一新的分析思路，同时观察了行业特性、企业规模等多类情景要素对于二者关系的影响，研究结论为企业在复杂市场环境当中不断提升自身品牌价值、创造更多利润提供了一定的参考意义。

6.1 企业智力资本的内涵与作用

智力资本（Intellectual Capital）这一术语最早出现在 1836 年，学者

---

❶ 蔡国良，陈瑞，赵平. 消费者产品知识和信息推荐代理对品牌忠诚度的影响研究［J］. 中国软科学，2016（10）：123 – 134.

Senior 将其狭义定义为每个人自身拥有的知识和技能。1969 年，John Keneth Galbraith 将智力资本延伸到组织层面，认为智力资本不仅包括企业与个人拥有的静态智力、知识以及其他形式的无形资产，还包括动态的为了实现其目标而采用的方法、手段及其他形式的智力活动。20 世纪 90 年代，Thomas A. Stewart 在《财富》杂志上发表了系列有关智力资本的文章，指出智力资本是组织的基本属性，将智力资本定义为个人和团队能为企业带来竞争优势的一切知识与能力的总和，具体包括员工掌握的知识与技能，客户对企业的忠诚与满意，企业长期形成的文化、制度，以及企业经营过程中沉淀的流程、技术与经验等。❶❷ 在此基础上，大量学者对"智力资本"展开研究，并形成了不同的智力资本视角，本节从战略管理、财务管理和知识管理这三个视角对智力资本内涵加以阐述。

6.1.1　智力资本研究视角

财务管理视角强调智力资本的无形资产内涵，认为智力资本是企业资产市场价值与账面价值之间的差额，❸ 是一种看不见但可以创造价值的资源。它隐藏在有形资产之后，包括隐藏在员工脑海中的知识和当员工离开后依然留在企业中的无形资产，是企业盈利能力的主要驱动要素。❹ 基于财务管理的智力资本是在原有无形资产概念上的扩展，著者认为智力资本是一个负债项目，研究的主要目的是将智力资本纳入现有的财务体系和报表体系，进而确认为企业所有者权益的一部分。

战略管理视角认为智力资本是企业价值创造的驱动力量之一。战略管理理论中的资源基础理论认为，企业的核心竞争力（core competence）是由企业所掌控的资源和特长所决定的。Barney（1991）指出企业资源是一个企业所控制的，并使其能够制定和执行改进效率与效能的战略性的所有资产、能

❶ STEWART A T. Brainpower：How Intellectual Capital Becoming America's Most Valuable Asset [J]. Fortune，1991，3（6）：167.

❷ STEWART A T. Your Company's Most Valuable Asset：Intellectual Capital [J]. Fortune，1994（10）：32 - 44.

❸ 范徵. 论企业知识资本与核心能力的整合 [J]. 经济管理，2001（22）：39 - 48.

❹ HALL R. The strategic analysis of intangible resources [J]. Journal of Management，1992，17（1）：99 - 120.

力、组织过程、企业特性、信息和知识等；知识与能力相结合的智力资本具有价值性（valuable）、稀缺性（rare）、难以模仿性（unimitable）和难以替代性（nonsubstitutable）等特点，是企业最重要的战略资源。❶ 战略管理流派将智力资本融入战略管理过程中，并进一步将知识战略作为组织战略的重要内容，强调企业发展知识管理战略以应对外部环境变化。

知识管理视角认为智力资本是特定企业或组织充分利用知识管理手段来有效整合并利用知识元素进而实现价值增值的能力，各种知识元素是企业智力资本存在的前提。❷ 这一视角强调对智力资本不同构成要素之间的相互影响，侧重于探讨组织中智力资本的利用是否高效，利用知识价值链等工具，从组织中获取、转移、共享与应用等动态知识活动，发现智力资本要素在组织内的积累与分享。

本书将智力资本界定为企业及其成员所拥有的或潜在的能够使企业竞争力提升的知识元素的总和，属于无形资产范畴，具备以下核心特点：①智力资本为企业及其成员所拥有或可利用，可以为企业提升竞争力、实现价值增值；②智力资本是一种无形资产，其外延较为丰富，具有多样的形态和形式；③智力资本的基础是知识，不仅包括经验、情感、智力等隐性知识，也包括制度、流程、系统等显性知识，以及知识创造、获取、利用等知识管理活动。

6.1.2 智力资本研究阶段

智力资本研究（Intellectual Capital Research）涉及众多领域，综合运用了经济学、人力资源管理、财务会计和社会统计学等学科的理论和方法来研究知识及其管理问题。❸ 根据 Guthrie（2012）、❹ Du-

❶ JAY B. Firm Resources and Sustained Competitive Advantage [J]. Journal of Management, 1991, 17 (1)：99-120.

❷ 景莉. 智力资本与公司价值 [M]. 北京：中国经济出版社出版，2006：1.

❸ 霍国庆，等. 企业知识管理战略 [M]. 北京：中国人民大学出版社，2007.

❹ GUTHRIE J, RICCERI F, DUMAY J. Reflections and projections：a decade of intellectual capital accounting research [J]. British Accounting Review, 2012, 44 (2)：70.

may（2013）、❶ Roos（2017）❷ 等学者的说法，在过去的 30 年间，智力资本的研究可以分为三个阶段。

（1）第一阶段：实践启蒙

智力资本研究的第一阶段所处时期为 20 世纪 80 年代末至 20 世纪 90 年代，这一阶段的前半期重点关注"智力资本是什么""智力资本为什么重要"的问题，后半期则侧重于研究"智力资本如何分类"的问题。这一阶段的智力资本书与 20 世纪八九十年代欧美发达国家从业人员的工作密切相关。如 Edvinsson 因其在瑞典保险公司的工作创建 Skandia 智力资本价值模型而闻名，美国《财富》杂志的作家 Stewart 通过其论文与专著推广了智力资本的概念。

在第一阶段的前半期，多数学者采用列举的方法对智力资本概念进行界定。❸ Edvinsson 等（1997）认为"智力资本是能够给组织带来竞争优势的组织的知识、被利用的经验、组织技术、客户关系和专业技能"，❹ Stewart（1997）认为，"智力资本是个人和团队能为企业带来竞争优势的一切知识与能力的总和，是组织中能够用于创造财富的智力物质，包括知识、信息、知识产权和经验等"。❺ 这一阶段的智力资本研究侧重于提升人们对能够"创造和管理可持续竞争优势"的智力资本重要性的认识，❻ 主要论点是"智力资本是企业资产市场价值与账面价值之间的差额，是企业盈利能力的主要驱动要素，❼ 应该进行衡量和报告"。但 Brennan 等（2000）指出，将智力资本等同于市场价值与账面价值之差的说法缺乏实证研究支持，由于市场价值波动、历史成本核算以及无

---

❶　JOHN D，TATIANA G. Intellectual capital research：a critical examination of the third stage ［J］. Journal of Intellectual Capital，2013，14（1）：10－25.

❷　GÖRAN R. Knowledge management，intellectual capital，structural holes，economic complexity and national prosperity ［J］. Journal of Intellectual Capital，2017，18（4）：745－770.

❸　万希. 智力资本理论研究综述 ［J］. 经济学动态，2005（5）：82－86.

❹　LEIF E，MICHAEL S. MALONE. Intellectual Capital：Realizing Your Company's True Value by Finding Its Hidden Brainpower ［M］. New York：Harper Collins Publishers，1997.

❺　STEWART T. Intellectual Capital：The Wealth of Nations ［M］. New York：Doubleday Dell Publishing Group，1997.

❻　范微. 论企业知识资本与核心能力的整合 ［J］. 经济管理，2001（22）：39－48.

❼　HALL R. The strategic analysis of intangible resources ［J］. Journal of Management，1992，17（1）：99－120.

法以美元计量无形资产等问题，这一假设存在固有缺陷。❶

　　第一阶段的后半期侧重于从管理角度和战略角度对智力资本的要素进行分类，Stewart（1997）提出智力资本的"H－S－C"结构，认为企业的智力资本体现在企业的人力资本（Human capital）、结构资本（Structural Capital）和顾客资本（Customer capital）三者之中，❷即智力资本三元论成为后续重要研究内容之一，有关学者大多在此基础上对智力资本要素构成展开探讨，并进一步形成四元以及多元的智力资本要素分类观点。

　　这一阶段的特点是通过宏大理论及定性描述让人们认识并注意到智力资本的重要性，并将其融入战略管理过程中，使智力资本利用成为管理行为的基本准则。但正如 Dumay（2012）所指出的那样，"宏大的"智力资本理论虽已经被广泛接受，但并未得到有效利用，因为这些不能凭经验证明的宏大理论在实践过程中容易误导管理者，难以在业务实践上实现落地。❸

　　（2）第二阶段：关系实证

　　智力资本研究的第二阶段侧重于寻找智力资本或其某一要素与企业绩效、价值创造、实现竞争优势之间的因果关系和相关关系，强调智力资本披露的重要性，并延续第一阶段对智力资本构成要素分类标准的重视，同时利用知识价值链、系统动力学、因果图等工具来开发智力资本的动态特征，以洞察智力资本不同要素之间以及与其他资源之间的相互作用。

　　这一阶段的研究学者有 Renee（2010）、李冬伟（2010）、Santos － Rodrigues（2012）、邹仁余（2016）等。李冬伟对当时智力资本书流派进行了划分，回顾了智力资本要素文献，并在资源基础论和知识基础论等理论基础上提出了基于知识价值链的智力资本要素构成及相应的智力

---

❶　NIAMH B，BRENDA C. Intellectual capital：current issues and policy implications ［J］. Journal of Intellectual Capital，2000，1（3）：206 － 240.

❷　STEWART T A. Intellectual capital：the new wealth of organization ［M］. New York：Doubleday，1997.

❸　JOHN C D. Grand theories as barriers to using IC concepts ［J］. Journal of Intellectual Capital，2012，13（1）：4 － 15.

资本价值创造机理，将智力资本分为人力资本、流程资本、创新资本和客户资本，并进一步采用中国制造业及高科技行业上市公司经验数据探讨了智力资本要素与企业价值之间的相关关系，同时研究了企业生命周期、企业规模、冗余资源等情境要素对这一关系的调节作用。❶ 邹仁余将系统动力学仿真运用到智力资本对技术创新动态能力影响的研究中，通过反馈模型将智力资本分为人力资本、组织资本和关系资本，并采用中国制造业上市公司面板数据对智力资本要素与技术创新的因果关系进行了实证。❷

这一阶段的研究关注智力资本的衡量与报告。2002 年，欧盟出台了无形资产管理和报告指南（智力资本披露），从无形资产定义、无形资源与活动类型以及披露指标系统等方面对智力资本的披露作出界定，并针对相关信息的收集、智力资本披露人员的选择与披露报告的频率等实践问题进行了解答。❸ Burgman（2007）等研究了欧洲企业智力资本披露需求增加的主要决定因素，认为美国经济的长期全球主导地位、服务主导商业模式的出现、企业治理制度和财务报告的发展等因素使得智力资本披露愈加重要，并确定了智力资本报告的必要和充分条件。❹ 杨华（2016）基于实物期权理论研究了智力资本披露对企业市场价值的影响，并发现智力资本信息披露通过其内在的实物期权属性影响了企业市场价值。❺

第二阶段的研究特点是采取自上而下的方式探讨智力资本及其要素与价值创造的关系，但缺乏具体的经验数据以证明智力资本管理与执行是否会切实地带来企业价值创造的不同，有学者建议智力资本领域研究人员应采用案例研究或实地研究的方式，从执行层与操作层入手来开展

---

❶ 李冬伟. 智力资本与企业价值关系研究 [D]. 大连：大连理工大学，2010.

❷ 邹仁余. 企业智力资本对技术创新动态能力的影响：基于中国制造企业数据的实证检验 [D]. 北京：中国人民大学，2016.

❸ MERITUM P. Guidelines for managing and reporting on intangibles [J]. Fundación Airtel – Vodafone，2002.

❹ ROLAND B，GÖRAN R. The importance of intellectual capital reporting：evidence and implications [J]. Journal of Intellectual Capital，2007，8（1）：7 – 51.

❺ 杨华. 基于实物期权理论的企业智力资本市场价值研究 [D]. 北京：中国人民大学，2016.

智力资本书。❶

（3）第三阶段：案例深入

智力资本研究的第三阶段更加具有批判性，其重点是理解智力资本与其他形式价值创造之间的关系，研究视角扩大到更广泛的价值理解和更多的利益相关者，观察对象从企业扩展到国家、区域以及高校等更多类型组织中的智力资本管理，而不仅仅局限于企业的财务价值。Roos（2017）认为，第三阶段的研究应以深入案例研究为基础，"以确定在特定组织中智力资本管理哪些方面是可行的，哪些方面是不可行的"。

当前，智力资本书正处于向第三阶段迈进的过程中，同时仍有大量学者依照第二阶段的思路开展智力资本书。

6.1.3　智力资本的构成要素

对智力资本要素进行分类，有利于智力资本内涵理解和价值评估，但也有学者指出，过度强调对智力资本构成要素及智力资本其他方面的分类会有碍于从业人员的广泛采用和智力资本在邻近研究领域的接受。❷本书不对智力资本要素进行重新划分，而是综合已有研究观点，选择相关要素展开研究。

智力资本理论认为，智力资本由被观察对象（如企业）所拥有的系列资源所构成。研究早期，包括 Bontis（1996）、Stewart（1997）、Sveiby（1997）、Brooking（1997）在内的多数学者认同智力资本由人力资本（human capital）、顾客资本（customer capital）和结构资本（structural capital）三要素构成。也有一些学者将顾客资本作为企业与外部之间关系的一部分，强调智力资本由人力资本、结构资本和关系资本构成，包括 Saint - Onge（1996）、Edvinsoon（1997）等。Saint - Onge（1996）指出，智力资本包括人力资本、关系资本和结构资本，其中，人力资本是员工向顾客提供服务的能力，关系资本指组织所拥有特权的广度、深度、

---

❶　DUMAY J. 15 years of the journal of intellectual capital and counting：a manifesto for transformational IC research ［J］. Journal of Intellectual Capital，2014，15（1）：2 - 37.

❷　ROOS G，PIKE S. Intellectual capital research：a personal view ［J］. In IC Congress，2007.

紧密度与收益性，结构资本则是指组织产品及服务满足市场需求的能力。后来，不同的学者又在此基础上中加入了精神资本（spiritual capital）、技术资本/创新资本（technological capital/innocational capital）、商业资本（business capital）、❶社会资本（social capital）等要素。Roos（2017）将包括传统的物质和货币在内的企业资源类型划分为物质资本、货币资本、基于关系的资本、基于组织的资本和基于人的资本五部分，后三者即为企业的智力资本。在此分类中，物质资本是指如工厂和设备等具有物理存在的资本；货币资本指采用现金资产形式的财务资本；基于人的资本指体现在人的需求之上的资本，它无法被机器取代和复写，包括员工技能与知识、信仰与情感等；基于组织的资本指在企业内部发展起来的现有非物质资产，包括结构、流程、创新、技术等；基于关系的资本指由个人或企业与外部各方保持的明确或隐含的关系的集合，包括个人代表企业所持有的关系和企业作为合同一方所持有的关系。在 Mohtar 等（2015）和 Roos（2017）的研究基础上，著者绘制了表 6-1 以更系统地展现智力资本的要素构成。❷

表 6-1　智力资本要素分类

智力资本构成要素		文献中的阐述
一级类目	二级类目	
基于人的智力资本	人力资本	员工能力和技能的集合体，由员工专业深度、经验广度、忠诚度等构成
	精神资本	通过信仰或宗教获得的精神、情感与知识的结合体，包括愿景、方向、原则、价值观和文化等❸

❶ GREGORIO M, JOSE E, FERNANDO E. A New Model to Measure and Manage Intellectual Capital [J]. Reviewer Academic Article, 2000.

❷ MOHTAR S, RAHMAN I S A, ABBAS M. Intellectual capital and its major components [J]. Journal of Technology and Operations Management, 2015, 10（1）：15-21.

❸ 汪劲松. 浙江中小企业智力资本对技术创新影响的实证研究 [D]. 杭州：浙江工业大学，2010.

智力资本构成要素		文献中的阐述
一级类目	二级类目	
基于组织的智力资本	结构资本	脱离"人"而独立存在的由组织拥有的知识,包括规章策略、组织流程、信息系统等
	技术资本	与开发和应用技术有关的知识,涉及企业技术资源以及对技术资源进行的应用和管理,包括信息技术(IT)、研发(R&D)与知识产权等
基于关系的智力资本	顾客资本	基于企业与顾客之间的关系而形成的价值,包括顾客满意度、忠诚度等内容
	社会资本	本书中,社会资本指基于企业与和其业务流程相关的人或组织之间关系而形成的价值,涉及客户、供应商、投资者、竞争者等

从表6-1中可以看出,人、组织与关系是智力资本要素划分的基本方面,多数学者认同人力资本、结构资本以及顾客资本是智力资本的核心要素。在基于人的智力资本维度当中,人力资本强调人的知识与技能及其交流和共享,精神资本则侧重于情感、信仰等精神元素对人或组织的影响;在基于组织的智力资本维度当中,结构资本是指企业自身内生的可以对企业所有资源进行组织的能力,技术资本则是与组织发展相关的、涉及生产技术创新与产品服务创新的知识的组合;在基于关系的智力资本维度当中,顾客资本强调企业与其顾客关系的价值,市场资本强调企业与其市场业务往来活动主体关系的价值,社会资本则强调企业拥有的社会网络的价值。人力资本、结构资本和社会资本是当前智力资本要素分类中较为常见的三个要素,下面对这三类要素的定义展开阐述。

(1)人力资本

人力资本(human capital)是智力资本的核心要素。美国经济学家Theodore W. Schultz(1961)指出,人力资本是推动经济增长的源动力,并将其定义为"体现在劳动者身上,通过投资形式生产,由劳动者的知识、技能和体力所构成的资本",但这一定义将人力资本看作投资的产物，较为宽泛和模糊。❶ 一些学者发展了人力资本的概念，将人力资本定义为企业员工帮助顾客解决问题并将其付诸实际行动的能力，是员工的工作经历、实践经验、领导力和工作态度的综合，是企业与员工相互作用、共同发展的结果。Meritum（2002）指出，人力资本是蕴含于人自身中的技能、经验、健康等各种知识和能力的存量总和，当员工离开某一组织时，员工拥有的知识与能力通常会伴随员工的离开而失去。

（2）结构资本

相较于人力资本，结构资本（Structural Capital）的研究尚未形成成熟体系，虽有较多文献提到结构资本，但其内涵和表现形式仍较难达成一致。有学者从社会网络的角度出发，认为"结构资本是社会资本的有机构成和形式载体"，是对社会网络中节点的结构属性的描述；❷❸ 有学者从企业管理的角度出发，将结构资本与组织资本（organizational capital）联系起来，认为结构资本源于组织的理念和体系，也有学者在智力资本要素划分中将结构资本成为组织资本。本书采取第二种研究视角，以更好地区分结构资本与社会资本，并研究其与品牌价值的关系。

结构资本是组织自身蕴含着的结构性知识，表现为企业的组织文化、规章策略、管理流程、信息系统等。结构资本具有如下特点。其一，结构资本是企业管理能力的体现，企业通过结构资本将各类资源凝聚起来，并使之产生价值，进而实现企业战略目标。❹ Edvinsson 等（1996）指出，结构资本是企业使人力资本商业化的基础设施，它为企业员工创造和运用知识活动提供了相应的环境支持。❺ "结构资本的存量决定企业配置资

---

❶ 张广科. 人力资本概念在企业框架内的界定及应用研究 [J]. 财经研究，2002，（4）：38 - 43.

❷ 刘国巍. 创新网络结构资本、空间溢出及滞后效应：基于广西电子信息产业的 ESDA 分析 [J]. 技术经济与管理研究，2017（2）：8 - 13.

❸ ETXABE I, VALDALISO J M. Measuring structural social capital in a cluster policy network：insights from the Basque Country [J]. European Planning Studies，2016，24（5）：884 - 903.

❹ 邸强，唐元虎，张超. 组织资本形成机制研究 [J]. 科学学与科学技术管理，2005（7）：122 - 125.

❺ EDVINSSON L, SULLIVAN P. Developing a Model for Managing Intellectual Capital [J]. European Management Journal，1996，14：356 - 364.

源的能力，结构资本的增长、更新则决定企业未来的竞争力"，❶是企业应对市场变化的组织能力基础。其二，结构资本不依附于人力资本而存在，其本质是内嵌于组织中的运作常规。Edvinsson 等（1997）指出，结构资本是留存于企业中的知识，不会因为员工变动而受到很大影响。结构资本是组织的内部结构，Sveiby（2002）进一步指出，组织内部结构即为组织内部员工的工作机制，这一工作机制不会因为组织内部员工的大量流失而失效。

（3）社会资本

社会资本（social capital）可以被广泛地定义为个体或组织基于社会关系而拥有的现有资源和潜在资源的总和。Bourdieu（1980）指出，社会资本使资源拥有方受益的程度取决于个体的实践能力，而稳定的网络关系则是社会资本产生的前提。在社会网络理论中，Lin（1999）将社会资本定义为"嵌入在社会网络结构中的、可以调动和利用的资源"，指出社会资本的实质是社会网络结构嵌入的结果。Adler 和 Kwon（2002）指出社会资本的研究内容包括两个方向，一方面，认为社会网络的结构是社会资本的实质，主要侧重于对网络结构的具体特征进行探讨；另一方面，将社会关系主体作为研究内容要点，侧重于对社会关系主体的行为规范、互惠信念、掌握资源等进行研究。

有文献将社会资本分为商业社会资本、制度社会资本和技术社会资本三个维度，分别代表主体与社会网络中其他节点关系的价值，这与关系资本的内涵相近。多数采取智力资本要素三分法的学者认同人力资本、结构资本和关系资本的划分方式，并有学者指出关系资本扩展了顾客资本的概念，将政府关系价值、股东关系价值、战略合作关系价值等也包含在内。本书将社会资本作为智力资本的一类要素来考虑，将其与关系资本联系起来，认为社会资本指基于企业与和其业务流程相关的人或组织之间关系而形成的价值，涉及客户、供应商、投资者、竞争者等。

---

❶ 刘超，原毅军. 结构资本视角下企业价值模型的动态分析 [J]. 工业技术经济，2008，(5)：128 – 130.

6.2　企业智力资本的测评指标

目前学术界已有多种智力资本的测量方法，根据不同的测量工具，基本可以分为财务测量工具、非财务测量工具和问卷量表工具三大类。

财务测量工具将财务数据作为智力资本的替代变量，通过相关的财务数据来间接计算公司从智力资本获得收益的净现值，包括托宾 Q 值法、经济增加值法（EVA）、智力资本潜能增值法（VAIC）等。

非财务测量工具将企业的智力资本划分为若干具体指标，分别从不同维度测量智力资本要素，注重智力资本各要素的耦合作用，包括平衡记分卡模型（Balanced Score Card）、Skandia 导航器模型（Skandia Navigator）、无形资产监视器（Intangible Assets Monitor）等。

问卷量表工具通过编制量表和问卷的方式，以智力资本的定义为出发点，直接测量智力资本各维度的实际情况，Bontis（1998）提出了人力资本、结构资本和关系资本三维度15 题项测量量表，Brooking（2003）编制了智力资本审计测量模型（Intellectual Capital Audit），从市场资产、智力产权资产、人力资产和基础结构资产四个维度具体询问 178 个问题来确定企业的智力资本价值。

6.3　企业智力资本对民族品牌价值的影响

6.3.1　理论基础

1. 资源基础理论

20 世纪 80 年代中期，资源基础理论（resource – based view）初步确立，它以企业如何获取、维持并提升竞争优势为核心议题，将早期战略理论对产业和竞争优势的外部分析的关注转向对企业特有资源和异质能力的内部分析。Weinrfelt（1984）正式提出企业资源基础理论，认为企业产品乃至企业绩效都以企业资源为基础，应该从资源的角度来看企业。❶ Barney（1991）指出企业的关键资源具有价值性、稀缺性、难以模仿性、难以替代性四个特点，强调关键资源的获取对于企业价值的意义，提出了资源基础理论的两个基础假设，即资源的异质性和不可完全转移性是决定企业维持竞争优势的根源，并进一步构建了企业维持竞争优势的资源模型。

资源基础理论研究的核心概念包括资源（resource）、资产（asset）、能力（capability）与核心竞争力（core competence）等。Day（1994）指出，企业竞争优势有两个来源——资产和能力，资产是企业拥有或控制的资源，但并不是所有的资源都能成为资产；能力是将企业资源与竞争优势或核心竞争力联系起来的中间过程或中间产品，能力和资产共同使得企业创造出卓越业绩。❷

围绕以上议题与概念，不同学者形成了不同的理论观点，早期的资源基础理论逐渐丰富，演变为知识基础理论、动态能力理论以及动态资源基础理论等。其中，知识基础理论（knowledge - based view）认为，隐藏在企业核心能力背后的是企业所掌握的知识，面临不同的任务环境、具有不同的成长路径、形成不同的组织文化的企业所产生的隐性知识是异质的，它根植于企业的实践与经验之中。知识基础理论指出，企业的知识积累决定了企业能力，企业能力和知识资源共同决定竞争优势，这与知识管理理论有着密切联系。❸

2. 知识管理理论

1988 年，管理大师 Peter F. Drucker 在哈佛商业评论上发表了《新型组织的出现》（*The Coming of the New Organization*）一文，论述了知识对现代组织的重要性，并提出未来组织中知识管理的内涵。20 世纪 90 年代，在 Drucker 等人的启发下，知识管理理论初步确立，在对数据、信

---

❶ WERNERFELT B. A Resource - Based View of the Firm ［J］. Strategic Management Journal, 1984，5（2）：71 - 180.

❷ DAY G S. The capabilities of market - driven organizations ［J］. Journal of Marketing, 1994，58：37 - 52.

❸ 彭锐. 高科技企业知识管理战略 ［M］. 北京：知识产权出版社，2009.

息、知识与智慧四个概念及其之间的关系进行辨析的基础上，以企业如何进行知识获取、知识流动、知识共享、知识整合等管理活动可以更好地实现企业创新、提升企业绩效、维持核心竞争力为核心议题来展开研究。

日本学者野中和竹内提出了 SECI 模型，认为隐性知识和显性知识在企业中可以相互转化，转化的四种基本模式包括经验、技术转化为个人隐性知识的社会化、个人隐性知识转化为可编码显性知识的外部化、可编码知识与现有知识系统相整合的组合化以及通过学习将显性知识内化为个人隐性知识的内部化。这一模型涉及知识获取、知识流动和知识利用等内容，其中知识获取是指企业拥有足够的吸收能力来获取存贮于外部的技术知识、市场知识和顾客知识并使之成为新的知识源。知识流动主要指存在于企业内部的知识流及其在流动过程中的组织知识共享。知识利用是指企业将分散于不同个体的零散的知识整合为系统的、有序的知识体系并通过吸收、创新等活动为企业所用。知识在个体或组织之间吸收、交流、扩散与交换，使知识在企业内部与外部相互流动，从而实现知识的集聚、扩散和共享，形成企业经营的基础。

结合资源基础理论和知识管理理论，❶ 由人力资本、结构资本与社会资本等内容构成的智力资本是企业重要的资源和知识，其管理对企业核心竞争力的建立与维持具有重要意义；根据品牌价值理论，企业通过员工和消费者的品牌知识而与其建立联系，从而产生独有的营销效果和品牌竞争优势。将智力资本的人力资本、结构资本和社会资本等要素与企业品牌价值的关系进行研究，具有一定的理论基础。

6.3.2　假设构建

1. 人力资本与品牌价值

人力资本是品牌价值创造过程的主要载体和参与者，企业管理者的经营经验、员工的知识经验、业务技能都会对企业品牌价值产生影响。回顾有关文献，可以发现人力资本对品牌价值的影响有以下方面：

---

❶　王秋红. 基于自组织理论视角下的品牌价值演化 [J]. 企业经济，2016（7）：35 – 40.

（1）企业通过人力资本影响品牌外部形象，进而提升企业品牌价值。有研究提出了旅游业人力资本与品牌价值的关系模型，认为旅游产品的消费围绕着服务展开，在此情境下，高度接触服务的一线员工与顾客之间复杂、紧张的相互作用决定了服务质量和品牌形象，并极大地影响顾客的品牌忠诚。但该研究只是提出概念模型，而未采取经验数据进行实证。此外，该研究认为旅游业的人力资本和品牌价值之间的关系受组织资本和社会资本以及其他外部因素的影响。❶

（2）企业通过品牌内化过程影响员工满意，从而改善员工服务质量，进一步提升品牌价值。有研究对服务型企业品牌内化的特征与员工的品牌化行为之间的关系进行了分析，将员工的品牌建设参与行为分成员工的态度认知和行动意向两个维度，并对服务型企业品牌内化对员工态度忠诚与行为忠诚的影响进行了实证研究，发现品牌内化正向影响员工的品牌认知，品牌认知正向影响员工忠诚度。❷

（3）企业通过其品牌效应吸引并保留人才，进而通过员工努力进一步提升品牌价值。有研究基于雇主品牌视角对员工品牌知识、知识型员工组织认同、员工忠诚度等因素与品牌价值的关系展开探讨，发现知识型员工组织认同通过提升员工忠诚度来提升企业吸引和挽留优秀员工的能力，进而对雇主品牌竞争力产生正向影响。❸ 因此，提出以下假设：

H1：人力资本对品牌价值有正向影响。

2. 结构资本与品牌价值

结构资本是与企业文化、规章策略、管理流程、组织特征、数据库等相关的资产，代表着企业员工工作环境的高效程度和企业管理决策的流畅程度，能够为企业品牌价值的创造和提升提供组织支持。回顾有关文献，有关结构资本与品牌价值之间关系的研究较少，多数是对结构资本与企业价值关系的研究，结构资本对品牌价值/企业价值的影响主要体

❶　BASAK D，ASLI D. A. TASCI. Modeling the Commonly－Assumed Relationship Between Human Capital and Brand Equity in Tourism ［J］. Journal of Hospitality Marketing & Management，2010，19（6）：610－628.

❷　胡梅，秦向彬. 服务品牌内化结果的实证研究：基于员工忠诚度视角 ［J］. 经营与管理，2015，（2）：92－96.

❸　邱畅. 知识型员工组织认同对雇主品牌竞争力的影响研究 ［D］. 沈阳：辽宁大学，2014.

现在以下方面：

（1）企业文化、规章策略等结构资本使得企业实现有效的品牌管理，有利于企业品牌价值的直接提升。Carlos（2009）对阿根廷木材行业的智力资本与企业价值进行了研究，采用企业文化、信息系统、通信系统以及团队合作、员工经验等维度衡量结构资本，发现结构资本对企业价值有着直接正向影响。❶ Cleary（2015）对爱尔兰信息和通信技术行业的智力资本与企业绩效进行了研究，同样支持结构资本对企业绩效的正向影响。❷ 因此，提出以下假设：

H2：结构资本对品牌价值有正向影响。

（2）管理架构、员工授权等结构资本可以帮助或阻碍组织中人力资本的获取和利用，影响人力资本与品牌价值的关系，进而影响企业品牌价值的提升。例如，员工授权可以为一线员工提供更自由的决策权，而无需实现获得上级管理层的批准，这可以使员工在服务过程中及时有效地解决顾客问题，提高顾客满意度，进而提升品牌价值。刘超和原毅军（2008）认为结构资本搭建了人力资本、物质资本等投入要素与产品、服务等产出要素之间的桥梁，通过企业价值模型动态分析得出结构资本是影响企业价值的重要因素，并指出结构资本能够提供适当的环境激发员工的潜能，使其产生更多价值。企业拥有强大的组织资本将创造使用人力资本的良好条件，使得人力资本实现其所有潜力。因此，提出以下假设：

H4：结构资本将会增强人力资本对品牌价值的积极效应。

3. 社会资本与品牌价值

社会资本有利于知识的获取，❸ 企业和客户、外包商、供应商、研究等组织之间的网络互动所积累的社会资本能够为企业培育更多创造品

❶ CARLOS M F - J, MARIA S M. Intellectual capital and performance in wood industries of Argentina [J]. Journal of Intellectual Capital, 2009, 10（4）：600 - 616.

❷ PETER C. An empirical investigation of the impact of management accounting on structural capital and business performance [J]. Journal of Intellectual Capital, 2015, 16（3）：566 - 586.

❸ NAHAPIET J, GHOSHAL S. Social capital, intellectual capital and the organizational advantage [J]. Academy of Management Review, 1998, 23（2）：242 - 266.

牌价值的能力。❶ 回归社会资本与品牌价值关系的文献，可以发现社会资本对品牌价值的影响包括以下方面：

（1）企业通过其与消费者的稳定关系获得的品牌社群社会资本可以影响消费者的态度和行为方式，进而产生品牌忠诚，提升品牌价值。品牌社群是由对某一品牌有共通爱好的消费者聚集而形成的社会网络，它作为消费者互动的载体，是企业开展品牌营销策略的阵地之一，通过社群营销提升消费者品牌体验，进而达到品牌忠诚，有利于品牌价值的提升。❷ 因此，提出以下假设：

H3：社会资本对品牌价值有正向影响。

（2）企业通过与业务伙伴以及公共机构的社会互动获得的社会资本可以增强企业对市场变化与消费者需求变动的识别能力，进而制定相应品牌营销策略，提升品牌价值。企业与业务伙伴、公共机构的社会互动性越强、信息交流越频繁，从中获得的知识就越多，这为企业制定合理的品牌战略、生产适宜的品牌产品、采取高效的营销策略提供了良好的条件；同时，也为企业提供了更多与其他关系主体建立联系的机会，更加有利于企业利用新知识提升品牌价值。❸ 因此，提出以下假设：

H5：社会资本将会增强结构资本对品牌价值的积极效应。

6.3.3　概念模型

品牌价值被认为是由顾客或员工拥有的品牌知识对企业造成的影响，顾客品牌知识可以带来其对品牌营销活动的不同回应，员工品牌知识可以带来相应的员工品牌行为，且都对企业获益产生重要影响。从知识管理的角度，可以将智力资本定义为以知识为载体的能够形成企业独特的竞争优势并提升企业价值的资本。在第 2 章的论述中，多位学者认为智力资本对品牌价值的提升起到重要作用。依据上述逻辑，本节构建了人

---

❶ POWELL W W. Learning from collaboration: knowledge and networks in the biotechnology and pharmaceutical industries [J]. California Management Review, 1998, 40 (3): 228 – 240.

❷ 詹佩娜，劳陈峰. 基于品牌社群社会资本和消费体验的品牌忠诚培育研究 [J]. 市场研究，2013 (8): 29 – 32.

❸ 潘冬，杨晨. 企业社会资本对品牌资产提升的作用研究 [J]. 经济纵横，2011，(6): 114 – 117.

力资本、结构资本、社会资本及其交互作用对品牌价值影响的概念框架，如图 6 - 1 所示。

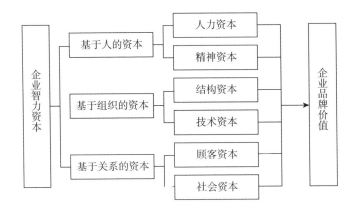

图 6 - 1　智力资本与品牌价值关系概念框架

6.3.4　模型变量

为了考察智力资本要素对品牌价值的影响，本书将品牌价值作为被解释变量，人力资本、结构资本和社会资本作为核心解释变量。智力资本要素对品牌价值的影响是一个长期的过程，在投资回报时间上存在滞后性，因此采用后一年的品牌价值作为解释变量，来观测当年智力资本要素对未来一年品牌价值的影响。研究设定初始计量模型如下：

$$BV_{it+1} = \beta_1 HC_{it} + \beta_2 STC_{it} + \beta_3 SC_{it} + X'_{it} + \sum Year + \sum Area + \delta + \mu_i + \varepsilon_{it}$$

（1）

式（1）中，BV 为后一年的被解释变量品牌价值，β 序列为待估参数，HC、STC、SC 分别为核心解释变量人力资本、结构资本和社会资本；X 为控制变量，包括销售费用、研发投入、企业规模、企业客户集中度和企业成长能力等；$Year$ 为年度虚拟变量，$Area$ 为地区虚拟变量；δ 为常数项，μ 为不随时间变化的非观测个体效应，ε 为随机误差项；i 代表上市企业，t 代表考察期内的各个年份。

为了进一步考察变量之间的交互作用，该模型可拓展为：

$$BV_{it+1} = \beta_1 HC_{it} + \beta_2 STC_{it} + \beta_3 SC_{it} + \beta_4 HC_{it} \times STC_{it} + X'_{it} +$$

$$\sum Year + \sum Area + \delta + \mu_i + \varepsilon_{it} \tag{2}$$

$$BV_{it+1} = \beta_1 HC_{it} + \beta_2 STC_{it} + \beta_3 SC_{it} + \beta_4 HC_{it} \times SC_{it} + X_{it}' +$$

$$\sum Year + \sum Area + \delta + \mu_i + \varepsilon_{it} \tag{3}$$

式（2）在式（1）的基础上加入人力资本和结构资本的交叉性；式（3）在式（1）的基础上加入人力资本和社会资本的交叉性。

根据"我国上市公司品牌价值评估研究"的项目成果，著者选择了2011～2016年连续进入我国品牌价值500强的237家企业作为研究样本。针对人力资本、结构资本和社会资本等变量的测量，本书采用来自CSMAR数据库的数据，包括上市公司的企业员工数量、管理者背景等非财务数据以及资产负债表、利润表、现金流量表等财务数据。

对于初始数据，本书进行了下述处理：①剔除金融行业的企业；②剔除相关财务数据缺失以及社会资本数据缺失的企业；③为了降低异常值的影响，并使数据具有可比性，对部分变量进行了取对数和标准化处理。最终获得了2011～2015年692家企业的数据。样本企业涵盖计算机、通信和其他电子设备制造业，软件和信息技术服务业，铁路、船舶、航空航天和其他运输设备制造业，医药制造业，农副食品加工业，纺织服装、服饰业，纺织业七个行业大类。

本节选择2011～2016年作为研究期间。考虑智力资本投资回报的时间间隔期，选取智力资本与品牌价值测量在两个时间点上。智力资本投资时间点（2011年、2012年、2013年、2014年、2015年）和后一年的品牌价值（2012年、2013年、2014年、2015年、2016年）。

1. 被解释变量

被解释变量为品牌价值（*BV*），本书采用"我国上市公司品牌价值评估研究"项目成果作为品牌价值的测量数据。该项目从品牌收益和品牌强度系数两个方面来计算品牌价值。

2. 核心解释变量

人力资本是企业成员拥有的知识和能力的总和，本节选取员工净利润来衡量人力资本效率。员工净利润的计算公式为企业净利润/员工数量，它体现了企业员工运用其知识和能力对企业做出贡献的程度，员工净利润越高，说明员工创造利润的能力越强，企业人力资本越高效。

结构资本是企业自身拥有的一套管理方法和工作机制，本节选取管理费用来衡量企业结构资本。管理费用是企业在管理过程中发生的各项费用，包括管理人员工资、职工教育经费、办公用品费、修理费等，它代表着企业的管理运作投入和对管理的重视程度，管理费用越高，说明企业的管理流程和制度架构越成熟，企业结构资本越高。

在社会资本的二手数据计量方式中，多数学者以管理者的背景特征作为企业社会资本的替代变量。借鉴张敏等（2015）❶ 的做法，本书构建了社会资本指数 SC，它等于下述 6 个哑变量之和：①政府关系哑变量，如果董事长或总经理现任或曾任政府机构职务或人大代表、党代表等，则政府关系资本 $SC_1 = 1$，否则 $SC_1 = 0$；②金融关系哑变量，如果董事长或总经理曾在银行等金融部门任职，则金融关系资本 $SC_2 = 1$，否则 $SC_2 = 0$；③市场关系哑变量，如果董事长或总经理在其他公司兼任职务，且兼任职务为董事的公司总数大于样本均值，则市场关系资本 $SC_3 = 1$，否则 $SC_3 = 0$；④海外关系哑变量，如果董事长或总经理曾在海外任职或在海外求学，则海外关系资本 $SC_4 = 1$，否则 $SC_4 = 0$；⑤学术关系哑变量，如果董事长或总经理现在或曾在高校、科研机构、行业协会任职或从事研究，则学术关系资本 $SC_5 = 1$，否则 $SC_5 = 0$；⑥关系积累哑变量，如果董事长或总经理的年龄大于样本平均年龄，则关系积累 $SC_6 = 1$，否则 $SC_6 = 0$。社会资本指数的值越高，说明企业拥有的社会资本越丰富。

3. 其他控制变量

（1）销售费用。销售费用涵盖企业在销售过程中所发生的广告费、包装费、展览费等，这些费用在某种程度上决定了用户的品牌体验。企业在品牌营销过程中产生的费用较高时，说明企业对品牌战略较为重视，对品牌营销的投入更多，有利于提升消费者品牌体验，形成品牌忠诚，进而提升品牌价值。

（2）企业规模。企业规模是企业品牌活动的主要限制因素之一，相

---

❶ 张敏，童丽静，许浩然. 社会网络与企业风险承担：基于我国上市公司的经验证据［J］. 管理世界，2015（11）：161 – 175.

较于规模较小的企业，大企业拥有更广阔的市场和更雄厚的财力供其发展品牌战略，同时，当企业品牌面临公关危机时，拥有相应负责人员的大企业可以更加及时做出反应。本书采用企业总资产来衡量企业规模。

（3）客户集中度。客户集中度在一定程度上衡量了大客户对于企业的重要程度，也从侧面反映出企业对于前几名客户的依赖程度，同时也代表了企业的品牌知名度。相较于客户集中度高的企业，客户集中度低的企业风险承担较为分散，具有较高的品牌知名度。本书采用前 5 名客户销售额占企业销售额的比率来衡量企业客户集中度。

（4）存货周转率。存货周转率是企业在一定时期内的营业成本与平均存货余额的比率，代表企业存货周转的速度，在一定程度上衡量了企业的营运能力。存货周转率越高，代表企业存货变现能力越强，企业的购、产、销流程更加平衡，更有利于企业品牌建设。

（5）企业成长能力。企业成长能力衡量了企业潜在的发展能力和未来的发展趋势，反映了企业的长远扩展能力和未来生产经营能力，成长能力越强的企业，拥有更强的动力进行品牌建设。企业成长能力通常采用增长率来衡量，本书采用营业收入增长率来测量企业的成长能力。

综上所述，本节所选择的测量指标及其说明如表 6 - 2 所示。

表 6 - 2　变量测量指标及计算方式

变量	测量指标	测量指标说明
人力资本（HC）	员工净利润	净利润/员工数量
结构资本（STC）	管理费用	企业为组织和管理企业生产经营所发生的管理费用
社会资本（SC）	社会资本指数	政府关系、金融关系、市场关系、海外关系、学术关系、关系积累 6 项哑变量之和
销售费用（$Sales$）	销售费用	企业在销售过程中所发生的费用，包括广告费、包装费、展览费等
企业规模（$Size$）	企业总资产	企业资产负债表的资产总计项
客户集中度（$CusCon$）	客户集中度	企业前 5 名客户（供应商）本期销售额（采购额）占年度销售总额（采购总额）比例

变量	测量指标	测量指标说明
存货周转率（InvTur）	存货周转率	营业成本/平均存货余额
企业成长能力（Growth）	营业收入增长率	（营业收入本年本期金额 – 营业收入上年同期金额）/ 营业收入上年同期金额
品牌价值（BV）	品牌价值	我国上市公司品牌价值

6.3.5　模型检验

1. 描述性统计

表 6-3 列出了主要变量的描述性统计结果。进行描述性统计的主要目的有二，一是观察变量概况，二是观察变量是否服从正态分布。在表 6-3 中，上市公司员工净利润的均值为 11.34，最小值和最大值分别为 6.83 和 18.08，说明上市公司的人力资本存在较大差异。上市公司管理费用均值为 19.96，最小值和最大值分别为 16.76 和 25.23，标准差为 1.38，说明上市公司的结构资本差异较大。社会资本最小值为 0，最大值为 6，均值为 1.53，中位数为 1，说明上市公司绝大多数拥有社会资本，但差异较大。上市公司品牌价值的标准差为 1.56，说明上市公司的品牌价值差异较大。Kline（1998）指出，当偏度绝对值小于 3、峰度绝对值小于 10 时，则可以认为样本基本服从正态分布。说明表 6-3 中绝大多数变量的观测值服从正态分布。

表 6-3　描述性统计结果

变量	最小值	最大值	均值	标准差	偏度		峰度	
					统计值	标准差	统计值	标准差
BV	17.38	26.29	21.03	1.56	0.45	0.09	0.35	0.19
HC	6.83	18.08	11.34	1.10	0.61	0.09	3.26	0.19
STC	16.76	25.23	19.96	1.38	1.01	0.09	1.47	0.19
SC	0	6	1.53	0.91	1.06	0.09	1.45	0.19
Sales	9.26	24.87	19.18	2.07	-0.29	0.10	1.65	0.19

续表

变量	最小值	最大值	均值	标准差	偏度		峰度	
					统计值	标准差	统计值	标准差
Size	19.47	28.51	23.02	1.50	1.01	0.09	0.92	0.19
CusCon	-2.41	4.58	2.54	1.07	-0.86	0.09	1.39	0.19
InvTur	0.15	438.19	11.17	24.09	10.27	0.09	153.63	0.19
Growth	-0.56	29.84	0.24	1.28	19.11	0.09	422.24	0.19

2. 相关性分析

考虑到 Pearson 相关系数的适用条件，本书采用适用范围更广的 Spearman 相关系数来衡量各变量之间的相关性。表 6-4 列出了变量之间的相关系数及其显著性指标。

从表 6-4 可以看出，员工净利润、管理费用、社会资本指数均与品牌价值存在显著正相关关系，这说明人力资本、结构资本、社会资本较高的企业，品牌价值较高，与假设 1、假设 2 和假设 3 一致。控制变量与品牌价值的相关性也较为合理，销售费用、企业规模、存货周转率均与品牌价值显著正相关，说明企业在营销过程中投入越多、企业规模越大、存货周转越快，品牌价值越高。

表 6-4　相关性分析结果

	BV	*HC*	*STC*	*SC*	*Sales*	*Size*	*CusCon*	*InvTur*	*Growth*
BV	1.00								
HC	0.18**	1.00							
STC	0.43**	0.11**	1.00						
SC	0.15**	-0.04	0.08*	1.00					
Sales	0.44**	0.05	0.58**	0.17**	1.00				
Size	0.43**	0.26**	0.73**	0.04	0.55**	1.00			
CusCon	0.01	0.04	0.06	0.05	0.11**	0.11**	1.00		
InvTur	0.13**	0.05	0.16**	0.04	0.06	0.23**	-0.00	1.00	
Growth	0.01	0.05	-0.02	-0.05	-0.03	-0.03	-0.04	0.03	1.00

注：*、**和***分别表示10%、5%、1%的水平下显著，下同。

3. 回归分析和假设检验

（1）主效应检验

本书采用 OLS 回归模型检验智力资本要素对品牌价值的主效应，表 6-5 列出了模型 1 的回归结果。

表 6-5　主效应检验 OLS 估计结果

OLS 估计	标准系数	T 值	Sig	共线性统计数据	
				容差	VIF
HC	0.11***	3.28	0.00	0.92	1.09
STC	0.15***	2.95	0.00	0.39	2.54
SC	0.13***	3.94	0.00	0.95	1.05
Sales	0.11***	2.84	0.00	0.72	1.40
Size	0.27***	5.05	0.00	0.34	2.95
CusCon	-0.06	-1.63	0.10	0.85	1.18
InvTur	-0.01	-0.49	0.62	0.96	1.05
Growth	-0.03	-0.92	0.36	0.99	1.01
时间/地区			控制		
R^2			0.33		
修正的 R^2			0.32		
F 值			24.31***		
DW 值			2.01		
样本量			692		

注：*、** 和*** 分别表示 10%、5%、1% 的水平下显著。

从表 6-5 可以看出，模型 1 调整后 R^2 为 0.32 > 0.3，接近 0.4，说明模型 1 的拟合程度可以接受。F 值为 24.31，显著性水平低于 0.01，可以说明解释变量与被解释变量之间的线性关系显著。DW 值是检验残差是否存在自相关的指标，其值越接近 2，越能说明变量之间是相互独立的；DW 值为 2.01，非常接近 2，可以认为模型 1 几乎不存在自相关性。方差膨胀因子（VIF）是检验解释变量间是否存在多重共线性的指标，其值都为 1 时，认为不存在多重共线性，VIF 大于 1 但小于 5 时，认为多重共线性问题可以接受，表 6-5 中 VIF 均小于 5。

不难看出，核心解释变量人力资本、结构资本和社会资本的回归系数均为正，且均在1%的水平上显著，这说明人力资本、结构资本和社会资本均与品牌价值显著正相关，支持假设1、假设2和假设3。

控制变量方面，销售费用与品牌价值显著正相关，这说明市场推广、广告投入以及产品包装等营销策略的使用，有利于企业品牌价值的提升，这一结果与多数经验结果相似。企业规模与品牌价值显著正相关，这说明相较于中小企业，大规模企业拥有更高的品牌价值，这也与实践认知相一致。客户集中度、存货周转率以及企业成长能力等变量的估计系数为负，但并不显著。

（2）内生性检验

通过对时间固定效应和地区固定效应的控制，主效应检验较好地缓解了变量的内生性。但是，继续讨论内生性问题仍是必要的。一方面，企业品牌价值可能产生逻辑上的反向因果关系，即企业品牌价值的提升，也会促进人力资本、结构资本和社会资本等智力资本要素的提升，从而产生内生性；另一方面，被解释变量与误差项可能存在相关性，影响估计结果。因此，本书采用被解释变量品牌价值滞后一期作为工具变量，❶通过两阶段最小二乘法（2SLS）考察模型中可能存在的内生性问题，具体结果如表6-6所示。

表6-6 内生性考察 2SLS 估计结果

2SLS 估计	标准系数	T 值	Sig	R^2	F 值
HC	0.11***	3.28	0.00		
STC	0.15***	2.95	0.00		
SC	0.13***	3.94	0.00		
$Sales$	0.11				
$Size$	0.27***	5.05	0.00	0.33	24.31***
$CusCon$	-0.06	-1.63	0.10		
$InvTur$	-0.02	-0.49	0.62		
$Growth$	-0.03	-0.92	0.36		

---

❶ 该工具变量的选择方式在其他文献中也曾出现，参见：孔令池，高波，李言. 市场开放、地方财税竞争与产业结构调整：基于我国省级面板数据的实证研究 [J]. 经济理论与经济管理，2017（10）：45-57.

续表

时间/地区	控制
样本量	692

在表 6-6 中，弱工具变量的 F 值均大于 10，因此拒绝弱工具变量的原假设，可以认为上述选择的工具变量是有效的，能够得到一致性估计。观察检验结果的标准系数及其显著性可以发现，人力资本、结构资本和社会资本对品牌价值影响的估计系数均显著为正，这再次支持了假设 1、假设 2 和假设 3。

（3）交互效应检验

前两小节中分别讨论了人力资本、结构资本以及社会资本对品牌价值的影响，并对其内生性进行了考察，充分证明了我国上市公司人力资本、结构资本和社会资本对其品牌价值的促进作用。由于人力资本与结构资本、社会资本之间存在较强的联动性特征，本书引入了人力资本与结构资本、人力资本与社会资本的交叉项，以进一步考察智力资本要素对品牌价值的影响。为了验证交互效应对品牌价值的直接影响，本节对比了控制和不控制变量时两个模型的检验结果，如表 6-7 和表 6-8 所示。

如表 6-7 所示，模型 2 在控制（模型 2.1）和不控制变量（模型 2.2）时，人力资本与结构资本的交叉项的系数均为负，不显著。但该交叉项的系数在某种程度上说明，随着管理费用的不断提升，员工净利润对于品牌价值的积极影响并不会更加明显，反而会有所减弱，即过高的结构资本将会削弱人力资本对企业品牌价值的积极影响。这一结果反驳了假设 4。

表 6-7　人力资本与结构资本交互效应检验

被解释变量	模型 2.1		模型 2.2	
	标准系数	T 值	标准系数	T 值
HC	0.62	1.53	1.24	0.22
STC	0.68 **	2.34	2.27 **	0.02
SC	0.11 ***	3.46	3.40 ***	0.00

被解释变量	模型 2.1		模型 2.2	
	标准系数	T 值	标准系数	T 值
$HC \times STC$	-0.64 ($Sig0.23$)	-1.19	-0.90 ($Sig0.37$)	0.37
$Sale$	0.17^{***}	4.53	未控制	
$Growth$	-0.03	-0.94	未控制	
时间/地区	控制		控制	
R^2	0.28		0.26	
修正的 R^2	0.27		0.25	
F 值	26.60^{***}		29.70^{***}	
样本量	692		692	

如表 6-8 所示，模型 3 在控制（模型 3.1）和不控制变量（模型 3.2）时，人力资本与社会资本的交叉项的系数均为正，且均在 10% 的水平下显著，说明企业员工净利润和高管社会资本对品牌价值的交互影响是积极且显著的，高管社会资本能够显著增强企业人力资本对于品牌价值提升的积极作用。这一结果充分支持了假设 5。

表 6-8 人力资本与社会资本交互效应检验

被解释变量	模型 3.1		模型 3.2	
	标准系数	T 值	标准系数	T 值
HC	0.11^{***}	3.08	0.11^{***}	3.09
STC	0.41^{***}	11.91	0.41^{***}	12.11
SC	0.08^{**}	2.06	0.09^{**}	2.25
$HC \times SC$	0.08^{*}	1.72	0.07^{*}	1.67
$CusCon$	-0.03	-0.77	未控制	
$Growth$	-0.04	-1.29	未控制	
时间/地区	控制		控制	
R^2	0.25		0.25	
修正的 R^2	0.24		0.24	
F 值	25.15^{***}		32.72^{***}	
样本量	692		692	

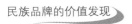

4. 稳健性检验

（1）按地区样本检验

上文采用 OLS 估计和 2SLS 估计方法对回归结果的稳健性进行了检验。在本节中，通过更换样本的方式来对模型展开进一步稳健性检验。在当前经济新常态的背景下，我国不同地区的经济发展不平衡，北京、上海、广州等一线城市所在的东部地区经济发达，而中部和西部地区的经济发展则相对落后。为了进一步检验估计结果的稳健性，本书将样本按地区来进一步讨论。模型 1 分别在控制和未控制变量时进行按地区样本的讨论，具体结果如表 6-9 和表 6-10 所示。

表 6-9 分地区样本控制变量检验结果

被解释变量 BV_t	东部地区		中部地区		西部地区	
	标准系数	T 值	标准系数	T 值	标准系数	T 值
HC	0.10***	2.67	0.20**	2.20	0.30***	2.67
STC	0.42***	10.78	0.22**	2.23	0.53***	4.24
SC	0.11***	3.95	0.09	0.90	0.01	0.04
$CusCon$	-0.08**	-1.99	0.08	0.72	0.07	0.60
$InvTur$	0.00	0.01	0.30***	3.10	0.09	0.80
$Growth$	-0.04	-1.13	0.06	0.57	0.02	0.22
时间	控制		控制		控制	
R^2	0.24		0.25		0.46	
调整的 R^2	0.23		0.18		0.38	
F 值	20.86***		3.70***		5.68***	
样本量	531		99		62	

表 6-10 分地区样本未控制控制变量检验结果

被解释变量 BV_{t+1}	东部地区		中部地区		西部地区	
	标准系数	T 值	标准系数	T 值	标准系数	T 值
HC	0.10***	2.81	0.20**	1.54	0.30**	2.70
STC	0.42***	9.47	0.31***	3.22	0.49***	4.19
SC	0.12***	2.66	0.13	0.73	0.01	0.64
时间	控制		控制		控制	
R^2	0.24		0.16		0.45	

续表

被解释变量	东部地区		中部地区		西部地区	
BV_{t+1}	标准系数	T 值	标准系数	T 值	标准系数	T 值
调整的 R^2	0.23		0.12		0.40	
F 值	32.18 ***		3.57 ***		9.17 ***	
样本量	531		99		62	

注:*、** 和 *** 分别表示 10%、5%、1% 的水平下显著。

　　从表 6-9 不难看出,在对控制变量进行控制时,东部、中部和西部地区企业的人力资本和结构资本均显著正向影响品牌价值;社会资本也正向影响品牌价值,但仅在东部地区显著;这进一步支持了假设 1、假设 2 和假设 3。该表显示,在我国东部地区,人力资本、结构资本和社会资本对品牌价值有正向影响,且均在 1% 的水平下显著;在控制变量方面,客户集中度对品牌价值有显著负向影响,而中西部地区该影响则为正向且并不显著,表明东部地区企业的品牌价值更受品牌知名度的影响,客户越集中,知名度越低,品牌价值越弱,这与上文观点一致。在我国中部地区,人力资本和结构资本对品牌价值有积极影响,且在 5% 的水平下显著,而社会资本的正向影响则不显著;在控制变量方面,存货周转率显著正向影响品牌价值,而其他地区该影响则不显著,表明中部地区企业品牌价值更受企业存货变现能力和流程营运能力的影响,企业的购、产、销流程越高效,越有利于品牌价值的提升。在我国西部地区,人力资本和结构资本对品牌价值有积极影响,且在 1% 的水平下显著,而社会资本的正向影响则不显著;同时,西部地区人力资本、结构资本的相关系数分别为 0.30 和 0.53,均高于东部地区（0.10 和 0.42）和中部地区（0.20 和 0.22）,这表明西部地区的人力资本和结构资本对于品牌价值的影响比东部、中部地区更加显著,西部地区企业应当更加重视人才引进对品牌价值创造的重要作用,同时认识到更高的管理费用投入可以明显促进品牌价值的提升。

　　结合表 6-9 和表 6-10 可以看出,控制与不控制变量时,我国各地区企业的智力资本要素对于品牌价值的影响基本一致,不再赘述。综合按地区样本检验结果可以看出，我国各地区人力资本和结构资本对品牌价值的影响较为稳定，始终与其保持显著正相关关系，而社会资本对品牌价值的正向影响仅在东部地区显著。值得注意的是，不同地区样本量有较大差别，这也会造成检验结果的不同。

（2）行业效应检验

本书以证监会行业分类为标准，并根据国家高新技术企业认定管理办法，采用分类方式将样本所属行业类型区分为高科技行业和非高科技行业两类。❶根据划分标准，高科技行业共有 440 家企业，非高科技行业共有 252 家企业。高科技企业与非高科技企业两组样本数据的回归分析结果如表 6 – 11 所示。

无论是高科技行业或是非高科技行业，人力资本、结构资本和社会资本均对品牌价值有着显著的积极影响。在人力资本方面，高科技行业中人力资本对品牌价值的积极影响更为显著。在结构资本方面，高科技行业与非高科技行业的结构资本对于品牌价值的积极影响在显著性上没有较大差别。在社会资本方面，控制变量时，高科技行业样本企业的社会资本相关系数为 0.13，且在 1% 的水平下显著；非高科技行业样本企业的社会资本相关系数为 0.10，在 10% 的水平下显著。不控制变量时，高科技行业样本企业的社会资本相关系数也大于非高科技行业，且更加显著。这表明，相较于非高科技行业，高科技行业的高管社会资本对企业品牌价值有着更加显著的积极影响。

表 6 – 11　行业效应检验结果

模型 2	非高科技行业				高科技行业			
	标准系数	T 值	标准系数	T 值	标准系数	T 值	标准系数	T 值
HC	0.11*	1.85	0.15**	2.54	0.11**	2.54	0.13***	2.97
STC	0.18**	2.13	0.39***	7.05	0.15**	2.17	0.41***	9.22

❶　高科技行业包括电气机械及器材制造业，化学原料及化学制品制造业，计算机、通信和其他电子设备制造业，其他制造业，汽车制造业，铁路、船舶、航空航天和其他运输设备制造业，通用设备制造业，医药制造业，专用设备制造业，电力、热力生产和供应业，航空运输业，电信、广播电视和卫星传输服务，金属制品业，煤炭开采和洗选业，软件和信息技术服务业，互联网和相关服务，石油气和天然气开采业，水上运输业，铁路运输业；非高科技行业则是样本范围内的其他行业。

模型2	非高科技行业				高科技行业			
	标准系数	T 值	标准系数	T 值	标准系数	T 值	标准系数	T 值
SC	0.10*	1.85	0.10*	1.77	0.13***	3.00	0.11**	2.56
$Sales$	0.12*	1.92			0.10**	2.04		
$Size$	0.26***	2.80			0.28***	3.99		
$CusCon$	−0.11*	−1.90	未控制		−0.02	−0.55	未控制	
$InvTur$	0.03	0.58			−0.05	−1.22		
$Growth$	−0.06	−1.04			0.00	0.06		
时间/地区	控制		控制		控制		控制	
R^2	0.33		0.25		0.32		0.27	
调整的 R^2	0.29		0.23		0.30		0.26	
F 值	8.81***		10.37		15.19***		20.12	
样本量	252		252		440		440	

注：*、** 和 *** 分别表示 10%、5%、1% 的水平下显著。

综上所述，本章对智力资本与品牌价值关系以及不同因素的调节作用进行了实证研究，列示了数据分析结果和假设检验结果，所有的验证结果如表 6-12 所示。

表 6-12 研究假设检验结果

假设	假设描述	是否支持假设
H1	人力资本对品牌价值有正向影响	是
H2	结构资本对品牌价值有正向影响	是
H3	社会资本对品牌价值有正向影响	是
H4	结构资本将会增强人力资本对品牌价值的积极影响	反向
H5	社会资本将会增强人力资本对品牌价值的积极效应	是

6.4　民族品牌价值提升的启示与建议

　　通过对智力资本要素与品牌价值关系的实证研究，发现人力资本、结构资本与社会资本等不同智力资本要素对品牌价值的影响存在相互作用和地区差异，为了使智力资本与品牌价值关系研究更具价值，本节将在实证结果的基础上对我国上市公司智力资本开发和品牌价值创造提供一些相关的管理及政策建议。

　　1. 合理开发智力资本，提升民族品牌价值

　　全样本估计结果表明，企业所拥有的人力资本、结构资本以及社会资本等智力资本要素均显著促进了品牌价值的提升；交互效应检验结果显示，结构资本会削弱人力资本对品牌价值的正向影响，而社会资本则会增强人力资本对品牌价值的正向影响。因此，企业管理者在品牌建设过程中应当重视无形、动态的智力资本的作用，合理开发每一个智力资本构成要素，明确不同智力资本要素在结合过程中所产生交互效应的差异性，通过对人力资本、结构资本和社会资本的合理配置，提升企业品牌价值。企业管理者在开发智力资本、提升品牌价值的过程中，应当着重注意以下两个方面：一方面，对于员工人均价值创造能力较高的企业来讲，投入过多的管理费用并不利于企业整体品牌价值的提升，也就是说，当员工个人能力处于较强水平时，组织管理更加扁平化的企业更容易发挥员工工作积极性和知识创造力，更有利于形成组织智慧，进而创造更强势的品牌价值。因此，企业管理者应当在深入了解员工特性、正确评估人力资源的基础上，处理好人力资本与结构资本的关系，避免因行政管理和架构层级的不合理而造成品牌价值损失。另一方面，拥有丰富社会资本的企业高层管理者有利于促进人力资本对品牌价值的积极影响，这表明，企业高层管理者个人拥有的政府关系、金融关系、市场关系、海外关系和学术关系越丰富，企业在品牌建设过程中的人力资本投入就拥有更加广阔的发挥空间，员工所拥有的知识和能力可以更加容易地转化为品牌价值创造动力。因此，企业管理者应当在构建丰富外部社

会关系网络的同时加强对其所拥有社会资本的重视，积极鼓励员工参与跨企业活动，合理利用社会网络来提升人力资本的品牌价值创造作用。

2. 妥善管理人力资本，实现员工品牌内化

全样本估计结果和分样本估计结果均表明，人力资本能够显著促进企业品牌价值的提升。因此，企业管理者应当将人力资本充分重视起来，通过品牌培训、品牌沟通和品牌激励等系列品牌内化方式来改善员工品牌行为和品牌态度，让员工深入感受品牌的力量，自发认识和参与企业品牌定位与品牌战略，主动在服务顾客的过程中传递品牌内涵和品牌形象，进而改善用户的品牌体验，提升消费者品牌忠诚度，创造并维持企业品牌价值。在品牌内化过程中，企业首先应注意高层管理者对于员工品牌内化的领导作用，当企业领导者认同员工品牌知识对品牌发展的重要性并在相关的员工管理策略上提供有效的授权时，品牌内化这一过程才能够更加顺利地开展起来。其次，品牌内化必须在员工充分理解品牌价值的基础上进行传递。企业需要积极的员工品牌培训、品牌沟通及品牌授权等行动来让员工深入理解企业品牌定位、内涵与形象，激励员工态度上的品牌内化，从而产生对品牌的内在认同，并进一步转化为员工行为上的品牌内化。最后，品牌内化并非一蹴而就，而是企业高层与员工长期共同努力的成果。

3. 适当丰富社会资本，保障民族品牌健康成长

全样本估计结果和分样本估计结果均表明，社会资本能够显著促进企业品牌价值的提升。因此，企业应当积极构建外部社会网络，企业管理者首先要丰富所拥有的金融关系和市场关系，与上游供应商、合作企业、下游用户保持友好的品牌沟通，拓宽企业融资渠道；其次要拓宽学术关系和海外关系，通过与各类行业技术专家的接触和合作，掌握多领域的创新技术信息，促进企业产品创新、技术创新、管理体制创新；最后要正确处理与政府相关部门的关系，对于国有企业来说，应当与政府不断加强合作，积极主动履行社会责任，发挥好国有企业在国民经济中的控制力、影响力和带动力作用，对于民营企业来说，要加强与政府之间的良性互动，通过与政府的沟通及时获取技术创新、产业发展、品牌建设等方面的政策导向和资源倾斜导向，促进民营企业品牌价值的提升。

在社会资本积累过程中，企业要处理好权利与义务的关系，始终合法经营、照章纳税、自觉承担社会责任，履行好企业作为社会成员应有的义务，建立良好的政府关系、金融关系、市场关系、海外关系和学术关系。

4. 重视区域环境差距，促进民族品牌平衡发展

分地区样本估计结果显示，不同智力资本要素对品牌价值的影响存在一定地区差异，东部地区智力资本要素对品牌价值的影响始终保持正向显著，同时结构资本和社会资本的作用力对品牌价值的影响更强，西部地区则人力资本的作用力更强，中部地区智力资本要素的作用力并不显著。这再一次强调了我国地域经济发展不平衡的特点，政府管理部门应当充分重视区域外部环境的差距，通过更加公正公开的政企沟通、政策倾斜甚至是财政支持来促进品牌建设的平衡发展。对于中西部地区政府来说，可以通过有效利用开放共享的互联网来建立其与企业和社会公众的优质沟通渠道，并在公益性社会民间组织的支持下，有效提升监管自律，在政府公权力之外更好地整合民间力量和社会资源，促进并提升地区企业智力资本要素的有效价值创造，打破地域管理局限和区域经济限制，实现企业品牌的平衡发展。

6.5　本章小结

在全球企业愈加重视智力资本的价值创造作用和国内企业由"加工制造型"向"品牌创造型"转型的大背景下，如何针对我国企业的实际情况提出具有可行性的民族品牌建设策略，提升企业的品牌价值成为当务之急。目前已有的企业品牌研究多注重企业品牌价值评估指标的构建和消费者对于品牌价值形成的影响，而综合考量企业智力资本的品牌价值创造作用的文献则较少。本书在已有文献的基础上，选择人力资本、结构资本和社会资本三种智力资本的核心构成要素，通过我国上市公司的经验数据对智力资本要素与品牌价值的关系进行了实证研究，并针对实证结果提出了相应的管理建议。主要有以下三点结论：

第一，基于已有研究文献，本章对智力资本的要素划分进行了总结，

将其归纳为基于人的智力资本、基于组织的智力资本和基于关系的智力资本三类。其中，基于人的智力资本指由企业员工自身拥有的以技能与知识为主的人力资本和以信仰与情感为主的精神资本；基于组织的智力资本指在企业内部发展起来的现有非物质资产，包括以组织架构、管理流程为主的结构资本和以研发创新为主的技术资本等；基于关系的智力资本指由个人或企业与外部各方保持的明确或隐含的关系的集合，包括与消费者形成品牌联结的顾客资本和与政府、合作者等外部各方形成的社会资本。

第二，基于上市公司的经验数据，本章明确了人力资本、结构资本和社会资本等智力资本要素对品牌价值的作用方式。研究发现，企业所拥有的人力资本、结构资本和社会资本对企业品牌价值有显著的促进作用，同时，结构资本会削弱人力资本对品牌价值的积极影响，社会资本则会增强人力资本对品牌价值的积极影响。此外，分地区样本检验结果表明，东部地区的智力资本要素对于企业品牌价值的影响更为显著，西部地区人力资本对品牌价值的影响更强；行业效应检验结果表明，高科技行业中智力资本要素对品牌价值的影响更为显著。

第三，结合实证结果，本章针对企业管理者和政府得出一定管理启示，并提出合理开发智力资本，提升企业品牌价值；妥善管理人力资本，实现员工品牌内化；适当丰富社会资本，保障品牌健康成长；重视区域环境差距，促进品牌平衡发展的政策建议。

第 7 章　企业社会责任与民族品牌价值

随着企业对社会责任认识的逐渐深入，开始主动履行企业社会责任，并出现了以企业社会责任报告（CSR 报告）为代表的表现方式，使用 CSR 报告披露社会责任履行、改进、发展情况能够帮助消费者更好地认识企业，提升信任度、美誉度、忠诚度，从而影响品牌价值。因此，本章关注企业社会责任对民族品牌价值的影响，以期发现其中的作用机制。

充分认识品牌价值与企业社会责任的关系，一方面，对于民族企业自身，当企业了解到企业社会责任与品牌价值关系的重要性，会作出更加科学的、能够强化责任意识的决策，多去履行社会责任，从而帮助企业获得更高的绩效、更稳定的发展；另一方面，对于消费者来说，能够引导他们的消费观念，他们会选择那些更多履行社会责任的民族企业进行消费，形成对企业更高的忠诚度。

尤其是当前企业活动在社会舆情背景下获得了更高关注的条件下，针对企业社会责任问题的讨论，能够充分反映出社会群体对于社会责任以及相关事件的态度情绪。形成在企业社会责任与品牌价值中间的一种中介性调节。

研究企业社会责任与品牌价值的关系有一定的意义：

第一，能够丰富已有的关于企业社会责任与品牌价值之间的关系的研究；第二，能够探究在网络舆情调节下，企业社会责任与企业品牌价值之间的关系，为之后的探究提供参考；第三，此次探究的结果能够帮助相关企业认识履行社会责任的重要性，从而提高其对社会责任的履行程度；第四，能够帮助消费者和其他利益相关者建立正确的选择产品的观念，在购买使用的实践中，主动选择履行社会责任程度高的企业，形成积极良好的商业互动，使市场经济良性发展。

7.1　企业社会责任的内涵与作用

企业社会责任（CSR，corporate social responsibility）是指企业不仅需要在营业业绩利润时对雇员和各股东承担相应的责任，还需要对社区以及环境和顾客负责，企业的发展要把关注点放在人的价值上，突出对社会和环境以及消费者的责任。

现代营销学之父菲利普·科特勒（Philip Kotler）和南希·李（Nancy Lee）在他们的著作《企业的社会责任》中，将企业社会责任定义为衡量企业为提高社会福祉所付出的企业资源和实际努力的指标。一个企业或组织应该对社会所承担的责任就是社会责任。用一种对自己有利的方式来回报社会和经营自己是企业或组织的常用手段。

7.1.1　企业社会责任思想的起源与发展

古希腊时代就开始出现了企业的社会责任思想，从那个时候开始，社会开始关注社区的利益并且对于一些明显的唯利是图的行为产生敌意，商人因为这种社会现象只好去从事一些社会责任工作。❶

至于企业社会责任的现代讨论，在 1924 年美国谢尔顿（Oliver Sheldon）的 *The Philosophy of Management* 中首次给出了其概念描述，在该著作中，"企业社会责任"成为一个学术词语，从此开始了理论研究。❷ 谢尔顿认为企业经营者履行企业的社会责任是为了使企业自身的需求得到的方式。他和一些其他的学者对于社会责任基本是从道德方面来入手。霍华德·鲍恩（Howard R. Bowen）在 1953 年提出了企业承担社会责任这一观点，他提出企业必须承担在追求经济利益时所产生的责任，比如

---

❶　于颖. 基于企业社会责任的品牌建设研究［J］. 江苏商论，2011（28）.

❷　OLIVER S. Social responsibility［J］. Philosophy of management，1983：12 – 13.

对社会环境的影响和雇佣关系。❶ 霍华德·鲍恩提出的这个理论被研究领域、社会各界关注，从而开始了对社会责任的现代研究。

但是从 20 世纪初的美国，才出现现代意义上的企业社会责任，其主要和直接原因在于工业化的发展，较大规模的公司的出现和现代企业中的两权分立是 20 世纪初期美国的工业化进程的重要标志。企业的所有权和经营权相分离的这种经营方式和管理方式；也导致在企业社会责任方面美国比一些其他西方工业化国家更早地开始得到关注。由于大公司的出现，这些公司周围也出现了大量的利益相关群体，这直接导致了这些群体要求大公司去承担公司该承担的社会责任而不是只从社会获取社会权利；由于专业化的管理和权力的分散导致的唯利是图让很大一部分人也开始反思，传统股东最大化利益目标如何实现。❷ 企业社会责任的产生就是这些因素促进的。公司治理研究人员开始质疑利润最大化原则，开始把精力投入企业价值和企业社会责任方面。

7.1.2　企业社会责任的界定及相关理论

追溯对企业社会责任的探讨的发展，发展的源头大概可从《商人的社会责任》书中找到，《商人的社会责任》是美国经济学教授鲍恩在 20世纪 50 年代出版的，他认为，商家在决策施行的过程中，应该考虑社会期望中的社会价值，当商家在决策和实践中承担了更多社会责任，将获得额外的社会、经济利益。❸ 虽然只有发展水平高的公司才在企业社会责任的范围中。鲍恩教授对企业社会责任的定义代表了人们关注的是现代企业社会责任的概念了。

20 世纪初，美国经济腾飞，很多企业开始要求利润的最大化，从而产生了一些对社会的危害。政府和民众对这种损害社会的行为有所不满，要求企业改善其在公众面前的印象，因此形成了一定的社会责任意识。

---

❶ BROWN H R. Social Responsibility of the Businessman ［M］. New York：Harper&Row，1953：592.

❷ 陈昕，林晓璇. 从企业社会责任到企业社会回应与企业社会表现［J］. 科技管理研究，2012（10）.

❸ BROWN H R. Social Responsibilities of the Businessman ［M］. New York：Hapor&Row，1953：53.

　　20 世纪六七十年代，关于企业社会责任产生了激烈的辩论，《商业的社会责任是增加利润》是这一时期的代表，《商业的社会责任是增加利润》是米尔顿·弗里德曼（Milton Friedman）在 1970 年出版的。书中提出：企业社会责任仅仅是应该产生利润以帮助企业股东积累财富，即企业社会责任为企业创造出的利润就是其对社会的应尽责任。❶ 米尔顿·弗里德曼强调股东的利益至上。但是学者们并不认同，而是坚持企业应该将自身的发展置于前置位，在保障了生存之后再去追求利润。❷❸

　　20 世纪 80 年代，弗里曼（Friedman）首次加入利益相关者理论，认为利益相关者的利益会被企业社会责任所促进。❹ 世界企业可持续发展委员会，在企业社会责任会话中提出，企业要为整个社会的经济做出相应的贡献，遵守社会道德，不仅要给雇员带来好处，还有对社区的责任❺。

　　企业社会责任运动在欧洲国家在 20 世纪 90 年代才兴起，但是得到较快发展，很快欧洲就成为企业社会责任运动在世界范围内的引领者。社会责任的实施方案得到了最初的建设，尤其是加入了当地的教育系统更体现了其重要性。❻

　　在 1956 年之前，日本出现了对社会责任的讨论，类似的研究得出了同样企业盈利程度更加重要的结论。自此，日本就开始积累资本并取得了经济水平的飞快进步。但是由于他们只注重与资本的积累和企业社会责任的淡化，极大地影响了社会全面发展。

---

　　❶　FRIEDMAN. The Social Responsibility of Business is to Increase Its Profits ［J］. New York Times Magazine, 1970（3）: 68.

　　❷　Committee for Economic Development. Social Responsibilities of Business Corporations ［M］. New York: Author, 1971: 36 - 37.

　　❸　DAVIS K. The Case for and Against Business Assumption of Social Responsibilities! ［J］. Academy of Managemmt Journal, 1973（1）: 312 - 322 .

　　❹　WOOD D. J. Corporate Social Performance Revisited ［J］. Academy of Managent, 1991, 16 (4): 691 - 718.

　　❺　WBCSD. 企业社会责任：满足变迁中的期望 ［M］. 李宜勲, 译. 台北: 社团法人中华民国企业永续发展协会, 2001: 10.

　　❻　CARROLL A B. A Three - Dimensional Conceptual Model of Corporate Performance ［J］. The Academy of Management Review, 1979, 4（4）: 497 - 505.

7.1.3　中国企业社会责任的发展及实践状况

在中国，对企业社会责任的研究，最早可以追溯至 1990 年。袁家方的《企业社会责任》一书中提出了企业社会责任的概念，认为企业除了取得市场竞争的胜利外，还有责任和义务通过企业的业绩成就帮助社会进步发展。类似的，也有学者，例如卢代富（2002）、周祖城（2005）认为，在寻求经济利益的同时，企业也需要维护各种社会的利益，比如道德、法律等。❶❷

随着中国的改革开放推进，中国企业才开始发展，开始思考企业社会责任，其发展大概有以下几个进程：

引入阶段：在 20 世纪 90 年代认识了企业社会责任概念。国际化的大背景下，中国研究和讨论了企业是否该承担、应该承担哪些社会责任等。各企业根据追求盈利还是承担责任展开了一场争论。

了解阶段：进入 21 世纪后，企业的社会责任问题被社会普遍关注。国家优化了外界条件，成立了企业社会责任组织，比如中国企业联合会、全球契约推进办公室等，得到了有效的开展；为了促进企业社会责任的评价机制，2004 年引入了 SA8000 企业社会责任标准；《中华人民共和国公司法》修订案对其进行了具体阐释，也在法律层面进行了保障。

发展阶段：2006 年之后，我国开始研究。众多学者多角度探讨企业社会责任，他们把侧重点更多地放在了公益传播和环境责任等方面。自 2006 年起，中国证券监督管理委员会颁布了《上市公司治理准则》，提出明确要求，监督上市公司履责。国家电网公司率先发布社会责任报告。同时社会各企业包括民企、国企、央企、上市公司都相继感受到了社会责任报告发布披露的意义。

目前，在"放管服"的背景下，建立服务型政府，要求企业承担更多社会责任。但由于发展开始较晚、中小企业较多、相关监督的组织较少的问题，依然导致了一些社会责任问题的出现。

---

❶ 周祖城. 企业社会责任：视角、形式与内涵 [J]. 理论学刊, 2005 (2)：58 – 61.
❷ 卢代富. 国外企业社会责任界说述评明 [J]. 现代法学, 2001 (3)：137 – 1440.

7.1.4 网络舆情、公众关注与企业社会责任

企业在社会中扮演的角色是每个学派一直讨论的话题，相关研究不断向纵深发展，取得了大量研究成果，但到目前为止，仍未对其有一个统一的界定。在 Milton Friedman 的研究中认为，利润最大化是企业唯一的责任，即保证投资人的最大利益（Friedman，1984）。Friedman 的观点在西方学术派激起了热烈争论，一些与之想法相同的学者认为，社会责任与企业利润最大化不是对立的关系，社会责任可以融入利润最大化，并使其作为社会责任的动机。但更多的学者持不同的观点，推进了其深入研究，并积累了广泛的研究资料。

要想让公众对于企业履行社会责任行为作出反应，就必须首先让他们能够得到必要信息，对于那些并不引起注意的企业，"没有消息就是好消息"，Mohr 和 Webb 在研究公众响应时指出，公众对企业社会责任表现不同的企业行为响应不存在差异。❶ 2004 年，有学者认为，消费者能否对企业社会责任行为有所反应，取决于是否能够获取充分的信息。❷ 对于难以获取社会责任信息的企业，消费者对其行为了解程度基本为零，难以判断对商品服务的选择。由此，鞠芳辉、谢子远提出，企业社会责任信息的显性化程度会改变消费者的购买行为，因此公众关注可从侧面监督企业履行社会责任。❸

此外，还有学者用更新奇的视角证明了这一点，Maxwell 发现，美国那些塞拉俱乐部（Sierra Club，一个较大型的民间环境组织）多的州，都被证明环境污染程度更低，说明公众的关注明显影响企业的社会责任表现。Kotchen 和 Moon 也研究了这个问题，他们发现，企业如果由于其自身的活动对环境产生影响，就必然受到公众的关注，从而被迫履行更多社会责任，以弥补过失。

---

❶ MOHR L A, WEBB D J. The Effects of Corporate Social Responsibility and Price on Consumer Responses [J]. The Journal of Consumer Affairs, 2005, 39 (1): 121 – 147.

❷ BHATTACHARYA C B, SEN S. Doing Better at Doing Good: When, Why, and How Consumers Respond to Corporate Social Initiatives [J]. California Management Review, 2004, 47 (1): 9 – 24.

❸ 鞠芳辉，谢子远，宝贡敏. 企业社会责任的实现：基于消费者选择的分析 [J]. 中国工业经济，2005 (9): 91 – 98.

另外，公共关注形成的网络舆情与企业社会责任也不无关系。Dyck、Zingale 发现，针对上市公司的治理，社会的舆论情况能够帮助改善其公司治理。❶ 尤其是在网络背景下，舆论压力更加集中和有效，消费者等利益相关者能够更加方便地表达自身想法，影响公司行为和公司治理。公司治理情况反映在其披露的责任信息上，有利于改善监督其责任履行。但公众认为，那些选择履行社会责任并且主动公开信息的企业，只是为了"装点门面"。❷

在网络 2.0 时代，一些个人或独立的网络自媒体，成为网络用户传递信息的重要渠道。人们通过网络媒体抒发情绪，表达意见。当大量的网络个人意见汇合凝聚，再经过部分大型节点用户的关注加工，最终必然得到全社会的关注，从而产生网络舆情。更有甚者，网络舆论在各类平台上被加以修正传播后，可能被无限放大，从而使媒体、社会的关注点产生放大甚至偏离，并对公众和其他利益相关者的认知产生影响。事实证明，涉及网络舆情的企业，必然受到各类大小事件的影响，尤其在企业社会责任方面，能否构建与消费者之间的紧密联系，要求企业时刻把握自身，应对舆论。网络舆情的正负向情绪，必将影响消费者对品牌的认知度、美誉度和忠诚度，从而对企业品牌价值有所影响。

因此，企业在网络舆情背景下，面临各类环境事件，企业及时、准确把握信息，控制事件发展态势，摆正心态积极应对，做好充分的舆情分析，尽最大可能消除负面舆情对企业产生的不良影响，预防和消除危机事件，利用正面舆情帮助企业树立口碑，提升品牌价值。

7.1.5　企业社会责任与企业财务绩效

在企业的唯一社会责任就是利润最大化这一观点之后，许多学者以此为出发点，对传统的理论和研究中企业社会责任最直接相关的企业财务绩效问题进行了研究，在讨论公司在承担起社会责任的同时，所得利

❶ DYCK A, MORSE A, ZINGALES L. Who Blows the Whistle on Corporate Fraud? [J]. Journal of Finance, 2010, 65 (6): 2213-2253.

❷ PORTER M E, KRAMER M R. Strategy and Society: The Link between Competitive Advantage and Corporate Social Responsibility [J]. Harvard Business Review, 2006, 84 (12): 78~93.

润是否与其有某些关联。结论是公司的利润与其所积极承担社会责任成正比。毛洪涛和张正勇认为，企业财务绩效对企业披露社会责任信息有重要影响。Mills 和 Gardner 等证实发现，越是效益好的企业，越愿意在公众前展示自己在社会责任方面的承担情况。❶

但是这些结论并没有得到各界的广泛认同。一方面责任与利益的非实体化，对其量化进行算法对比过程没有一个固定的标准。另一方面在于各界人士对这两者的充分必要关系没有达到共识。

Jones 和 Murrel 希望通过对资本投资市场的价格变化来证明这种正向关系。❷ 他发现在投资市场，企业对其在社会中承担的责任越低，其投资回报和收益也比预想的不乐观。❸

因此，已有的实证研究文献在分析了企业利润、财务绩效与企业社会责任的相关关系时，得到了差异较大的研究结论。在理论上，企业社会责任与企业财务绩效的关系研究需要进一步加强。

Aupperle 等虽然在已有的理论基础上对企业的社会责任作了界定，然而，在统计学的范畴意义里，并没有找到企业效益与其直接相关的证明。❹ 在广泛的讨论研究中并不是只有这一种结果，如 Nelling 和 Webb 发现同一数据在不同的比较方法中有可能存在拟合的现象，结果也没有达到一致。进而，他们得出结论，社会责任的承担不能对企业的发展有所帮助，尤其是在利润方面表现完全不突出。❺

综上，很多研究在分析效益、资金与其社会责任的相关关系时，得到了差异较大的研究结论。在理论上，企业社会责任与企业财务绩效的关系研究需要进一步加强。

---

❶ NELLING E，WEBB E. Corporate Social Responsibility and Financial Performance：the "Virtous Cicle" Revisited ［J］. Review of Quantitative Finance & Accounting，2008，32（2）：197 – 209.

❷ JONES R，MURRELL A J. Signaling Positive Corporate Social Performance：An Event Study of Family – Friendly Firms ［J］. Business &Society，2001，40（1）：59 – 78.

❸ MCGUIRE J B，SCHNEEWEIS T，BRANCH B. Perceptions of Firm Quality：A Cause or Result of Firm Performance ［J］. Journal of Management，1990，16（1）：167 – 180.

❹ AUPPERLE K E，HATFIELD J D. An Empirical Examination of the Relationship between Corporate Social Responsibility and Profitability ［J］. Academy of Management Journal，1985，28（2）：446 – 463.

❺ NELLING E，WEBB E. Corporate Social Responsibility and Financial Performance：the "Virtous Cicle" Revisited ［J］. Review of Quantitative Finance & Accounting，2008，32（2）：197 – 209.

7.1.6 企业社会责任与企业宣传

Fisman 等人认为，企业社会责任作为一种宣传工具，也暗示着企业整体实力的提高，进而跟随实力提高的还有产品质量。一般情况下，其利益相关者并不能直观地观察到企业实力及其产品的变化特征，但人们普遍的心理假设是愿意承担更高社会责任的企业，也会有更大投入在产品质量和员工福利待遇上。从宣传导向这个角度来看，企业在承担社会责任投入与所得效益的均衡上是完全值得的。所带来的更大价值就是，降低了需要付出由于更严格的监管和游说所带来的成本，Andries 指出，愿意承担更多社会责任的企业，在面对法律规范行为的过程中，比其他企业有更好的舆论优势。

在互联网时代，公众和企业都十分依赖媒体来输入或者输出大量的信息。媒体对企业的影响，更多地表现为引导公众对企业的看法。在这样的背景下，企业更应该关注自己在社会中所扮演的角色，对每一步的行动充分考虑，均衡合法性和企业收益，从而达到以企业社会责任作为宣传工具的效果。

7.1.7 企业社会责任与公司规模

关于公司规模与企业社会责任，很多研究将其作为控制变量，大多集中于 Caroll 的定义和 Aupperle 的评价方法。Burton 和 Goldsby 运用 Aupperle 评价系统，发现中小型企业在考虑社会责任和收益之间的折中权衡上更下功夫。然而，基于 1987～1992 年 Stanwick 对上市公司诚信体系的评估得出结论，规模较大的公司在社会责任的支出上相比其他公司所占公司支持份额更高。

Patten 研究发现，公司规模与企业社会责任有正相关关系。在这个前提下，Udayasankar 提出了一种"U"型理论，认为企业规模与其承担责任存在"U"型关系。他认为公司规模如果越大，公众越会对其举动进行密切关注，公司压力就会越大，同时也需要把足够的资源投入社会责任；而小企业由于曝光度不高也会更依赖其作为向公众宣传自己的手段。Besser 认为小企业所能进行的社会活动有限，会更关注与其自己信誉度提高、利益密切相关的活动。另外，一些研究指出，相较于规模较小的公司，大型企业在承担企业社会责任，表现出较强的外部性特点。因为小公司在财力物力投入上明显是心有余力不足的。Stanwick 基于 1987～1992 年对上市公司诚信体系的评估中得出结论：规模较大的公司在社会责任的支出上相比其他公司所占公司支持份额更高。

7.1.8　企业社会责任与政策导向

从较为宏观的背景来看，企业所属行业的不同会影响整个社会公众对企业社会责任的关注。比如对环境影响程度较高的企业、具有垄断性质的企业、较容易暴露于媒体环境下的企业以及在我国背景下的国有企业，比如水利、采矿、石油开采这些行业，这些行业在公众面前有些刻板印象，在法律、社会的监督下，自然会主动披露和实践更多的社会责任。Julia Clarke（1999）提出，那些对环境问题十分敏感的社会公众将对某些行业的社会责任实践产生重大影响，即那些备受关注的企业。❶ Pattern 等发现并证实行业类型对企业社会责任信息披露有重要影响。❷

7.2　企业社会责任的测评指标

由于现阶段尚未完善的企业社会责任信息披露制度，导致信息披露不完全，关于我国企业社会责任的数据情况，现有的披露且能够获取企业社会责任报告的企业不能够完全涵盖2011～2016 年品牌榜单500 强所覆盖的企业，此外，各企业的社会责任报告没有完全依照国际标准撰写，良莠不齐，难以通过 CSR 报告内容对其表现进行界定。因此，在对企业

---

❶　JULIA C，MONICA G S. The Use of Corporate Social Disclosures in the Management of Reputation and Legitimacy：A Cross Sectoral Analysis of UK Top 100 Companies ［J］. Business Ethics：A European Review，1999，8：5 – 13.

❷　李正. 企业社会责任与企业价值的相关性研究：来自沪市上市公司的经验证据 ［J］. 中国工业经济，2006（2）：77 – 83.

社会责任的评估上，著者使用中国社科院蓝皮书中国企业社会责任研究报告中发展指数评分结果。

中国企业社会责任研究系列报告自 2009 年开始出版以来，不断得到了国家公共组织、高校、科研人员以及企业的认可，具备一定的科学性和影响力。该系列报告得出了不同系列的中国企业在社会责任方面的表现；分报告以中国国有企业 100 强、民营企业 100 强、外资企业 100 强为研究对象，详细解读了不同性质的企业在社会责任方面的阶段性特征；行业报告还以电力、家电、银行、汽车、医药等 16 个重点行业为研究对象，探究各行业中重点企业的社会责任发展指数；一些专题报告解读了企业的一些其他特征。这些内容同样有助于在得出研究结果后的分析，从而得到更加科学的结论，给出更加有效的建议。❶

7.3 企业社会责任对民族品牌价值的影响

7.3.1 样本选择及数据来源

研究样本的选择基于以下几个原因：

第一，为保证样本量充足和具备年度差异的区分性，本书选取 2011～2016 年样本数据。

第二，我们假设行业特征将对企业社会责任履行程度产生影响，因此在研究企业社会责任对民族品牌价值的影响时，著者将对样本按行业加以区分，选择中国证券监督管理委员会发布的 2012 修订版上市公司行业分类标准作为依据。由于数据样本数量的限制，在真正数据采集分析过程，只涉及部分行业。

第三，在进行民族品牌价值的数据分析计算中，剔除了 2011～2016 年状态为 ST 的上市公司，鉴于这样的企业可能存在财务状况异常等现象

---

❶ 中国企业社会责任发展报告（2011—2017）［EB/OL］．［2018－06－20］．http：//www.pishu. com. cn/skwx_ps/.

而有退市风险，可能对之后的实证分析产生影响。

第四，如果整体数据出现个别缺失，采用趋势计算进行数据填充。

综上所述，本节选择 2011～2016 年全部 A 股市场上市公司为样本，剔除了 ST 类公司，得到全部上市时间 5 年以上上市公司共 3123 组观测样本，基本囊括了中国著名民族品牌。在计算上市公司品牌价值时，所用财务数据均选自各样本上市公司的企业年报，数据下载主要通过万德数据库、国泰安经济金融研究数据库等。

最后，结合得到的品牌价值 500 强企业，匹配中国企业社会责任研究报告发布内容中给出企业社会责任发展指数的上市公司，分别得到 2011～2016 年两项内容重合的上市公司作为计算样本。2011～2016 年中国最有价值 500 强和社会责任排名 300 强重合的企业，样本总数为 613 个。相关数据处理及检验均使用 EXCEL 2013 和 SPSS 22 统计分析软件。

7.3.2　假设构建

很多研究显示，企业披露社会责任信息越多，越能体现其社会责任意识的强烈，也就能够帮助建立更好的企业形象，提高美誉度。但企业的活动对其社会责任的履行产生反面影响，就会给消费者留下不好的印象，影响企业品牌价值。

刘建秋和梁静雅证实了社会责任对利益相关者行为和企业信誉的影响，通过问卷调查的方式说明品牌知名度和美誉度在企业社会责任履行的影响下，能够帮助提高品牌价值。衣凤鹏提出了企业社会责任履行对企业员工的影响，对员工积极履行社会责任的公司，得到了更多员工的好评，从而愿意在消费者面前主动工作，释放活力，也有助于企业品牌价值的提高。

在学术界外，企业也认识到，品牌价值能够帮助企业更加有效获利，从而回报其社会；与此同时，对社会责任的积极履行，也给企业带来好处，消费者的认同和美誉帮助提高企业市场和内涵，从而提高其品牌价值。

根据以上分析，提出假设：

H1：企业社会责任的表现越好，企业品牌价值越高。

在信息时代，媒体对企业行为的报道使企业受到更多来自公众的目光关注，也影响了公众对企业行为的判断，尤其是产生了放大效应，使企业难以控制，只能通过主动作为进行反应。一些研究表明，那些盈利能力强，财务绩效高的企业往往有着好的品牌价值，同样也将备受关注。媒体的关注反过来提高了企业的知名度，同时使企业更多地受到公共的关注和监督。成绩较好的企业，在媒体的关注下，则被要求给予社会和消费者更多的信息，而这些信息往往就是他们所愿意去披露的社会责任信息。

国内研究认为，营销活动使企业品牌得到广泛曝光，但也使其价值有所增加，企业对营销活动的财务支出能够影响品牌价值（王成荣，2008）。企业社会责任的承担通过提升公司声誉可间接影响品牌价值。

对于网络舆情与上市公司间的关系，也有学者进行了研究。沈艺峰发现，网络的便捷性和连通性，使上市公司股票的购买者更倾向于在一些互联网平台上表达想法，因此形成的舆情，对公司治理、信息披露等产生了一定作用，从而改善公司在某些方面的决策。❶ 也有学者将网络舆情进行分类研究，发现在对公司治理决策的影响上，情感倾向为负面的网络舆情更容易产生作用。❷

社会公众在购买产品，享受服务的同时，有权利和义务对企业产生监督作用，网络舆论是一种有效便捷的方法，让公众履行责任和义务。消费者在市场中的监督维权意识越强，越能够促进企业履行社会责任，帮助市场良性发展。针对上市公司，除了市场中的商品和服务的消费者，还有购买上市公司股票的投资者，他们在利益的驱动下，将与上市公司产生更强的关联性和更大的积极性。通过对一些文献中研究网络舆情内容的整理，可以发现，衡量网络舆情、媒体关注的指标大致分为媒体关注度、投资者关注度和舆情关注度三类。

因此，提出如下假设：

---

❶ 沈艺峰，杨晶，李培功. 网络舆论的公司治理影响机制研究：基于定向增发的经验证据[J]. 南开管理评论，2013，16（3）：80 - 88.

❷ 李明，叶勇，张瑛. 媒体报道能提高公司的透明度吗？基于中国上市公司的经验证据[J]. 财经论丛，2014，（6）：82 - 87.

H2a：网络舆情中的媒体关注度在企业社会责任对企业品牌价值的正向影响关系中存在正向调节作用。

H2b：网络舆情中的投资者关注度在企业社会责任对企业品牌价值的正向影响关系中存在正向调节作用。

H2c：网络舆情中的网络关注度在企业社会责任对企业品牌价值的正向影响关系中存在正向调节作用。

在中国知网上检索"企业社会责任"，得到主题排序的检索结果中，包括各行业的企业社会责任研究，"食品企业社会责任研究""发达国家汽车企业社会责任研究""房地产上市公司的社会责任问题研究"等，涉及不同属性不同行业，可以看出，已有的研究中对于不同行业的企业社会责任有着充分的认识。

近年来，食品安全问题屡见不鲜，食品企业社会责任受到了政府和社会的广泛关注。2016 年 1 月，首届中国食品企业社会责任年会在北京成功举办，社会各界会议上对食品企业的社会责任进行了研讨，食品是社会关注度高及行业影响关联度强的特殊产品，一家企业出问题，可能影响全行业、全产业。当前我国食品产业仍处在重要的发展机遇期，因此食品、医药等行业的企业社会责任也将受到密切关注。

电力、煤炭、钢铁、石油、化工等行业，由于其可能涉及环境污染而被社会、政府重点关注，媒体关注度的提高也促进企业对于自身履行社会责任的自我要求和重视程度有所提高。2008 年 4 月，中国工业经济联合会与中国煤炭、中国机械、中国钢铁、中国石化、中国轻工、中国纺织、中国建材、中国有色金属、中国电力、中国矿业 11 家工业行业协会联合发布了《中国工业企业及工业协会社会责任指南》，要求工业企业保证自律，并建立工业协会社会责任体系。2016 年 10 月 30 日，"首届中国社会责任百人论坛暨企业社会责任蓝皮书 2016 发布会"发布了《企业社会责任蓝皮书（2016）》，其中提到，近年来新兴的通用及专用设备、交通运输设备、电子通信设备制造、互联网金融平台等行业，其责任管理和信息披露方面亟待加强。但由于其获得了较高企业财务绩效，而且大多打出以人为本的企业招牌，必将更加重视树立公司良好形象，更加重视社会责任。

因此，提出如下假设：

H3：行业属性影响企业社会责任表现与企业品牌价值的关系。

我国现阶段的发展中，各省级区域由于资源禀赋、区位条件、经济基础和产业体系的不同，依然存在不同区域发展程度和发展要素不均的情况。因此推断企业所属不同区域可能对企业社会责任表现与企业品牌价值的关系产生影响。

基于此，提出假设：

H4：企业所属区域影响企业社会责任表现与企业品牌价值的关系。

7.3.3　模型变量

基于以上的研究假设，确定如下变量作为研究设计中的变量：

①企业社会责任（CSR）；

②企业品牌价值指数（BV）；

③企业所属行业（INDUSTRY）；

④企业所属区域（REGION）；

⑤舆情关注度（SENTIMENT）。

其中，企业品牌价值指数变量（BV）来自之前参与的我国上市公司品牌价值评估研究，其中通过科学的指标体系和严格的数据，计算了2011 ~ 2016年中国500家上市公司的品牌价值。

企业社会责任指数变量（CSR）在综合了RLCCW评级、RKS社会责任报告评级等专业企业社会责任等级研究后，选择中国企业社会责任研究报告蓝皮书，企业社会责任发展指数评分。

调节变量包括企业所属行业（INDUSTRY）、企业所属区域（REGION）、舆情关注度（SENTIMENT）。

企业所属行业变量（INDUSTY）设置了13个虚拟变量，用来控制行业效应因素对企业价值的影响。依据中国证券监督管理委员会颁布的《上市公司行业分类指引》将所有上市公司按照行业分类（见表7－1），共设置了13个行业变量，即IND1 ~ IND13。当样本属于某个行业时，该样本为1，否则为0。

表 7－1 中国证监会上市公司行业分类标准

行业代码	类别名称	说明
A	农、林、牧、渔业	包括 01 ～ 05 大类
B	采矿业	包括 06 ～ 12 大类
C	制造业	包括 13 ～ 43 大类
D	电力、热力、燃气及水生产和供应业	包括 44 ～ 46 大类
E	建筑业	包括 47 ～ 50 大类
F	批发和零售业	包括 51 ～ 52 大类
G	交通运输、仓储和邮政业	包括 53 ～ 60 大类
H	住宿和餐饮业	包括 61 ～ 62 大类
I	信息传输、软件和信息技术服务业	包括 63 ～ 65 大类
J	金融业	包括 66 ～ 69 大类
K	房地产业	包括 70 大类
L	租赁和商务服务业	包括 71 和 72 大类
M	科学研究和技术服务业	包括 73 ～ 75 大类
N	水利、环境和公共设施管理业	包括 76 ～ 78 大类
O	居民服务、修理和其他服务业	包括 79 ～ 81 大类
P	教育	包括 82 大类
Q	卫生和社会工作	包括 83 ～ 84 大类
R	文化、体育和娱乐业	包括 85 ～ 89 大类
S	综合	包括 90 大类

企业所属区域（REGION）设置 7 个区分地区的虚拟变量，用来控制地区因素对企业价值的影响。按照我国区域划分，将统计数据中的城市划分为华北、东北、华东、华中、华南、西南和西北七个区域。其具体省（区市）划分如表 7－2 所示。

表 7－2 我国省（区市）区域划分

所属地区	包含省（区市）
华北	内蒙古、山西、河北、北京、天津
东北	黑龙江、吉林、辽宁

所属地区	包含省（区市）
华东	山东、江苏、安徽、上海、浙江、福建、江西
华中	河南、湖北、湖南
华南	广西、广东、海南
西南	西藏、四川、重庆、贵州、云南
西北	新疆、青海、甘肃、宁夏、陕西

舆情关注度（SENTIMENT）又分为媒体关注度（MEDIA）、投资者关注度（INVESTDR）、网络关注度（NETWORK）三项二级指标。陶文杰、Branco、Reverte等学者在衡量媒体关注度时，选择企业所在地报纸媒体，以报纸上的新闻数量进行统计计算，得出媒体关注水平数据。同样的，本书选择了中国知网中的"中国重要报纸全文数据库"，对其收录的关于样本企业新闻报道的文章数量来衡量媒体关注度。类似的，在投资者关注度衡量上，王康、李含伟等选择使用东方财富网的"股吧"模块，选取投资者在此模块中对上市公司的讨论数量作为指标。网络关注度指数使用目前我国最大的搜索引擎——百度搜索，其根据网民的搜索行为得出较为成熟的百度指数作为数据衡量指标。

文献综述表明，企业社会责任对企业品牌价值的影响是其中一个因素，品牌价值、企业社会责任履行情况还会受到其他未列入自变量或者控制变量的因素影响。因此，引入控制变量，将能够排除或控制此类因素的影响，控制变量具体如下：

①公司规模（SIZE）；

②市场环境（MARKET）；

③成长能力（GROW）；

④公司控制权性质（PROPERTY，PROP）；

⑤财务杠杆（LEVERAGEL，LEV）；

控制变量的选择，是在充分阅读和调查以往企业社会责任相关研究后选取的，具有一定的科学性。

SIZE代表公司规模，用来控制公司规模对其社会责任行为和品牌价值的影响。可以由从业人员数、销售额以及资产总额等衡量，著者在数据上使用总资产的自然对数值衡量公司规模。

市场环境指数（*MARKET*）以区域分省（区市）市场概况（省（区市）工业总产值）为数据源，整合分属不同地区的省（区市）的产值情况作为市场环境指标。

成长能力（*GROW*）以营业利润增长率计算。公式为：营业利润增长率 ＝ （本期营业利润 － 上期营业利润）/上期营业利润。

公司控制权性质（*PROP*）是指股权结构在一定程度上，影响着公司的组织结构，也对公司社会责任履行情况和品牌价值产生影响。就 A 股上市公司而言，主要研究是否为国有企业，即国家股份。控制公司控制权性质变量为虚拟变量，即国有企业为 1，民营企业为 0。

财务杠杆（*LEV*）体现公司风险水平，以负债水平衡量企业财务风险，财务杠杆以资产负债率表示：资产负债率 ＝ 总负债/总资产（见表7 - 3和图 7 - 1）。

表 7 - 3 网络舆情模型变量定义

变量性质	变量含义	变量符号	
因变量、自变量	企业社会责任	*CSR*	——
	企业品牌价值指数	*BV*	——
调节变量	企业所属行业	*INDUSTRY*	——
	企业所属区域	*REGION*	——
	舆情关注度	*SENTIMENT*	*MEDIATTEN* *INVATTEN* *NETATTEN*
控制变量	公司规模	*SIZE*	——
	市场环境	*MARKET*	——
	成长能力	*GROW*	——
	公司控制权性质	*PROP*	——
	财务杠杆	*LEV*	——

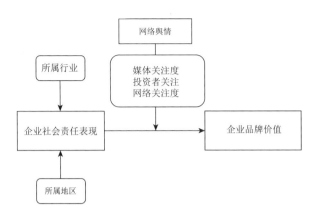

图 7 - 1　网络舆情模型假设逻辑

概念模型

针对假设 H1 采用如下多元回归面板数据模型：

模型一：

$$BV_{it} = \alpha + \beta_1 CSR_{it} + \beta_2 SIZE_{it} + \beta_3 MARKET_{it} + \beta_4 GROW_{it} +$$
$$\beta_5 PROP_{it\_dummy} + \beta_6 LEV_{it} + \sum Year + \sum Ind + \varepsilon$$

针对假设 H2 采用如下模型：

模型二 H2a：

$$BV_i = \alpha + \beta_0 CSR_i + \beta_1 CSR_i \times MEDIATTEN + \beta_2 SIZE_i + \beta_3 MARKET_i +$$
$$\beta_4 GROW_i + \beta_5 PROP_{i\_dummy} + \beta_6 LEV_i + \sum Ind + \varepsilon$$

模型二 H2b：

$$BV_i = \alpha + \beta_0 CSR_i + \beta_1 CSR_i \times INVATTEN + \beta_2 SIZE_i + \beta_3 MARKET_i +$$
$$\beta_4 GROW_i + \beta_5 PROP_{i\_dummy} + \beta_6 LEV_i + \sum Ind + \varepsilon$$

模型二 H2c：

$$BV_i = \alpha + \beta_0 CSR_i + \beta_1 CSR_i \times NETATTEN + \beta_2 SIZE_i + \beta_3 MARKET_i +$$
$$\beta_4 GROW_i + \beta_5 PROP_{i\_dummy} + \beta_6 LEV_i + \sum Ind + \varepsilon$$

针对假设 H3、H4 采用如下模型：

$$BV_i = \alpha + \beta_0 CSR_i + \beta_1 CSR_i \times INDUSTY_i + \beta_2 SIZE_i + \beta_3 MARKET_i +$$
$$\beta_4 GROW_i + \beta_5 PROPERTY_{i\_dummy} + \beta_6 LEVERAGEL_i + \varepsilon$$
$$BV_i = \alpha + \beta_0 CSR_i + \beta_1 CSR_i \times REGION_i + \beta_2 SIZE_i + \beta_3 MARKET_i +$$

$$\beta_4 GROW_i + \beta_5 PROPERTY_{i\_dummy} + \beta_6 LEVERAGEL_i + \varepsilon$$

其中，α 是与其他因素无关的常数项，β 是回归系数下标 i 和 t 分别表示品牌公司和年份，ε 为随机扰动项。

7.3.4 模型检验

1. 描述性统计分析

对已有数据进行描述性统计，如表 7 - 4 所示，样本公司各年度的品牌价值数量级相差较大，但最小值、最大值、平均值均逐年递增。说明样本数据中，各上市公司的品牌价值有较大差异，同时，随年份变化，其数值不断增大，品牌价值不断提升。同样的，企业社会责任指数的描述性统计结果表明，企业社会责任得分情况同样有着较大的差异，但平均值比较稳定，处于 30 ~ 50，说明样本数据中，各公司的社会责任履行情况，基本能够达到中等程度。此外，通过观察各个变量的标准差，发现其大小有所不同，也说明在样本数据中，不同公司在社会责任的履行情况上以及其品牌价值上存在差异。偏度和峰度表明，样本数据基本符合正态分布，可以进行统计分析。

表 7 - 4 模型年度主要指标描述性统计

年度指标	N	最小值 (M)	最大值 (X)	平均值 (E)	标准偏差	偏度	峰度
2011 - CSR	88	4.00	74.30	33.77	21.83	0.31	- 1.32
2011 - BV	88	19716746	1.58×10^{11}	12.10×10^{10}	2.72×10^{11}	3.28	11.77
2012 - CSR	82	0.00	78.00	37.90	21.17	- 0.02	- 0.99
2012 - BV	82	3.34×10^{11}	1.13×10^{11}	9.68×10^{9}	2.20×10^{10}	3.31	11.13
2013 - CSR	195	4.50	79.80	33.02	15.63	0.63	- 0.18
2013 - BV	195	3.22×10^{7}	1.14×10^{11}	5.58×10^{9}	1.40×10^{10}	4.80	27.54
2014 - CSR	84	1.70	85.70	47.50	24.09	- 0.16	- 1.25
2014 - BV	84	1.02×10^{8}	8.28×10^{10}	6.94×10^{9}	1.43×10^{10}	3.51	13.33
2015 - CSR	76	9.00	89.80	49.78	22.83	- 0.15	- 0.99
2015 - BV	76	1.08×10^{8}	1.73×10^{11}	8.63×10^{9}	2.35×10^{10}	5.74	36.16

年度指标	N	最小值（M）	最大值（X）	平均值（E）	标准偏差	偏度	峰度
2016 – CSR	88	6.20	94.00	50.53	23.84	0.12	-1.21
2016 – BV	88	2.44×10^8	2.38×10^{11}	2.14×10^{10}	4.29×10^{10}	3.14	10.35
Data1 – CSR	613	0.00	94.00	40.12	22.20	0.35	-0.88
Data1 – BV	613	1.97×10^7	2.38×10^{11}	9.90×10^9	2.48×10^{10}	4.67	26.56

由于品牌价值数据量级较大，且在数据整理中未对数据进行处理，所以在描述性统计中针对品牌价值进行变换自然对数后绘制 P – P 图，如图 7 – 2 所示，根据变量的累计概率直观检测品牌价值数据样本的概率分布情况。结果发现，样本数据的点基本位于代表理论分布的对角线上，说明数据基本符合正态分布，可以进行统计分析。

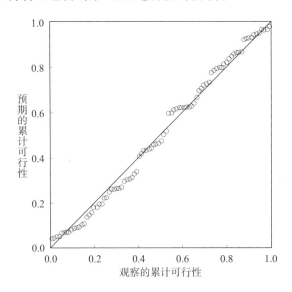

图 7 – 2 2011 年品牌价值指数 P – P 图

在全部数据整理完成后，对全部数据进行描述性统计，得出此次计算中企业 2011～2016 年面板数据量共 613 个，其中各项变量均具有全部有效数据，此数据集作为数据集 1。样本企业中，公司品牌价值、企业社会责任发展指数、公司规模等数量级相差较大，但分布合理。成长能力指数和财务杠杆指数的方差较小，离散程度较低。

样本企业社会责任发展指数最大值为 94，最小值为 0，平均值约为 40。品牌价值指数最大值为 2.38×10^{11}、最小值为 1.97×10^{7}，平均值约为 9.90×10^{9}。同市场环境指数一样，企业品牌价值的评分量级过高，不适合进行分析计算，因此，对于数量级过大的指标，选择对它们进行自然对数处理，以得出更加科学清晰的统计分析计算结果（见表 7 - 5）。

表 7 - 5　数据集 1 全部变量描述性统计

变量	最小值（M）	最大值（X）	平均值（E）	标准偏差	方差
CSR	0.00	94.00	40.12	22.20	492.84
BV	1.97×10^{7}	2.38×10^{11}	9.90×10^{9}	2.48×10^{10}	6.16×10^{20}
SIEE	20.49	30.81	24.71	2.19	4.79
MARKET	1.85×10^{7}	2.75×10^{10}	1.18×10^{10}	9.19×10^{9}	8.45×10^{19}
GROW	0.77	10.05	0.15	0.65	0.43
LEV	0.05	0.98	0.58	0.21	0.04

注：有效 N 值为 613。

除该数据集外，还以 2013 年为典型代表，选取共 195 家上市公司，进行中介效应分析和其他检验等，此数据集作为数据集 2。表 7 - 6 列出了 2013 年全部数据指标的描述性统计。在后续的回归分析中，将针对 2013 年数据量较大的数据集进行中介效应分析，探究网络舆情背景下，媒体关注度、投资者关注度和网络关注度，在企业社会责任对企业品牌价值的关系中是否存在中介作用，以及其作用程度。并进一步对所选样本的企业履行社会责任的总体趋势进行了考察，并对比企业社会责任履行情况、品牌价值发展情况等。

在数据集 2 的描述性统计中可以看出，同数据集 1 一样，2013 年样本数据中，公司品牌价值、企业社会责任发展指数、公司规模等数量级相差较大，但分布合理。成长能力指数和财务杠杆指数的方差较小，离散程度较低。在样本数据中，企业社会责任发展指数最大值为 79.8，最小值为 4.5，平均值约为 33；公司品牌价值最大值达到千亿级，平均值为 5.58×10^{9}。加入的网络舆情变量，即媒体关注度和投资者关注度指标，偏度均小于3，峰度小于10，基本符合正态分布，能够进行统计分析。

表 7 – 6　2013 年度变量描述性统计

	最小值（M）	最大值（X）	平均值（E）	标准偏差	方差	偏度	峰度
CSR	4.50	79.80	33.02	15.63	244.15	0.63	– 0.18
BV	3.22×10^7	1.14×10^{11}	5.58×10^9	1.40×10^{10}	1.97×10^{20}	4.80	27.54
MEDIA	0.00	619.00	106.33	119.56	14295.20	1.53	2.36
INVESTOR	12.00	1162.00	191.23	175.94	30955.29	2.37	6.98
NETWORK	234.00	95846.00	4352.65	11937.20	14.20×10^8	5.79	5.09
SIZE	21.07	30.57	24.24	1.85	3.44	1.26	1.67
MARKET	1.85×10^7	2.75×10^5	1.13×10^{10}	9.07×10^9	8.22×10^{19}	0.80	– 0.99
GROW	– 0.49	8.04	0.13	0.63	0.39	10.79	134.01
LEV	0.05	0.95	0.55	0.21	0.04	– 0.16	– 0.33

注：有效 N 值为 195。

2. 相关性分析

为了检验变量之间是否具有相关性，是否适合进行多元回归分析，对模型进行了 Pearson 相关性检验。

首先对全部数据进行相关性分析，得出的 Pearson 相关性检验证明了研究中所选取各项指标变量间的相关关系。表 7 – 7 中可以看出，品牌价值变量与企业社会责任、公司规模、资产负债率变量都在 1% 或 5% 的水平上显著。验证了假设在统计学意义上是成立的，验证了社会责任的履行与品牌价值的关联性。

此外，通过观察相关性检验中显示的相关性系数表明，其在数值上取绝对值之后均小于 0.6，这说明了各个指标变量间基本排除多重共线性，各解释变量之间基本不存在多重共线的可能性，能够进行回归分析（见表 7 – 7）。

表 7 - 7　Pearson 相关性系数

变量	*CSR*	*BV*	*SIZE*	*MARKET*	*GROW*	*PROP*	*LEV*
CSR	1						
BV	0. 41 **	1					
SIZE	0. 47 **	0. 61 **	1				
MARKET	- 0. 09 *	0. 08 *	- 0. 12 **	1			
GROW	- 0. 03	- 0. 05	- 0. 11 **	- 0. 01	1		
PROP	0. 086 *	- 0. 05	- 0. 00	- 0. 21 **	- 0. 03	1	
LEV	0. 19 **	0. 22 **	0. 54 **	- 0. 05	- 0. 02	- 0. 04	1

注：** 在置信度（双侧）为 0.01 时，相关性是显著的；

　　* 在置信度（双侧）为 0.05 时，相关性是显著的。

相关性分析对假设 H1 和 H2 进行了初步的验证，接下来将通过回归分析进一步检验假设。

3. 回归分析

（1）模型一的回归分析

用模型一对数据集 1 的全部数据进行多元回归，回归分析结果如表 7 - 8 所示。该表列出了企业社会责任发展指数对企业品牌价值的影响关系，同样的，为了优化回归结果，在模型中加入了财务杠杆、成长能力、产权性质、市场环境、公司规模等作为控制变量。

从总体参数表中可以看出，R 为 0.654，R^2 为 0.427，调整后的 R^2 为 0.422，F 值为 75.377，说明回归方程的已解释变量占总变差的 75.4%，表明模型变量的选择较为合理，模型的统计意义显著，模型的拟合效果很好。同时，F 远大于 Fa，即认为本次回归中，模型中的解释变量对被解释变量有显著影响。F 统计值的显著性概率远小于 0.05，说明所得到的回归效果理想，被解释变量能够被解释变量所解释。

表 7 - 8　企业品牌价值与企业社会责任回归模型参数

模型一	非标准化系数		标准系数	*T* 值	*Sig*	共线性统计
	B	标准误差				
CSR	0. 01	0. 00	0. 15	4. 40	0. 00	1. 31

模型一	非标准化系数		标准系数	T 值	Sig	共线性统计
	B	标准误差				
SIZE	0.58	0.04	0.63	15.25	0.00	1.79
MARKET	0.37	0.07	0.16	4.96	0.00	1.07
GROW	0.06	0.10	0.02	0.57	0.57	1.02
PROP	−0.14	0.14	−0.03	−1.02	0.31	1.06
LEV	−1.32	0.36	−0.14	−3.69	0.00	1.42
R/R^2	0.65/0.43					
调整的 R^2	0.42					
F	75.38***					

a. 预测变量：（常量），企业社会责任发展指数，成长能力，市场环境对数，财务杠杆，产权性质，公司规模

b. 因变量：品牌价值对数

通过对模型一进行回归分析，最终得到表7-8中的数据，同时也得到变量间共线性的判断。根据表中的数据可知，各变量间的容忍度都较大；方差膨胀因子均在接近1，说明了模型一中各变量之间基本不存在多重共线性的问题，可以满足模型的需要，从理论角度解释变量之间的关系。回归结果显示，企业社会责任发展指数对企业品牌价值影响显著，其相关系数为正数，说明了企业社会责任对企业品牌价值产生正向影响。证明了企业社会责任的表现越好，企业品牌价值越高的研究假设，支持假设H1。

（2）模型二的回归分析

用模型二a对数据集2的数据进行回归分析。表7-9列出了媒体关注度在企业社会责任对企业品牌价值的正向影响关系中的中介作用，为了优化回归结果，在模型中加入了公司规模、市场环境、成长能力、产权性质、财务杠杆等控制变量。

从总体参数中可以看出，R 为0.619，R^2 为0.383，调整后的 R^2 为0.363，F 值为19.429，说明回归方程的已解释变量占总变差的约20%，

表明模型变量的选择较为合理。F 值的显著性概率远小于 0.05，说明所得到的回归效果理想，被解释变量能够被解释变量所解释。方差膨胀因子均小于 5，说明了模型二 a 中各变量之间基本不存在多重共线性的问题，可以满足模型的需要，从理论角度解释变量之间的关系（见表 7 - 9）。

表 7 - 9　企业品牌价值与企业社会责任受媒体关注度调节回归模型二 a 回归参数

模型二 a	非标准化系数		标准系数	T 值	Sig	共线性统计
	B	标准误差				
$CSR \times MED$	0	0	0.38	5.23	0.00	2.63
$SIZE$	0.46	0.10	0.43	4.67	0.00	1.07
$MARKET$	2.42×10^{11}	0	0.11	1.88	0.06	1.04
$GROW$	-0.09	0.18	-0.03	-0.50	0.62	1.07
$PROP$	-0.13	0.25	-0.03	-0.51	0.61	1.86
LEV	-2.69	0.75	-0.28	-3.60	0.00	2.63
R/R^2	0.62/0.38					
调整的 R^2	0.36					
F	19.43***					

a. 预测变量：（常量），财务杠杆，成长能力，产权性质，市场环境，企业社会责任发展指数，$CSR \times MED$，公司规模
b. 因变量：品牌价值对数

通过对模型二 a 进行回归发现，媒体关注度的标准系数贝塔值为 0.378，为正数，证实媒体关注度在企业社会责任与品牌价值之间存在正向的调节关系。初步验证假设 H2a。

用模型二 b 对数据集 2 的数据进行回归分析。表 7 - 10 列出了投资者关注度在企业社会责任对企业品牌价值的正向影响关系中的中介作用，为了优化回归结果，在模型中加入了公司规模、市场环境、成长能力、产权性质、财务杠杆等控制变量。

从总体参数中可以看出，R 为 0.594，R^2 为 0.353，调整后的 R^2 为 0.329，F 值为 14.563，说明回归方程的已解释变量占总变差的 14.6%，表明模型变量的选择较为合理。F 值的显著性概率远小于 0.05，说明所得到的回归效果理想，被解释变量能够被解释变量所解释。方差膨胀因

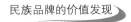

子均小于5，说明了模型二 b 中各变量之间基本不存在多重共线性的问题，可以满足模型的需要，从理论角度解释变量之间的关系。

表7-10　企业品牌价值与社会责任受投资者关注度调节回归模型二 b

模型二 b	非标准化系数		标准系数	T 值	Sig	共线性统计
	B	标准误差				
CSR	0.04	0.01	0.28	3.19	0.00	2.17
$CSR \times INV$	1.68×10^{5}	0	0.09	0.93	0.35	2.68
$SIZE$	0.46	0.12	0.43	3.93	0.00	3.45
$MARKET$	2.33×10^{11}	0	0.11	1.75	0.08	1.09
$GROW$	-0.14	0.19	-0.04	-0.73	0.47	1.06
$PROP$	-0.18	0.26	-0.04	-0.70	0.49	1.08
LEV	-2.86	0.77	-0.30	-3.73	0.00	1.86
R/R^2	0.59/0.35					
调整的 R^2	0.33					
F	14.56^{***}					

a. 预测变量：（常量），财务杠杆，成长能力，产权性质，市场环境，企业社会责任
发展指数，$CSR \times INV$，公司规模
b. 因变量：品牌价值对数

　　通过对模型二 b 进行回归发现，投资者关注度指标的显著性不强，相关系数也过低，难以得出统计性结论，证实投资者关注度与品牌价值之间存在的相关关系。说明模型二 b 的回归结果不能很好地解释变量之间的相关性以及投资者关注度的调节作用。假设 H2b 未能得到验证。

　　对于模型二中的使用乘积项的回归分析，在进行分析时，可以通过对比偏回归系数、R^2 等指标判断调节效应。❶用模型二 c 对数据集2的数据进行回归分析。表7-11通过是否加入网络关注度指标，列出了网络关注度在企业社会责任对企业品牌价值的正向影响关系中的中介作用，

　　❶ COHEN J，COHEN P，WEST S G，ALKEN L S. Applied multiple regression/correlation analysis for the behavioral sciences [M]. 3rd ed. Hillsdale，NJ：Erlbaum，2003.

为了优化回归结果，在模型中加入了公司规模、市场环境、成长能力、产权性质、财务杠杆等控制变量。

从总体参数比对中可以看出，未加入网络关注度指标的回归参数值，R 为 0.591，R^2 为 0.350，调整后的 R^2 为 0.329，F 值为 16.857，模型变量的选择较为合理。F 统计值的显著性概率远小于 0.05，说明所得到的回归效果理想。而加入网络关注度指标的参数值中，R 为 0.597，R^2 为 0.356，调整后的 R^2 为 0.332，F 值为 14.757，模型变量的选择较为合理。F 统计值的显著性概率远小于 0.05，说明所得到的回归效果理想，被解释变量能够被解释变量所解释。方差膨胀因子均小于 5，说明了模型二 c 中各变量之间基本不存在多重共线性的问题，可以满足模型的需要，从理论角度解释变量之间的关系。对比表 7-11 和表 7-12 中企业社会责任标准系数可以发现，加入网络关注后的模型，回归系数、R^2 等均有所提高，且为正值。通过对模型二 c 进行回归发现，网络关注度对于企业品牌价值的相关系数为正，证实网络关注度与品牌价值之间存在正向调节关系。初步验证假设 H2c。

表 7-11　企业品牌价值与社会责任受网络关注度调节回归模型二 c

模型二 c	非标准化系数		标准系数	T 值	Sig	共线性统计
	B	标准误差				
CSR	0.04	0.01	0.31	4.06	0.00	1.72
$SIZE$	0.50	0.10	0.48	4.89	0.00	2.73
$MARKET$	2.50×10^{11}	0	0.12	1.89	0.06	1.07
$GROW$	-0.13	0.19	-0.04	-0.70	0.48	1.06
$PROP$	-0.22	0.26	-0.05	-0.85	0.40	1.06
LEV	-2.94	0.76	-0.31	-3.86	0.00	1.83
R/R^2	0.59/0.35					
调整的 R^2	0.33					
F	16.86***					

a. 预测变量：（常量），财务杠杆，成长能力，产权性质，市场环境，企业社会责任发展指数，公司规模

b. 因变量：品牌价值对数

表 7 – 12　企业品牌价值与社会责任受网络关注度调节回归模型二 c 参数对比 2

模型二 c	非标准化系数		标准系数	T 值	Sig	共线性统计
	B	标准误差				
CSR	0.04	0.01	0.32	4.13	0.00	1.72
$CSR \times NET$	– 0.01	0.01	– 0.10	– 1.32	0.19	1.73
SIZE	0.57	0.11	0.54	5.01	0.00	3.31
MARKET	2.51×10^{11}	0	0.12	1.91	0.06	1.07
GROW	-1.27×10^{1}	0.19	– 0.04	– 0.67	0.51	1.06
PROP	– 0.29	0.26	– 0.07	– 1.10	0.27	1.10
LEV	– 2.93	0.76	– 0.31	– 3.85	0.00	1.83
R/R^2	0.60/0.36					
调整的 R^2	0.33					
F	14.76***					

a. 预测变量：（常量），财务杠杆，成长能力，产权性质，市场环境，企业社会责任发展指数，$CSR \times NET$，公司规模

b. 因变量：品牌价值对数

（3）模型三的回归分析

通过观察数据集 1 的频率统计数据，选择了适合进行回归分析的 8 组行业，用模型三对 2011 ~ 2016 年满足条件的行业数据进行依据行业分类分组的多元回归，结果如表 7 – 13 所示。表 7 – 13 列出了行业分类对企业品牌价值与社会责任的关系影响。

表 7 – 13　企业品牌价值与企业社会责任受行业区分回归模型三回归参数

模型三 行业分组	非标准化系数		标准系数	T	Sig	共线性统计	R/R^2	调整 R^2/F
	B	标准误差						
CSR	0.07	0.02	0.61	3.40	0.00	1.24	0.64/0.40	0.25/2.60**
B – CSR	0.02	0.01	0.23	2.01	0.05	2.02	0.83/0.69	0.65/17.46***
C – CSR	0.02	0.01	0.18	3.34	0.00	1.14	0.47/0.22	0.20/13.76***
D – CSR	0.02	0.01	0.27	2.03	0.05	1.13	0.63/0.39	0.33/4.22***
F – CSR	– 0.01	0.02	– 0.08	– 0.34	0.74	2.23	0.53/0.29	0.12/1.73

模型三 行业分组	非标准化系数		标准 系数	T	Sig	共线性 统计	R/R^2	调整 R^2/F
	B	标准 误差						
$G-CSR$	0.03	0.02	0.34	1.52	0.14	2.55	0.69/0.47	0.35/3.99 ***
$I-CSR$	0.09	0.04	0.80	2.21	0.09	2.44	0.89/0.78	0.46/2.40
$J-CSR$	0.01	0.01	0.12	1.31	0.19	1.86	0.82/0.67	0.64/25.32 ***
$K-CSR$	-0.01	0.02	-0.06	-0.29	0.78	2.52	0.88/0.77	0.66/6.77 ***

从总体参数中可以看出，各个行业分组的 R 值、R^2 值、调整后的 R^2，以及 F 值都较为合理，表明模型变量的选择较为合理，模型的统计意义显著，模型的拟合效果很好。各变量的容忍度都较大，方差膨胀因子均满足条件，也说明模型三中各变量之间基本不存在多重共线性的问题。同时 F 远大于 Fa，即列入模型的各个解释变量联合起来对被解释变量有显著影响。F 值的显著性概率远小于 0.05，说明所得到的回归效果理想，被解释变量能够被解释变量所解释。

回归结果显示，具有统计学意义的数据有行业 B（采矿业）、C（制造业）、D（电力、热力、燃气及水生产和供应业）和 I（信息传输、软件和信息技术服务业），相关系数分别为 0.232、0.183、0.27 和 0.804。其他显著性不明显的行业，在系数上也有所不同。证明了在行业属性的调节下，不同行业的社会责任表现有所不同。验证了假设 H3。

（4）模型四的回归分析

用模型四对 2011 ~ 2016 年全部数据进行依据地区分类的分组多元回归，结果如表 7 - 14 所示。表 7 - 14 列出了地区分类对企业品牌价值和社会责任关系的影响。

从总体参数中可以看出，各地区分组的 R 值、R^2 值、调整后的 R^2 以及 F 值均表明模型变量的选择较为合理，模型的统计意义显著，模型的拟合效果很好。同时 F 远大于 Fa，则拒绝原假设，即认为列入模型的各个解释变量联合起来对被解释变量有显著影响。F 值的显著性概率远小于 0.05，说明所得到的回归效果理想，被解释变量能够被解释变量所解

释。通过对模型四的分组回归分析，最终得到表 7 – 14 的数据，同时也得到变量间共线性的判断。各变量的容忍度都较大；方差膨胀因子显示都说明模型四中各变量之间基本不存在多重共线性的问题，可以满足模型的需要，从理论角度解释变量之间的关系。但回归结果显示，按地区划分，各地区企业品牌价值与企业社会责任受地区调节有一定的效果，尤其是华东区域分组的调节效果显著，证明了在企业所属区域影响下，企业社会责任表现与企业品牌价值的关系有所不同，基本验证了假设 H4。

表 7 – 14　企业品牌价值与企业社会责任受地区调节回归模型四回归参数

| 模型四 地区分组 | 非标准化系数 | | 标准 系数 | T | Sig | 共线性 统计 | R/R^2 | 调整 R^2/F |
	B	标准 误差						
东北 – CSR	– 0.01	0.01	– 0.09	– 0.58	0.57	1.33	0.78/0.61	0.51/5.53 **
华东 – CSR	0.03	0.01	0.34	5.72	0.00	1.33	0.59/0.35	0.33/21.89 ***
华中 – CSR	0.02	0.02	0.20	0.98	0.34	1.15	0.32/0.10	– 0.11/0.48
华北 – CSR	0.01	0.01	0.06	1.04	0.30	1.24	0.69/0.48	0.46/25.89 ***
华南 – CSR	0.02	0.01	0.14	1.44	0.16	1.29	0.70/0.49	0.44/10.58 ***
西北 – CSR	0.01	0.03	0.05	0.19	0.86	2.79	0.92/0.84	0.68/5.18 *
西南 – CSR	– 0.01	0.01	– 0.05	– 0.53	0.60	1.11	0.90/0.80	0.76/17.41 ***

4. 内生性检验

通过控制时间固定效应和地区固定效应，以及对必要变量的交互作用分析，上文较好地缓解了遗漏变量的内生性问题。但是，在实际的实证验证中，依然有可能存在内生性问题。如解释变量与被解释变量之间反向的因果关系而产生的联立内生性、滞后项和误差项与被解释变量之间的相关性导致的估计结果不一致等问题。

借鉴孔令池等（2017）的研究方法，使用变量的滞后期数据（2011 ~2012 年度品牌价值数据），利用两阶最小二乘法进行内生性检验，● 结果如表 7 - 15、表 7 - 16 所示。若工具变量的 F 均大于 10，证明工具变量有效。显著且系数均为正，验证了假设，且与先前结果一致，证明了变量间的关系，再次验证假设。

表 7 - 15　滞后两期数据内生性检验参数

内生性检验	非标准化系数		标准系数	T 值	Sig
	B	标准误差			
CSR	0. 01	0. 00	0. 15	4. 40	0. 00
$SIZE$	0. 58	0. 04	0. 63	15. 25	0. 00
$MARKET$	0. 37	0. 07	0. 16	4. 96	0. 00
$GROW$	0. 06	0. 10	0. 02	0. 57	0. 57
$PROP$	- 0. 14	0. 14	- 0. 03	- 1. 02	0. 31
LEV	- 1. 32	0. 36	- 0. 14	- 3. 69	0. 00
R/R^2	0. 61/0. 37				
调整的 R^2	0. 35				
F	16. 54 ***				
辅助变量：2011 年品牌价值数据					

表 7 - 16　滞后一期数据内生性检验参数

内生性检验	非标准化系数		标准系数	T 值	Sig
	B	标准误差			
CSR	0. 04	0. 01	0. 27	3. 41	0. 00
$SIZE$	0. 57	0. 11	0. 52	5. 16	0
$MARKET$	2. 05E - 11	0	0. 09	0	0
$GROW$	- 0. 13	0. 19	- 0. 04	- 0. 67	0. 51
$PROP$	- 0. 40	0. 27	- 0. 09	- 1. 46	0. 15
LEV	- 3. 04	0. 82	- 0. 31	- 3. 73	0
R/R^2	0. 60/0. 36				

● 孔令池，高波，李言. 市场开放、地方财税竞争与产业结构调整：基于我国省级面板数据的实证研究 [J]. 经济理论与经济管理，2017（10）：45 - 57.

续表

内生性检验	非标准化系数		标准系数	T 值	Sig
	B	标准误差			
调整的 R^2	0.33				
F	15.59***				
辅助变量：2012 年品牌价值数据					

5. 稳健性检验

模型二的回归结果证实，加入网络舆情的调节后，结果假设基本一致。企业社会责任表现与品牌价值显著正相关；企业社会责任与网络舆情分项指标的交互项也基本与品牌价值显著正相关；加入调节变量的交互效应分析也验证了网络舆情会促进二者之间的关系。模型三和模型四分别控制行业和地区因素，再次验证了假设。

除了以上分析和检验外，标准的实证研究还应该进行稳健性检验。稳健性检验能够保证结论更加可靠。本书通过文献整理学习借鉴，主要从以下几方面进行稳健性检验。第一，选取样本中单独的年度数据进行回归分析，以测试检验研究结果的稳定性。其中，2013 年度数据作为数据集 2，已经成功验证结果有效。下面将使用 2011 年和 2012 年度的数据进行稳健性检验。第二，借鉴周中胜等人（2012）的稳健性检验方法，将解释变量虚拟化，用虚拟变量对模型进行回归分析，增加结果的可靠性。❶

验证结果分别如表 7 - 17、表 7 - 18 所示。表 7 - 17 展示了以 2012 年和 2011 年度数据为样本数据的回归分析结果，结论与先前的验证相同。表 7 - 18 展示了将社会责任变量虚拟化，即按照指标中位数判断，数据比中位数大为 1，否则为 0，进行回归验证，同样的，也得到了相同的结论。稳健性检验通过。

---

❶ 周中胜，何德旭，李正. 制度环境与企业社会责任履行：来自中国上市公司的经验证据 [J]. 中国软科学，2012（10）：59 - 68.

表 7 - 17　2011 ～ 2012 年度数据稳健性检验回归参数

2012 稳健性检验	非标准化系数		标准系数	T 值	Sig	共线性统计
	B	标准误差				
CSR	0.03	0.01	0.25	2.65	0.01	1.27
SIZE	0.65	0.12	0.67	5.24	0	2.37
MARKET	0.45	0.25	0.16	1.75	0.08	1.15
GROW	0.59	1.00	0.05	0.59	0.56	1.07
PROP	- 0.17	0.41	- 0.04	- 0.41	0.68	1.07
LEV	- 2.15	1.38	- 0.19	- 1.56	0.12	2.03
R/R^2	0.69/0.48					
调整的 R^2	0.44					
F	11.59 ***					

a. 预测变量:(常量),企业社会责任发展指数,成长能力,市场环境对数,财务杠杆,产权性质,公司规模

b. 因变量:品牌价值对数

2011 稳健性检验	非标准化系数		标准系数	T 值	Sig	共线性统计
	B	标准误差				
CSR	0.02	0.01	0.20	1.86	0.07	1.71
SIZE	0.67	0.14	0.66	4.90	0	2.67
MARKET	0.37	0.26	0.13	1.42	0.16	1.14
GROW	0.06	0.18	0.03	0.32	0.75	1.03
PROP	- 0.24	0.44	- 0.05	- 0.54	0.59	1.11
LEV	- 2.13	1.38	- 0.18	- 1.54	0.13	1.92
R/R^2	0.68/0.46					
调整的 R^2	0.42					
F	11.41 ***					

a. 预测变量:(常量),企业社会责任发展指数,成长能力,市场环境对数,财务杠杆,产权性质,公司规模

b. 因变量:品牌价值对数

表 7 - 18　变量虚拟化稳健性检验回归参数

虚拟变量稳健性检验	非标准化系数		标准系数	T 值	Sig	共线性统计
	B	标准误差				
Dummy - CSR	0.48	0.14	0.12	3.35	0	1.28
SIZE	0.61	0.04	0.65	15.97	0	1.74
MARKET	0.360	0.08	0.15	4.78	0	1.07
GROW	0.06	0.10	0.02	0.60	0.55	1.02
PROP	- 0.09	0.14	- 0.02	- 0.68	0.50	1.05
LEV	- 1.43	0.36	- 0.15	- 3.97	0	1.41
R/R^2	0.65/0.42					
调整的 R^2	0.41					
F	73.10***					

a. 预测变量：（常量），企业社会责任发展指数 - dummy，成长能力，市场环境对数，财务杠杆，产权性质，公司规模

b. 因变量：品牌价值对数

7.4　民族品牌价值提升的启示与建议

根据实证研究的结果，分别针对企业和政府提出在社会责任和品牌价值上的管理经验和建议。主要讨论了在网络舆情背景下，给出不同主体的具体建议。

结合信息资源管理学科在交叉领域研究的优势，在网络舆情背景下讨论企业社会责任与品牌价值的关系。著者认为，建立信息通道，促进政府治理、企业履行、公众参与，在信息通道中，沟通不同主体之间的联系，并保证信息沟通及时有效。政府保证公众参与的制度体系有效，并且能够得到相应法律法规的支持，完善各类信息公开制度，及时了解情况，发现和回应公众意见；企业完善自身社会责任信息披露渠道，与政府沟通，与利益相关者沟通，把握与切身利益相关的舆论舆情，维护自身声誉，及时了解消费者的意见和需求，并作出改善，培养和提升企业的品牌价值；公众要提升对企业社会责任的意识，主动监督，维护权益，对政府提出要求，通过多渠道了解上市公司的社会责任表现，对企业形成监督作用，帮助促进企业和政府更好作为，并且改善自身的消费观念和价值观念，选择品牌价值高、积极履行社会责任的企业购买商品和服务。通过多方面的作用，形成强大的治理企业社会责任问题的舆情监督网。

1. 企业承担社会责任，提升民族品牌价值

针对上市公司承担企业社会责任的问题，结合本书研究结果提出如下建议：

第一，对于社会责任问题，企业应提高认识、增强意识。作为承担主体，上市公司发挥着主要作用。企业在发展过程中，不能仅考虑盈利，忽略责任。企业要对社会创造价值，回报消费者的支持。配合相关部门机构和媒体的引导，积极主动树立正确的价值观念。通过主动承担社会责任，创造价值、积累财富并提升其品牌价值。

第二，在如何充分承担社会责任问题上，企业应在几个方面均匀用力。如完善公司治理体系，保证公司治理的科学与标准，企业管理者首先需要提高认识，在决策中重视社会责任，将其上升到战略高度。出台公司内部细化的规定，保证社会责任的履行能够得到自上而下的贯彻和落实；社会责任信息披露应更加完善，依规制定详备的 CSR 报告，并及时向公众公布，企业网站也应充分发挥披露社会责任信息的作用，利用网络平台实现信息沟通通道畅通。

第三，企业除了积极承担应尽的社会责任外，还应该结合自身情况，实事求是。当企业规模较小，自身能力不足，就应量力而行，不必过分追求履行社会责任，避免不利于企业自身成长。当公司的发展得到一定成果，有能力在保证企业正常运转创收的基础上，去承担更多社会责任。结合实际，避免出现为了履行责任而不顾现实情况的问题。企业可以根据自身发展情况，承担不同方面、不同程度的社会责任。比如，可能涉及污染的企业，要首先保证企业不对环境产生严重影响，或者尽最大努力使企业对环境的影响最小化；如企业所获效益不足以承担对社会、对国家开支较大的责任，则应首先保证企业利益相关者，尤其是对企业员

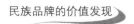

工和员工家庭的责任，尽力使企业员工获得应有的权益，从而促进企业自身的发展。

第四，真正履行社会责任，形成社会责任战略，帮助品牌建设和升级。我国上市公司应重新认识和定位发展中社会责任对品牌价值的影响，将其建立为战略性目标。只有强有力的长远目标的设计，才能促使企业在发展的全过程始终牢记社会责任问题，使其目的明确、原则牢固。在上市公司营利的全过程，始终贯彻积极的理念，真正推动品牌建设。因为积极的市场和履责行为，能使顾客感受到其品牌理念和品牌价值，尤其是品牌价值中的美誉度和忠诚度能够得到系统地提升，从而促进品牌价值成倍增长。

上市公司发展的过程中，应摒弃单纯为实现经济利益的目标，更应该使企业得到科学的建设，健康的发展。在激烈的市场竞争中，唯有保证树立并坚守正确的企业核心价值，才能在与其他企业的竞争中保持长久的发展。在向社会、向消费者提供服务和产品时，牢记正确的价值取向，坚守行业道德，才能保证不断的、可持续的发展。上市公司形成对企业社会责任的正确认识，努力提升企业品牌价值，真正发挥在建设社会主义现代化强国的重要作用。

2. 政府健全监督制度，促进责任履行

结合目前政府在企业社会责任监督规范中的问题，提出如下建议：

第一，完善信息披露制度，加强监管。证券交易部门应该形成对CSR 报告的规范要求，使其有意义、可参考、利于科研。同时，倡导弘扬对企业社会责任履行的示范，树立典型，也对不主动履行责任甚至拒绝履行责任的企业，进行教育甚至处罚。可以参照品牌价值排名，建立企业社会责任 500 强排名，并借此宣传倡导。不断完善企业社会责任规范化程度，保持 2006 年以来对企业社会责任规范制度的发展势头，继续出台有效政策，从要求中央企业发挥带头作用，到带领其他企业积极履行，尤其对于上市公司，出台有针对性的制度规范，并严格把关，保证政策法规的真正落实。针对目前对于社会责任问题的监督缺失问题，要细化规则，执法部门、监管部门要充分发挥作用，严格执法，完善配套环节，增强约束。

第二，在评价标准上，应建立健全其计量模型和算法标准，对企业社会责任的履行进行规范。统一社会责任披露制度，规范其披露信息的数量和质量，细化标准规范。制定标准的过程中，要充分调研，科学决策，保证社会责任评价标准和计量标准的科学性和有效性。比如，针对不同规模、不同盈利能力的企业，应采用适宜其发展水平和能促进其持续发展的规则。正如很多研究表明，企业规模对企业社会责任和品牌价值的影响都十分显著，要充分考虑企业实际情况，做好规则标准的制定工作。针对不同行业的上市公司，还要根据其行业特点，制定适宜的标准，首先保证其行业特征在重点社会责任的承担上的明确要求，再要求其承担该类型行业的其他社会责任，各有侧重，有所区分。

第三，在全社会营造氛围，完善社会主义市场经济体制。在当前"放管服"的大背景下，政府看得见的手应该将重点放在营造良好的社会氛围和经济环境上。在企业社会责任承担问题上，政府应将自身定位于服务者、宣传者，更多地去做引导的工作。企业积极履行社会责任，背景是在具有良好的社会环境下，才能调动企业积极性，而不至于担心顾此失彼，做无用功。营造社会氛围中，如何更好地发挥政府职能，就要求政府在管理过程中，充分考虑社会、企业、群众之间的平衡协调，处理好相互间复杂的关系，真正符合各方利益，满足公众需求。创造了良好的社会环境和氛围后，政府自身要继续深化行政体制改革，继续简政放权，积极完善市场经济体制。发挥市场的决定性作用，给企业充分的自主权，在制度审批等方面降低企业不必要的支出，从而提升其盈利水平和发展水平，以保证其有足够的精力和财力主动积极地履行社会责任。

在做好企业社会责任履行问题上，政府能够在很多方面充分发挥作用，完善制度、制定标准、营造环境，积极参与，充分引导，为企业提供帮助。只有企业得到充分发展，积极履行社会责任，提升其品牌价值，才能帮助促进国家的品牌计划战略，培育国际品牌，提升我国品牌的国际影响力，帮助社会主义经济发展繁荣壮大。

3. 全面配合网络舆情，建立多维体系

目前，社会治理存在的主要问题包括，相关责任公开和披露制度缺失，造成信息不对称问题，公众希望主动参与社会管理，但缺乏有效的渠道和方法，使得公众难以充分表达诉求，提出合理要求。在这样的背景下，网络为公众提供了良好的平台，帮助其表达利益需求，参与社会治理。目前，网络成为引起舆论反应的最普遍和便捷的方式。因此，企业和政府都应做好舆情监测工作，在互联网的迅速特征中，把握时机，保证及时把握、主动防范负面舆情，控制态势发展，解决危机。通过把握网络舆情，促进企业、促进社会的正向发展。

在当前网络舆情愈发具有影响力的背景下，针对网络舆情视角下我国上市公司企业社会责任与品牌价值的问题，应该形成政府、媒体、个人三位一体的舆情监督配合体系。具体建议如下：

第一，在政府层面，发挥引导作用，引领倡导为主。在网络舆情背景下，企业社会责任履行要求政府对于企业积极引导，对于公共舆情也承担引导作用。通过政府在多方面的努力，建立自上而下的、系统有机的舆情控制体系，自上而下提高全社会对社会责任的关注，要求企业主动履责，公众主动关注，助力消费者在消费过程中，更多地注重责任问题，形成良好的互动效果。此外，还能通过建立完善的舆论体系，培养形成良好的舆论氛围，主动监督，主动履行，在多个层次方面达成全方位效果，社会媒体、社会组织、社会公众都能充分发挥作用，多渠道监督企业在发展过程中制定积极履行社会责任的发展战略，对企业负责、对员工负责、对社会负责、对环境负责。同时，还要在监督过程中，兼顾社会和企业双方的诉求，发挥主体作用，在企业社会责任报告编制问题上，严格规范，有力实施，从而帮助社会责任报告真正起到有利于企业发展、有利于社会监督、有利于良性互动的作用。

政府应主导健全网络舆情制度环境，保证企业依规遵守制度规定，维持公众关注监督的积极主动。充分研究调查，在现行规则规制的基础上，必要时，及时规划有针对性的法律，以保障舆论监督权。对网络空间的监管也应有的放矢，在保证网络环境清明的基础上，尊重言论自由，提供良好网络环境，使公众媒体发挥监督作用。监管部门对异常舆情准确监督，及时行动。利用好网络的监督，关注舆情动态，收集获取利益相关者意见，及时介入，促进市场健康发展，帮助中国品牌经济建设发展。

第二，在媒体和企业层面，正向引导监督，主动积极作为。媒体和企业分别作为舆论系统环境的支点和中坚力量，应该在各自的位置发挥积极作用。媒体舆论可以说，在很大程度上是舆论环境的支点，尤其是在上市公司的社会责任履行上，媒体在中间位置分别连接政府、影响公众，甚至能够对上市公司的声明产生影响。比如目前受关注较高的食品安全事件，在最开始通常是经过媒体曝光，得到网民的高度关注，并发酵为具有重大影响力的大型事件，给公众提供了发声空间。这样的媒体关注和形成的网络舆情给企业以压力。目前的媒体存在不能恪尽职守，实事求是的缺点，出现了很多为了博眼球、引关注而产生的标题党，夸大报道等问题。媒体更多地报道了上市公司的负面问题，也产生了不良的影响，甚至会造成公众恐慌，影响企业正常运转等问题。所以，相关重要媒体更应该正向引导监督，尽量对全过程进行监督，避免出现问题、造成后果再进行关注。

对于上市公司来说，要主动积极作为，重视网络舆情，应对网络舆情。一是要严格规范自身在社会责任上的履行和表现，做有利于消费者、社会、环境的事，在社会责任信息披露上，也遵守相应的法规制度；二是要时刻把握网络舆情，对于网络中出现的针对自身企业的负面舆情，要积极回应，接受批评，及时改正。充分利用网络中的正面舆情，利用舆情传播，口碑营销，借助企业社会责任的履行，提升自身企业的品牌价值。

第三，在公众层面，积极参与监督，树立正确观念。在社会舆论系统中，公众是发出声音的一端，也是网络舆情形成的最重要力量。公众，尤其是企业的利益相关者，他们购买上市公司提供的商品或服务，也作为投资者购买上市公司的股票。因此，他们具有对上市公司形成压力的全部优势。公众在上市公司的社会责任表现上积极发表观点，提出意见，能够给企业以压力，督促上市公司履行责任。公众逐渐形成并加强自身的维权意识，能够做到主动监督，主动作为。

公众的主动参与和关注，除了能敦促企业履行责任外，还对整个市场有积极的作用。当上市公司的消费者和利益相关者提升自身对社会责任的认识，并把企业对社会的贡献当作判断企业优劣表现的标准时，就能够擦亮双眼，选择良心的公司产品和服务。此时，企业履行社会责任也能成为一种竞争优势，形成良性互动的经济市场，提升内在需求，增强发展动力。

网络舆情的作用是多层级、系统性、有机性、互动性的，因此，形成完善的舆论作用，使政府、媒体、企业和公众之间形成能够相互影响的舆情作用，帮助企业社会责任的更好履行。这样的结果需要各方面共同努力和作用，从法律制度、公司规范、媒体判断和公众意识等多方面全面运作，形成完整的舆论场效应。在互联网背景下的现代社会，环境透明、价值多元，上市公司的企业社会责任承载着整个社会责任期待，网络背景下，也更容易将企业社会责任公布于社会中，所以，开放透明的多层次舆情系统能够让企业社会责任程度更深，效果更佳。

7.5　本章小结

本章的研究样本来自于我国沪深两地资本市场的 100 家以上上市公司，分别对主要内容涉及的两个变量——企业社会责任、企业价值，选择有效模型进行衡量和测算，然后，构建模型、实证研究，统计分析，针对我国 A 股上市公司，探讨网络舆情调节下企业社会责任对公司品牌价值的影响，实证结果证实了著者在假设构建中所做的部分假设，得出了以下结论：

第一，上市公司企业品牌价值与企业社会责任表现相关。模型一的回归分析结果表明，变量选择和数据指标合理，具有统计意义，变量之间存在一定的相关性，证实了在模型构建部分提出的假设，即企业社会责任表现与其品牌价值正相关。

第二，在企业社会责任表现与品牌价值的关系中，网络舆情存在调节作用。尤其是网络舆情中的媒体关注和网络关注，显著地正向调节了企业社会责任表现对品牌价值的影响。证实了在目前媒体和网络的作用下，企业更应该努力承担社会责任以获得更好的品牌价值。但投资者关注度在调节作用中表现不明显，原因可能在于，目前我国证券股票市场尚不完全成熟，投资者对上市公司的关注行为和购买行为没有基于对品牌价值的评判，更多地受到一些其他市场因素的影响，从而造成了这样的结果。

第三，行业属性和地区分布对相关关系影响的确存在，某些行业地区的结果证明，企业社会责任表情对企业品牌价值的影响更加显著。采矿业、制造业、电力、热力、燃气及水生产和供应业和信息传输、软件和信息技术服务业对企业社会责任和品牌价值关系产生的影响更加明显，这类行业所产生的影响更加明显，所以所属行业的上市公司应该更加注重社会责任的承担，帮助企业提升品牌价值；而其他未能体现显著影响的行业，其原因可能在于样本企业中，该行业企业数量少、发展不均等，但也应该注重社会责任问题。实证研究中，华东地区表现突出，但部分地区未能得出区域发展程度的影响，原因可能在于，一是样本数据中选取上市公司在全国各区域的分布和数量在一定程度上达到了某种平衡，使得按地区区分表现不明显，比如各个区域都有市场表现较好的省市企业，也有表现较差的省市企业；二是可能由于选取较大区域衡量市场发展，即按照大区域划分市场化成熟程度，选取范围过大，难以有明显的区分。

此外，在多个模型的实证结果来看，企业品牌价值受企业规模大小的影响较强，基本所有模型都充分证明了这一点。所以选取企业规模作为控制变量有着一定的科学性，但同时也提醒研究者和企业利益相关者，要关注企业规模的重要作用。这也从侧面反映了如果规模较大的公司能够充分履行企业社会责任，则能显著地提升企业品牌价值；但对于企业规模较小的公司，则应充分考虑自身情况，在不影响自身发展的程度上承担社会责任。

第8章 企业信息透明度与民族品牌价值

　　信息透明度是上市公司治理方面的重点工作之一，也是经营绩效的基础保障。定期披露企业的业绩报告、财政绩效、治理信息等公司信息，可以提高公司的经营信誉，消除投资者与管理者之间的信息不平衡，为企业营造良好的信息环境。因此，本章关注企业信息透明度对民族品牌价值的影响，以期发现其中的作用机制，进一步得出通过合理提高企业信息透明度以提升民族品牌价值的方法。

　　对消费者而言，信息透明度越高，消费者就能越深入地了解企业，对企业的依赖度也会越高，这种透明的关系会使企业和消费者的联系更加紧密。世界顶级户外奢侈品牌 Patagonia 成功的原因之一就是对自己产品的生产来源高度透明，消费者可以在线查看 Patagonia 产品的原产地和加工信息，其生产过程对环境友好，践行了企业保护自然的原则，这种真实性让消费者更加青睐 Patagonia 品牌。实际上，年轻一代的消费者们正逐渐影响数字时代的消费观，他们对于信息的吸收度与理解力均十分迅速。IBM 商业价值研究院曾针对这一代消费者们进行了研究，他们发现在 19～21 岁人群中，至少有 46% 以上的消费者承认他们会对某个品牌产生好感，并保持紧密且稳固的忠诚度，一旦企业传递出了让消费者感到不适的信息，做出了让消费者反感的互动，或者漠视消费者的喜好，做出让消费者不信任的承诺，就会降低消费者的忠诚度，使品牌形象受到损害。

　　品牌，毋庸置疑，是当下中国经济市场最为重视的企业潜力的重要组成部分，它承载着消费者对产品和服务的认可，也承载着消费者对企业的好感与忠诚。从宏观角度看，民族品牌还体现了企业与国家的综合实力，是企业国际交流与经济全球化的重要资源。当前，中国品牌建设已成为现阶段国家重点推进项目之一，目的在于以中国创造代替制造、以中国质量代替速度、以中国品牌代替产品。从企业角度而言，充分建设企业产品品牌，提升产品质量，加强品牌服务，开展品牌技术创新，提升企业品牌价值，促进企业资产增值，会为企业未来发展提供强有力的动力与信心。在现阶段我国大力发展品牌经济的前提下，如何有效提升品牌价值已经逐渐成为企业营销的重点问题之一。

互联网科技的发展让信息的传播越来越快，面对强依赖品牌的消费者，企业信息透明度及其影响因素与企业品牌价值之间到底有什么样的相关性呢？企业披露的年报数据是否也会被消费者关注，进而影响企业品牌价值呢？本章基于企业信息透明度，根据企业披露的资本结构面板数据，预测企业品牌价值的变化，并选取我国已上市 5 年的公司，建立相关的模型，分行业实证分析企业信息透明度与品牌价值之间的相关性。

8.1　企业信息透明度的内涵与作用

关于信息透明度的概念与内涵，最早是由资本市场的监管者提出与讨论的，如美国证券交易委员会 SEC 前任首席会计师 Lynn Turner 在 2000 年的演讲中提到的，作为投资者，企业提供的财务报表必须是可靠的，必须让投资人清楚地看到报表之下的信息以及可能面临的风险，也就是说必须具有透明度，高质量、高透明的财务报表有助于帮助投资者看清行业环境并降低未知的风险，实际上，很多投资人更愿意为此降低承担商业风险所付出的价格。[1]

国内关于信息透明度的研究，最早是由魏明海等进行系统的论述，他们从普华永道于 2001 年 1 月发布的"不透明指数"调查报告中引发了对会计透明度的讨论，认为会计透明度对会计信息质量的作用体现在两点：①丰富了会计信息质量标准；②是会计信息质量标准结果展现的方

---

[1]　LYNN E T. Speech by SEC Staff: Charting a Course for High Quality Financial Reporting［EB/OL］. https://www.sec.gov/news/speech/spch356.htm.

式。❶ 在之后的研究中，崔学刚认为，信息透明度体现了企业信息披露的水平，体现的维度可分为：披露的及时性、准确性和完整性三点。❷ 王艳艳提出，信息披露度包含两个方面：①反映了企业的会计与真实经济盈余的水平；②体现了投资者通过对披露的信息进行分析后可能对企业内部了解的程度。❸ 信息透明度对企业健康发展以及投资者的正确决策至关重要，良好的信息披露甚至可以降低市场危机发生的概率。❹

8.1.1 企业信息透明度的分类

刘洪彬对企业透明度的分类进行了概括与总结，他认为根据划分角度的不同，企业信息透明度可以分为信息属性、信息来源以及信息构成三类。

信息属性包括治理透明度、财务透明度等；信息来源包括公司报告透明度、媒体传播透明度以及金融分析师获取内部信息透明度等；信息构成包括公开披露透明度、中介信息透明度、盈余信息透明度以及内幕消息等。

从学者对信息透明度的认识过程来看，首先是美国证券交易委员会在 1996 年认为信息透明度仅为会计信息透明度；其次则是认为信息透明度为财务以及非财务信息质量特征的总和；最后则是认为信息透明度是以信息使用者为核心而体现出的公司信息透明度。

综上所述，企业信息透明度体现的企业信息，包括财务信息与非财务信息两个方面。❺

8.1.2 信息透明度的质量

实际上，信息透明度也是企业与信息使用者之间信息不对称的体现，

❶ 魏明海，刘峰，施鲲翔. 论会计透明度 [J]. 会计研究，2001，(9)：16－20，65.
❷ 崔学刚. 公司治理机制对公司透明度的影响：来自中国上市公司的经验数据 [J]. 会计研究，2004，(8)：72－80，97.
❸ 王艳艳，陈汉文. 审计质量与会计信息透明度：来自中国上市公司的经验数据 [J]. 会计研究，2006，(4)：9－15.
❹ 刘洪彬，马文聃. 企业信息透明度研究 [J]. 经营与管理，2014，(11)：107－110.
❺ 钟志强. 浅析企业信息透明度的影响因素 [J]. 商场现代化，2013，(7)：103－104.

只有企业向外传递的信息满足了信息使用者的需求，才会实现信息透明度的提升。但信息需求的满足程度还取决于信息向外披露的质量以及信息接收者解读的质量。

信息披露的质量包括信息的内容与传递的方式，葛家澍在研究财务报表质量时提到，高质量或者高透明度的财务报表需要满足：①不为利益弄虚作假；②不遗漏一切需要披露的不利的或者有利的事项；③充分暴露企业可能面临的风险；④不掩盖企业已经获得的利润与机遇，要反映出经济实质；⑤要及时准确地披露信息。❶

如果企业披露的信息不能很好地被信息接收者解读，那么信息透明度必然会受到影响。美国证券交易委员会的前任主席 Arthur Levitt 就多次在演讲中提到，信息披露应该包含两个方面——投资者获得的信息与投资者理解到的信息。❷ 即使企业披露的信息再多再丰富，不能被外界很好地解读，也会严重地降低企业信息透明度。信息接收者必须能低成本、高效率地解读信息，同时他们自身的理解能力、身处的环境等同样会影响对相同信息的反应，所以不同的信息接收者可能产生不同的透明度质量。❸

8.1.3　企业信息透明度的影响因素

影响企业信息透明度的因素有外部因素及内部因素。外部因素可分为法律环境、政府干预、市场监管、独立审计与行业性质这五项，内部因素包括资本结构、股权结构、董事会结构和外部董事的独立性、公司特征以及税收政策的激进度这五点。❹

在外部因素中，法律和政府的干预与保障是企业信息披露的关键因素。只有法律注重信息的公开与规范，政府关注信息公开的质量，那么企业内部的财务信息流通以及企业与投资者之间的交易才会更稳健，法

---

❶　葛家澍，陈守德. 财务报告质量评估的探讨 [J]. 会计研究，2001，(11)：9 – 18，65.

❷　ARTHUR L. Fulfilling the Promise of Disclosure [EB/OL]. https：//www. sec. gov/news/speech/speecharchive/1997/spch171. txt，1997.

❸　向冠春. 上市公司信息披露制度研究 [D]. 保定：河北大学，2003.

❹　杨立月. 我国公司信息透明度的影响因素及对策 [J]. 商场现代化，2015，(16)：118.

律环境与政策环境越明朗，企业的信息透明度也会相对应地增加。除此之外，市场的监管也极其重要，监管力度越积极，监管态度越强劲，企业的信息披露质量就会越高。不同的审计质量与行业对信息披露程度的要求也不一样，更为规范的审计事务所会决定投资者是否获得有效的信息，更前沿的行业也会影响信息的敏感度，信息披露的质量随之而定。

在内部因素中，债务比重高的公司会选择提高信息透明度，以缓解债务压力；管理层股权相对集中的企业，也会因为管理人员对虚假利润的需求较小，从而提高企业的信息披露质量；公司自身的特征比如企业结构等，同样会影响企业信息透明度，企业越大，需要披露的情报就越复杂，信息透明度就会越低。

8.2　企业信息透明度的测评指标

目前，学界对于企业信息透明度没有统一的衡量方法，最常见的方法有以下几种：

（1）官方公布的数据

如深圳证券交易所（以下简称"深交所"）发布的披露考核结果及企业诚信档案、标准普尔 T&D 指标、普华永道的"不透明指数"、国际财务分析和研究中心所的 CIFAR 指数等。其中，深交所发布的数据是针对我国上市公司的评级，评价依据为《深圳证券交易所股票上市规则》。该规则规定将上市公司该年度中，每一次的信息披露行为作为考核的内容，考核的维度包括信息披露的及时性、准确性、完整性和合法性，最后形成等级制的结果向外公布。❶标准普尔透明度评价公司的会计信息透明度的 98 项指标关注的是公司是否提供信息。普华永道的"不透明指数"是对国家和地区的信息披露质量进行考核，体现国家整体的会计信息透明差异。CIFAR 指数仅对信息披露的数量进行评价，信息的可靠性、

---

❶ 于健南. 信息透明度与企业价值：基于中国上市家族公司的经验证据［J］. 产业经济研究，2010，（5）：58 – 70.

准确性和及时性等特征不予考评。❶

（2）国外学者研究

代表研究有 Bushman 等和 Bhattacharya 建立的会计信息透明度指标。Bushman 等（2003）建立的评价指标包括公司报告的数量和质量、上市公司信息披露的真实性、计量原则、及时性和可信性等方面。Bhattacharya（2003）从理论模型出发，建立包括盈余激进度（*EA*）、盈余平滑度（*ES*）、总收益不透明度（*OEO*）等指标的评价模型。

（3）国内学者研究

崔学刚对会计信息透明度构建了一个信息披露评价体系，主要涵盖了 41 个信息披露条目。李丹蒙、张程睿等以考评等级作为上市公司信息透明度的衡量基准，考察自愿性信息披露和强制性信息披露两方面。❷❸

8.3　企业信息透明度对民族品牌价值的影响

8.3.1　理论基础

1. 信息不对称理论

在市场经济体制下，信息是一种至关重要的经济资源，信息的流通是市场经济发展的关键。在最早的经济学理论中，学者们提出信息是完全充分的，但随着经济与理论的不断发展，学者们认识到，在现代经济体系中，信息不可能实现完全的交换，信息经济学成为新市场经济理论的主流。信息不对称理论最初是由 3 位研究信息经济学的美国经济学家——约瑟夫·斯蒂格利茨、乔治·阿克尔洛夫和迈克尔·斯彭斯提出，他们认为交易中，掌握更多信息的一方会通过向信息缺乏的另一方传递可靠的信息来在市场中获得有利的地位并以此获益，拥有信息较少的一

---

❶　卢茂鹏. 会计信息透明度衡量方法述评 [J]. 经济视角（下），2011，(11)：56 - 57.
❷　李丹蒙. 公司透明度与分析师预测活动 [J]. 经济科学，2007，(6)：107 - 117.
❸　张程睿. 上市公司信息透明度——理论与实证研究 [M]. 北京：经济科学出版社，2008.

方会努力获取信息，但因为昂贵的成本与高风险往往处于不利的地位。❶

信息不对称理论的假设条件有两点：①交易双方信息的分布是不对称的，即永远会出现信息优势与信息劣势的区分；②交易双方都十分清楚自己在信息分布上的相对地位。❷ 这种不对等的关系在经济学上被称为"委托－代理关系"，即信息优势的一方为代理人，信息劣势的一方为委托人，这也被称为是信息不对称下的社会契约形式。❸ 正是由于双方信息分布的不对等，代理人为了自身利益，凭借信息优势，向委托人隐瞒或者篡改信息，导致委托人陷入更不利的局面的行为时有发生。这种劣势产生了信息不对称中常见的两种行为：逆向选择、败德行为。

逆向选择行为就是代理人利用委托人的信息劣势而使自身利益最大化的行为。这种行为往往会导致市场资源利用的紊乱，阻碍市场基本功能的实现。如果发生在企业与消费者之间，更是会摧毁消费者的信任，造成不可扭转的后果。

败德行为是指代理人通过对委托人隐瞒信息，使委托人受到伤害的行为。这类行为会使委托人在交易完成后对代理人进行监管以获取额外的信息，增加市场交易的风险与成本，甚至有可能导致交易停摆，降低市场运行的效率。

对于上市公司而言，信息不对称的情况不仅体现在公司外部，公司内部的管理也不可避免。对于投资者与顾客而言，他们对于公司信息的来源大多依赖于公司对外发布的公开信息，不可避免地处于信息劣势地位，同时由于管理层对自身利益的考量，一些公司往往会对投资者与顾客披露更有利于公司的财政信息，甚至对披露的会计信息造假处理，掩盖公司的不利信息，谋取更多的利益，因此当出现资金链断裂或重大公关危机时，更有可能对公司造成不小的损失，损害公司品牌利益。另一方面，公司股东之间、经理层与股东之间同样也会出现信息不对称的情况，监管体制的不完善导致大股东可能会依靠对企业的掌控隐瞒信息，侵害小股东权益，只披露对自身有利的会计信息，降低信息披露质量；

❶ 路小红. 信息不对称理论及实例［J］. 情报理论与实践，2000，23（5）：337－339.

❷ 袁红. 信息不对称理论及其应用：以保险市场为例［J］. 情报探索，1998（1）：16－17.

❸ 谢康. 西方微观信息经济学述评［J］. 经济学动态，1994（2）：68－73.

经理层出于自身利益，有可能隐瞒公司信息，以谋取更多的个人报酬，与股东之间的信息不对称造成公司运行效率的降低，增加经营成本，破坏公司品牌正常发展。

2. 信号传递理论

信号传递理论最早是由迈克尔·斯宾塞教授在经典招聘模型中提出的，他认为在招聘时由于招聘方与求职者之间的信息不对称，招聘方无法有效判断求职者的真实水平，从而有可能造成入职后的不公正待遇。但是求职者可以将教育背景等特征作为信号传递给招聘方，以此与他人区分，得到公平的待遇。

在信号传递理论中，信号传递者向外传递积极或负面的信号信息，信号接收者根据自身需求接收信息并进行分析与处理，最后做出决策，因此，信号传递理论可以有效解决信息不对称中逆向选择的问题。信号传递理论中，信号需要具备两个必要的条件——可选择性与不易模仿性，❶ 也就是说，信号必须是非强制性的且相较低质量企业而言，高质量企业传递信号的成本必须是更低的。

有研究者研究了企业会计信息的信号传递作用，认为在证券市场背景下，企业的股东与可能的投资者均不会充分了解企业的真实内部信息，这样的逆向选择会造成市场资源利用的低效。财务报告作为企业传递的有效信号，可以在一定程度上解决会计信息不对称的问题。由于财务报告的向外披露，减少了企业内部信息，投资者就可以将企业区分开来，也会减少外界对企业的不确定性，进而促进证券市场的良好运作。但财务报告传递的信号需要保持真实性与充分性，使外界对企业信息有更准确的了解与思考，这样才能提高整个证券市场运作的效率。

对于上市公司而言，信号传递理论可以应用于企业与企业间、企业与投资者间、企业与顾客间等。首先，企业向外传递的财务实力、社会责任、高管结构等信息，可以视为有效传递的信号，积极正面的信息可以显著提升企业品牌声誉，巩固竞争地位，提高竞争优势。投资者同样

❶ 林斌，饶静. 上市公司为什么自愿披露内部控制鉴证报告？基于信号传递理论的实证研究 [J]. 会计研究，2009（2）：45－52.

需要企业传递的信号来判断企业发展前景，如果信号积极且符合投资者的期望，投资者就更有可能对企业进行投资，使企业品牌得到更好的发展。在信息不对称的大环境下，如果企业无法有效地将品牌背景、服务质量、产品创新等信号传递给消费者，就很难赢取消费者的关注，丧失竞争优势，因此，良好的信息传递可以提高信号的可信度，帮助消费者快速建立品牌信赖度，从而影响消费者的购买倾向，提高品牌价值。

8.3.2　模型变量

本章研究的上市公司信息透明度数据来自深交所发布的信息披露考评数据，上市公司品牌价值数据主要来自"我国上市公司品牌价值评估研究"课题数据，上市公司资本结构及股权结构等数据主要来自国泰安经济金融研究数据库、Wind 数据库中 2012 ～ 2016 年的深 A 股上市公司的财务数据、股权结构等数据，按照以下步骤和标准剔除数据：

①由于创业板公司的上市门槛、信息披露要求、退市制度等均与主板不同，因此只保留主板上市公司；②考虑品牌价值需要雄厚的资本积累与技术积累，因此只保留上市满 10 年的公司；③剔除了一些财务数据以及品牌数据不全的上市公司。

最终通过上述样本数据的收集途径与标准，共获得了 2012 年深市 A 股上市公司 145 家的原始数据；2013 年深市 A 股上市公司 145 家的原始数据；2014 年深市 A 股上市公司 150 家的原始数据；2015 年深市 A 股上市公司 148 家的原始数据；2016 年深市 A 股上市公司 145 家的原始数据。总计获取了 2012 ～ 2016 年 733 家深市 A 股上市公司的原始数据。

本书使用 EXCEL 2016、SPSS 19 等统计软件进行数据处理。以下是对研究对象各个变量的解释说明（见表 8 - 2）。

1. 因变量：品牌价值

本章旨在研究上市公司信息透明度与品牌价值的相关性，在研究品牌价值时，参考了 Interbrand 品牌价值评估模型，此模型基于财务视角，评估品牌是否能为企业带来长期的盈利。品牌价值（BV）计算公式如下：

$$BV = P \times S$$

其中，*BV* 为品牌价值；*P* 为品牌收益；*S* 为品牌强度系数。品牌强度系数需要考虑企业的外部环境、行业属性、业务水平以及消费者态度等方面，因此建立了包含 4 个一级指标、13 个二级指标的模型体系，具体如表 8 - 1 所示：

表 8 - 1　品牌强度系数指标体系

一级指标	二级指标
品牌发展环境	经济环境
	政策环境
	公共环境
	法律环境
品牌行业环境	行业属性
	行业效应
	行业影响
品牌发展能力	企业绩效
	创新水平
	企业责任
消费者态度	品牌认知度
	品牌美誉度
	品牌忠诚度

在通过计算得到品牌价值后，取其自然对数作为因变量代入模型回归。通过自然对数的变换降低了因变量的量纲，且得到的线性回归模型可以更好地体现相关性结论。

2. 解释变量：信息透明度

信息透明度的度量结果采用深交所公开的信息披露考评等级。深交所自 2001 年起开始实施上市公司信息披露考核工作，考核维度、体系、方式及结果运用都较为完善，可以很好地反映上市公司信息透明度的情况。深交所对上市公司信息披露的考评维度主要包含：①信息披露的真实性、准确性、完整性、及时性、合法合规性和公平性；②上市公司被处罚、处分及采取监管措施情况；③上市公司与深交所的配合情况；

④上市公司信息披露事务管理情况及其他情况等的衡量，考核结果从高到低划分为 A、B、C、D 四个等级。著者在进行数据处理时，将 4 个等级从高到低按 4 ～ 1 分别定量赋值。

3. 控制变量：资本结构

影响品牌价值的因素有很多，本书研究的是信息透明度与品牌价值的相关性，为了能更好地解释两者之间的关系，本章引入了除信息透明度外的其他影响品牌价值的主要因素作为控制变量。

企业资本结构作为反映企业财务信息的重要指标之一，是品牌发展的资金保障。良好的资本结构可以提高企业价值，促进投资，提高品牌价值。为体现企业资本结构情况，著者选取总资产负债率度量资本结构。资产负债率可以衡量总资产中通过借款筹集的比例，负债比率越大，财务风险就越大，获取利润的能力也越强。

4. 控制变量：企业规模

著者认为企业规模越大，越会倾向于多元化经营，财务杠杆就越高，承担风险的能力就越大，因此有更多的机会受到投资者与消费者的青睐。相较规模较大的公司，有更雄厚的资本与市场基础发展品牌，在面临品牌危机时也会有更多的经验与人力物力进行公关，对品牌的影响不言而喻。因此，著者采用企业总资产的自然对数来对企业规模进行衡量。

5. 控制变量：企业成长能力

企业成长能力体现了企业未来的发展潜力，是企业在经营管理以及发展趋势等多方面综合体现的特征之一。企业成长能力越强，意味着企业有更大的发展动力，更有可能扩大规模提高经营效益，以此提升品牌价值。衡量当前企业成长能力的指标就是企业是否能够使营业能力不断增强，因此，著者采用营业收入增长率来表示当前企业的成长能力。

6. 控制变量：股权集中度

企业的产权性质作为上市公司的自身属性，是影响企业资本结构、投资行情、企业决策、品牌发展等的重要因素之一。股权集中度越高，说明大股东拥有更多的话语权和决策权，其具有的信息优势可以很好地化解经理人与股东之间的信息不对称问题，有助于企业绩效的提升，也有助于企业品牌发展。著者采用前十大股东持股比例对股权集中度变量进行衡量。

表 8-2　研究变量的定义

变量名称	变量定义
信息透明度（*Transparency*）	深交所上市公司信息披露考核结果
品牌价值（*BV*）	取品牌收益×品牌强度系数的自然对数
资本结构（*TLAR*）	总资产负债率＝负债总额/资产总额
企业规模（*SIZE*）	公司总资产的自然对数
企业成长能力（*GROWTH*）	营业收入增长率＝（营业总收入本年本期金额－营业总收入上年同期金额）/（营业总收入上年同期金额）
股权集中度（*TOP*10）	前十大股东持股数合计/总股数

8.3.3　假设构建

1. 企业信息透明度对品牌价值的假设提出

提高企业信息透明度对企业管理者来说，是值得反复思量且难度不小的，除了商业机密外，涉及利润展示的部分可能让企业家们感到"拿不出手"。但更加透明的企业毫无疑问会赢得消费者的忠诚，更加透明的关系会让消费者和品牌之间的联系更加紧密。

在信息时代，企业单靠价格和质量等传统产品的特征已经越来越难以在市场中脱颖而出。当越来越多的消费者，尤其是年轻消费者们开始认识品牌，重视品牌，且依赖品牌的时候，企业就必须充分利用品牌来获得竞争优势，让消费者们感受品牌企业的公开与透明，这样才能获得消费者的信任。在社会公信力不高、人与人之间信任度不高的条件下，企业向消费者传达出真实、全面、真诚的信息尤为重要。互联网技术让信息的传播速度越来越快，一旦企业品牌获得了一定的知名度，消费者们就会情不自禁地对品牌感到好奇，保持信息透明是消费者获得企业信息的最佳途径，保持信息的真实也是维持品牌的重要方向之一。一旦信息造假，则会使消费者产生强烈的心理落差，继而使消费者流失，对品牌价值产生致命性的打击。

提高信息透明度是减少甚至消除消费者品牌质疑、改善消费者品牌态度的重要举措之一。关于企业财务信息的公开，可以让消费者以及投资者了解企业资本，消除企业与消费者之间的信息不平衡，对企业的资金以及发展有更为直观的感知，良好的资本结构也会让消费者对品牌树立信心。企业非财务信息的公开，例如慈善或者社会责任等信息，则会提高企业的社会形象，使消费者对品牌产生情感倾向，继而提高企业品牌价值。

对于投资者而言，投资者们更倾向于股价受交易量影响较小的公司，❶ 信息透明度高的公司，公司股票交易对股价波动的影响往往较小，❷ 因此信息透明度也成为投资者们决策的因素之一，信息披露的质量越高，投资者们越容易发现潜在的盈利机会，就越有可能得到投资者的青睐。这对于企业未来的品牌发展会产生深远的影响。

因此，形成假设 H1：

H1 企业信息透明度对品牌价值有着显著的正向影响。

2. 企业信息透明度、资本结构对品牌价值的假设提出

企业信息透明度中，资本结构等财务信息是重要的组成部分，是企业筹资管理的核心问题。资本结构可以影响消费者与投资者对企业的财务感知，良好的资本结构可以提高企业价值，促进投资，有助于企业降低综合资本成本率，使企业获得财务杠杆利益，并增加企业的价值，❸因此，对资本结构等财务信息的公开及透明就显得尤为重要。

在资本结构的研究中可以发现，债务期限是影响企业成长的一个重要因素，长期债务（长期债务与资产总额之比度量）与短期债务（短期债务与资产总额之比度量）对企业成长都存在正向的影响。❹ 对于中国

---

❶ GOMPERS P, METRICK A. Institutional Investors and Equity Prices [J]. Quarterly Journal of Economics, 1999, (2): 22 – 56.

❷ HEALY P, A. HUTTON K. PALEPU. Stock Performance and Intermediation Changes Surrounding Sustained Increases in Disclosure [J]. Contemporary Accounting Research, 1999, 16 (3): 485 – 520.

❸ 张晴, 任建雄, 徐珍. 上市公司资本结构的影响因素实证研究: 以宁波为例 [J]. 浙江金融, 2011, (7): 61 – 65.

❹ AUERBACH A J. Real Determinants of Corporate Leverage [J]. Nber Working Papers, 1985: 301 – 324.

企业而言，虽然中国债券市场发展相对滞后，相关的市场监督与信用评估机制也相对不完善，但早在 2003 年，就有学者对资本结构与企业成长性进行研究，他们采用时序数据模型，基于 1994 ～ 2001 年 131 家沪深高科技上市公司的经验数据进行实证研究，发现债务比例（债务总额与所有者权益之比度量）对企业成长存在较为显著的正向作用❶。当企业的资本结构越趋向于合理，它的企业价值就会得到提高，品牌的利益相关者就会对企业未来成长有更为乐观的期望，进而提高利益相关者对企业的依赖度与忠诚度，供销商、中间商、制造商、服务提供商、社会媒体等才会与企业进行持续的合作，进而在品牌的价值利润链中提高品牌的价值。

合理的资本结构还会导致有效率的投资决策。❷ 众所周知，由于创新具有不确定性、不可逆性与投资周期长等特点，企业需要巨额的资金进行技术创新与研发，❸ 因此创新投资总是要面临更高的风险，债权人往往会在合约中严格约束企业投资高风险的项目，一旦企业财务杠杆过高，就有可能丧失对增长机会的投资。❹ 当企业的财务杠杆越低，资本结构越合理，企业的技术创新投资就相对越多。❺ 还有一些学者认为品牌生命周期中各层次技术创新契合度之和与品牌使用时间的乘积决定了品牌价值，❻ 这意味着，品牌的价值与知名度在某种程度上由品牌创新决定，持续不断对品牌进行技术创新会产生非常高的集合效应。❼ 也就是说，当企业不断调整资本结构使之趋于合理，企业成长性越高，业务发展越迅速，就会有更多的机会接触投资，吸引更多的投资者参与企业的技术创新，从而提升品牌强度与收益，进而提高品牌价值。

---

❶ 程惠芳，幸勇. 中国科技企业的资本结构、企业规模与企业成长性 [J]. 世界经济，2003，(12)：72 – 75.

❷ 范从来，王海龙. 上市公司资本结构与公司投资行为之间关系的实证研究 [J]. 当代财经，2006，(11)：43 – 47.

❸ 杨勇，达庆利. 不对称双寡头企业技术创新投资决策研究 [J]. 中国管理科学，2005，(4)：95 – 99.

❹ 彭舒扬. 企业成长性与资本结构关系研究 [D]. 长沙：湖南大学，2012.

❺ 戴跃强，达庆利. 企业技术创新投资与其资本结构、规模之间关系的实证研究 [J]. 科研管理，2007，(3)：38 – 42.

❻ 李媛，关士续. 品牌价值与创新的时间过程模型 [J]. 生产力研究，2007，(3)：10 – 11 + 50.

❼ 夏保华. 企业持续技术创新的结构 [M]. 沈阳：东北大学出版社，2001.

总而言之，打造品牌和维护品牌都需要资金的投入与支持，也就是说，想打造强势品牌，有效的资金是必要的条件之一。因此，形成假设 H2：

H2 资本结构越合理，信息透明度对品牌价值的影响就越明显。

3. 企业信息透明度、企业规模对品牌价值的假设提出

企业信息透明度不可避免地受到企业内部因素的影响。钟志强认为，影响企业信息透明度的因素还包括企业治理结构、财务杠杆、行业因素等方面。

在企业规模方面，权衡理论认为，大公司的抗风险能力强，倾向于多元化经营，不容易受财务困境的影响，因此可以拥有较高的财务杠杆，管理者自由度较少，公司边际破产成本较低，因此公司可以拥有较高的负债和企业价值。❶ 不难理解，只有大公司有足够的财力在企业内部为当前的研究与开发项目融资，并进行大量的种类不同、互不相关的项目来降低研发总风险，通过对技术创新等方面的研究来提升品牌独特性，进而提高品牌价值。

企业规模越大，消费者对企业的关注度就会越高，在购买企业推出的服务或产品时，就会更加积极地寻求企业相关的信息。因此，消费者对大企业的信息要求较小企业而言会更为严苛，他们希望大企业向外传播真诚准确的信息，以此寻求品牌消费依据，一旦产生负面舆论或信息造假等情况，消费者的心理落差也会更大。

因此，形成假设 H3：

H3 企业规模越大，企业信息透明度对品牌价值的影响就越显著。

4. 企业信息透明度、企业股权集中度对品牌价值的假设提出

研究我国上市公司企业问题时，不可避免地要对企业产权性质进行分析，作为上市公司属性，产权性质对企业日常管理决策以及资本结构等都具有重要的意义。❷ 其中上市公司因其特殊性，股权结构对上市公

❶ MYERS S C. Determinants of corporate borrowing ☆ [J]. Journal of Financial Economics, 1977, 5 (2): 147 –175.

❷ 李延喜，曾伟强，马壮，陈克兢. 外部治理环境、产权性质与上市公司投资效率 [J]. 南开管理评论，2015, (1): 25 –36.

司的影响更为显著。❶

在信息披露对企业价值影响方面，有学者认为，企业借助财务报告与信息披露可以降低管理者与外部投资者之间的信息不对称与冲突，且公司股价与透明度呈正相关。对于股权集中度对企业绩效的影响，国内学者的结论存在较大差异。有学者基于585家非金融类A股公司的数据进行实证分析，将第一大股东持股比例、前五大股东持股比例和赫芬达尔指数作为衡量股权集中度的指标，发现它们与公司绩效呈负相关关系，❷股权的分散会促进企业绩效的提升。也有学者认为，股权集中度越高，越有助于企业绩效的提升，❸大股东拥有更多的话语权和信息优势，能够缓解两权分离情况下经理人与股东之间的信息不对称问题，❹经理人会促使资本结构向最优调整。❺另一方面，独立董事等也会监督企业经理人加大企业信息披露的状况，减少信息不对称的行为，提高信息透明度。

基于以上研究，形成假设H4：

H4 股权集中度越高，企业信息透明度越高，品牌价值提升越明显。

4种假设变量的关系如图8-1所示。

8.3.4 概念模型

本章主要从实证分析的角度分析上市公司信息透明度对品牌价值的影响，考虑到品牌价值的建立是一个动态过程，受当前与过去的因素影响，因此引入滞后项，构建模型如下：

---

❶ 颜爱民，马箭. 股权集中度、股权制衡对企业绩效影响的实证研究：基于企业生命周期的视角 [J]. 系统管理学报，2013，(3)：385-393.

❷ 胡国柳，蒋国洲. 股权结构、公司治理与企业业绩：来自中国上市公司的新证据 [J]. 财贸研究，2004 (4)：83-89.

❸ MARGARITIS D，PSILLAKI M. Capital structure，equity ownership and firm performance [J]. Journal of Banking & Finance，2010，34 (3)：621-632.

❹ DEMSETZ H，LEHN K. The Structure of Corporate Ownership：Causes and Consequences [J]. Journal of Political Economy，1985，93 (6)：1155-1177.

❺ 贺康，李盼盼，刘巍. 股权集中度与资本结构动态调整研究 [J/OL]. 南京审计大学学报，2017，(2)：49-57.

图 8-1　假设变量关系

$$BV_{iy} = \alpha \times BV_{iy-1} + \beta \times Transparency_{iy} + \delta \times control_{iy} +$$

$$\sum Year + \sum Ind + \varepsilon_{iy}$$

为了研究资本结构在品牌价值与信息透明度之间的调节作用，将资本结构和信息透明度的交叉项引入方程中，为避免多重共线性的干扰，将控制变量中的资本结构变量剔除。具体模型如下：

$$BV_{iy} = \alpha \times BV_{iy-1} + \beta_1 \times Transparency_{iy} + \beta_2 \times Transparency_{iy} \times TLAR_{iy} +$$

$$\delta \times control_{iy} + \sum Year + \sum Ind + \varepsilon_{iy}$$

研究企业规模对信息透明度与品牌价值的影响，将企业规模和信息透明度的交叉项引入方程中，为避免多重共线性的干扰，将控制变量中的企业规模变量剔除。具体模型如下：

$$BV_{iy} = \alpha \times BV_{iy-1} + \beta_1 \times Transparency_{iy} + \beta_2 \times Transparency_{iy} \times$$

$$SIZE_{iy} + \delta \times control_{iy} + \sum Year + \sum Ind + \varepsilon_{iy}$$

研究股权集中度对信息透明度与品牌价值的影响，将股权集中度和信息透明度的交叉项引入方程中，为避免多重共线性的干扰，将控制变量中的股权集中度变量剔除。具体模型如下：

$$BV_{iy} = \alpha \times BV_{iy-1} + \beta_1 \times Transparency_{iy} + \beta_2 \times Transparency_{iy} \times$$

$$TOP10_{iy} + \delta \times control_{iy} + \sum Year + \sum Ind + \varepsilon_{iy}$$

8.3.5　模型验证

1. 描述性统计分析

表 8-3 列出了主要变量的描述性统计结果。我们可以从中看出：

（1）上市公司信息透明度最小值为 1.00，最大值为 4.00，均值为

1.82，标准差为 0.59，说明样本公司的信息透明度一般，且样本之间存在一定差异。

（2）上市公司平均品牌价值的自然对数为 20.52，最小值为 17.11，最大值为 25.21，标准差为 1.58，说明不同上市公司之间的品牌价值差距较大。

（3）上市公司资产负债率均值为 0.47，最小值为 0.04，最大值为 0.95，标准差为 0.19，说明我国上市公司资产负债率之间的差距较小，且资产负债率自身较高，企业偿债能力一般。

（4）上市公司平均总资产的自然对数为 22.97，最小值为 18.84，最大值为 28.71，标准差为 1.33，表明我国不同上市公司之间的企业规模差距较大。

（5）营业收入增长率均值为 0.49，最小值为 - 0.78，最大值为 167.65，标准差为 6.33，表明不同上市公司之间的成长能力极其不同，存在非常大的差异。

（6）前十大股东持股比例较高，最大值达到 0.94，均值达到了 0.56，数值非常大，说明我国上市公司股权集中度较高，大股东控股现象严重，符合我国上市公司现有的股权结构情况。

表 8 - 3　主要变量的描述性统计

变量	最小值	最大值	平均值	标准差
Transparency	1.00	4.00	1.82	0.59
BV	17.11	25.21	20.52	1.58
TLAR	0.04	0.95	0.47	0.19
SIZE	18.84	28.71	22.97	1.33
GROWTH	- 0.78	167.65	0.49	6.33
*TOP*10	0.13	0.94	0.56	0.16

2. 相关性分析

对主回归中各变量进行相关性检验，著者使用适用范围更广的 Spearman 相关系数进行相关性的检验。统计分析的结果如表 8 - 4 所示。

表 8 – 4　上市公司信息透明度与品牌价值相关系数矩阵

		V	Transparency	TLAR	SIZE	GROWTH	TOP10
BV	相关系数	1.00	0.22 ***	– 0.09 **	0.26 ***	0.13 ***	0.02
	显著性（双尾）		0.00	0.02	0.00	0.00	0.58
Transparency	相关系数	0.22 ***	1.00	0.01	– 0.33 ***	– 0.02	– 0.04
	显著性（双尾）	0.00		0.90	0.00	0.64	0.23
TLAR	相关系数	– 0.09 **	0.01	1.00	0.45 ***	0.16 ***	– 0.05
	显著性（双尾）	0.02	0.90		0.00	0.00	0.16
SIZE	相关系数	0.26 ***	– 0.33 ***	0.45 ***	1.00	0.06	0.17 ***
	显著性（双尾）	0.00	0.00	0.00		0.09	0.00
GROWTH	相关系数	0.13 ***	– 0.02	0.16 ***	0.06	1.00	– 0.02
	显著性（双尾）	0.00	0.64	0.00	0.09		0.63
TOP10	相关系数	0.02	– 0.04	– 0.05	0.17 ***	– 0.02	1.00
	显著性（双尾）	0.58	0.23	0.16	0.00	0.63	

注：*** 表示相关性在 1% 水平上显著；** 表示相关性在 5% 水平上显著。

　　从表 8 – 4 中可以看出，品牌价值与信息透明度、资产负债率、企业规模、营业收入总增长率的相关系数分别为 – 0.222、– 0.086、0.259、0.129，除与资产负债率在 5% 的置信度水平下相关外，均在 1% 的置信度下有一定的相关性，但与前十大股东持股比例之间的相关系数为 0.021，没有明显的相关性。

　　相关分析的结果说明上市公司的信息透明度与品牌价值之间有较为显著的相关性，结果表示为显著正相关（1% 的置信度下），相关性分析初步验证了假设 H1，接下来将通过回归分析对假设进行进一步的检验。

3. 回归分析

（1）基准估计

首先对模型进行全样本 OLS 估计，并以该回归结果作为对照，进行系统 GMM 估计。可以从表 8 - 5 中看出，模型 Sargan 过度识别约束检验拒绝原假设，认为模型中的工具变量是有效的。同时，系统 GMM 估计结果中可看到，Arellano - Bond 差分后的 AR（1）检验拒绝原假设，证明差分后的残差为一阶自相关；AR（2）不拒绝原假设，说明不存在二阶自相关关系，模型设定合理。

从表 8 - 5 中看出，滞后一阶的品牌价值系数显著为正，说明品牌价值的变动存在极强的惯性特征，非常容易受到以往的品牌价值影响。信息透明度系数在 10% 的置信水平下显著为正，说明企业的信息透明度与品牌价值之间存在较为显著的正相关性，表明当企业的信息透明度越高，企业的品牌价值越能得到提升，进一步验证了假设 H1。因此，企业在品牌建设的过程中，应注重情报公开的质量与及时性，积极提高信息透明度，促进品牌价值的提升。

在控制变量方面，资产负债率的提升对品牌价值有显著消极的影响，这也与大多数资产结构与品牌价值研究文献的结论保持了一致。实际上，投资者在对品牌投资进行决策时，资本结构是非常重要的决定因素之一，当企业的资本结构越趋向合理，财务杠杆越平衡，对投资人的吸引力就越大，从而可以促进品牌价值的提升。而资产负债率过高，则意味着企业的财务风险相对较高，可能带来资产链破裂等严重情况，很有可能影响投资者的决策，对品牌价值产生消极的影响。企业规模的系数为正且十分显著，说明大企业在建设品牌价值时相对于小企业会有更为积极的基础，不难理解，由于消费者对于大企业本身就具有很好的信赖度与消费倾向，因此在消费时，更有可能选择大企业的品牌产品。企业成长性的估计系数均为负且在回归中一直未发生变化，但估计结果不显著，在一定程度上说明企业成长性对品牌价值的反向推动作用。

表 8 – 5　基准估计结果

被解释变量	OLS 估计	SYS – GMM 估计	2SLS 估计
被解释变量一阶滞后	—	0.32 **	0.69 ***
		(−0.16)	(−0.08)
Transparency	0.17 *	0.64 *	0.19 *
	(−0.09)	(−0.33)	(−0.12)
TLAR	−2.24 ***	−2.26 *	−0.42
	(−0.31)	(−1.17)	(−0.42)
SIZE	0.48 ***	0.66 ***	0.11
	(−0.05)	(−0.24)	(−0.08)
GROWTH	−0.01	−0.13	−0.08
	(−0.01)	(−0.11)	(−0.06)
*TOP*10	−0.05	0.81	0.44
	(−0.34)	(−1.33)	(−0.42)
年份/行业	控制	控制	控制
R^2	0.34	—	0.53
F	15.30 ***	—	—
Sargan 检验	—	0.00	—
AR（1）检验	—	0.00	—
AR（2）检验	—	0.74	—
识别不足	—	—	104.44 ***
弱工具变量	—	—	79.00
Observations	728	728	728

注：***、** 和 * 分别表示在 10%、5% 和 1% 的水平下显著。

OLS 回归，括号内的数值为对应估计值的 t 统计量；SYS – GMM 回归与 2SLS 回归，括号内的数值为对应估计值的 z 统计量。下同。

（2）内生性检验

在对模型进行回归时，由于对年份与行业进行了控制，在一定程度上减缓了遗漏变量的内生性，且 GMM 估计也在一定程度上对异方差与自相关性进行了修正，但品牌价值的滞后项仍有可能与模型的残差具有相关性，因此仍有必要对模型的内生性进行进一步的检验。

著者使用两阶段最小二乘法（2SLS）进行内生性检验，采用品牌价值滞后二期作为工具变量，其结果如表 8－6 所示，弱工具变量检验值为 186，大于经验值 10，说明选择的工具变量有效。信息透明度的系数显著为正，证明了信息透明度的提高确实会促进品牌价值的提升，再次验证了假设 H1。资本结构、企业成长能力的系数呈现正向关系，与前文一致。

（3）交互效应分析

在模型一的基础上，著者分别引入信息透明度与资本结构的交叉项、信息透明度与企业规模的交叉项、信息透明度与股权集中度的交叉项，进一步了探讨信息透明度与品牌价值的关系。回归结果如表 8－6 所示。

表 8－6　引入交叉项的估计结果

被解释变量	模型二	模型三	模型四
Transparency	1.59***	− 5.68***	0.48
	− 0.40	− 2.04	− 0.59
Transparency × TLAR	− 1.78***	—	—
	− 0.49		
Transparency × SIZE	—	0.25***	—
		− 0.09	
*Transparency × TOP*10	—	—	− 0.26
			− 0.70
TLAR	—	− 2.63**	− 2.94**
		− 1.19	− 1.25
SIZE	0.79***	—	0.71***
	− 0.25		− 0.24
*TOP*10	− 0.99	0.95	—
	− 1.51	− 1.37	

被解释变量	模型二	模型三	模型四
GROWTH	− 0.01	− 0.15	− 0.08
	− 0.12	− 0.11	− 0.12
年份/行业	控制	控制	控制
Sargan 检验	0.00	0.00	0.00
AR（1）检验	0.00	0.00	0.00
AR（2）检验	0.92	0.92	0.84
观测值	452	452	452

模型二中加入了信息透明度与资本结构的交叉项，系数在 1% 的置信水平下显著为负，说明资产负债率的提升会削弱信息透明度对品牌价值的影响。资产负债率过高会导致企业过度依赖外部资金，使企业面临非常大的偿债压力和财务风险。因此，优化企业资本结构，适度降低资产负债率，会对信息透明度与品牌价值之间的关系产生积极的影响，充分证明了假设 H2。

模型三加入了信息透明度与企业规模的交叉项，系数在 1% 的置信水平上显著为正，说明企业规模可以加强信息透明度对品牌价值的影响，企业规模越大，信息透明度对品牌价值的提升作用就越明显。大企业会面临更严峻的情报公开考验，信息透明度越高，外部消费者与投资者对企业的信赖度就会越强，由此对品牌价值的提升就会越大，充分证明了假设 H3。

模型四加入了信息透明度与股权集中度的交叉项，系数为负且不显著，说明股权集中度的加强在一定程度上会削弱信息透明度对品牌价值的影响，假设 H4 没有得到验证。

4. 稳健性检验

在回归分析中，分别使用了 OLS 估计、系统 GMM 估计以及 2SLS 估计来对结果进行检验，通过回归方法的不断更换验证了结果的稳健性。

下面将采用对样本分组检验的方式进一步开展模型的稳健性检验。

首先，将本章使用的样本进行分地区讨论❶，具体结果如表8-7所示。

表8-7　分地区检验估计结果

被解释变量	东部地区	中部地区	西部地区
被解释变量一阶滞后	0.05	0.10	0.09
	（-0.17）	（-0.24）	（-0.25）
$Transparency$	0.21	0.70*	0.98**
	（-0.37）	（-0.37）	（-0.43）
$TLAR$	-0.48	-4.86**	-0.97
	（-1.17）	（-2.09）	（-3.38）
$SIZE$	0.94***	0.33	1.67***
	（-0.25）	（-0.36）	（-0.38）
$GROWTH$	-0.10	0.11	0.52
	（-0.28）	（-0.12）	（-0.63）
$TOP10$	2.19*	-3.36*	-3.42
	（-1.29）	（-1.78）	（-6.33）
年份/行业	控制	控制	控制
Sargan 检验	0.00	0.14	0.24
AR（1）检验	0.00	0.08	0.01
AR（2）检验	0.45	0.82	0.11
Observations	288	100	64

　　分地区回归显示，在中部以及西部地区，信息透明度的提升会对品牌价值有显著的积极影响，在东部地区，该影响为正向但不显著。造成这种差别的原因可能为，我国地区发展极不平衡，存在非常大的差异，东部地区在经济发展的过程中，相比中西部地区有极强的基础优势，发展能力也相对较强，自然而然催生出一大批企业品牌，但东部地区激烈的品牌竞争环境也导致品牌之间的质量差距与企业差距相对较大，以深

---

　　❶　东部地区包括北京、天津、河北、辽宁、上海、江苏、浙江、福建、山东、广东、海南；中部地区包括山西、吉林、黑龙江、安徽、江西、河南、湖北、湖南；西部地区包括重庆、内蒙古、四川、广西、贵州、云南、陕西、甘肃、青海、宁夏、新疆。

交所上市公司数量作为比较依据可知，截至 2018 年 3 月，京津冀地区共有上市公司 233 家（其中，北京 175 家，天津 24 家，河北 34 家），江浙沪地区共有上市公司 537 家（其中，江苏 225 家，浙江 234 家，上海 78 家）。巨大的企业发展差距使消费者在消费时可以轻而易举地对企业品牌做出判断，而不用过多关注企业情报，并且相较于小品牌企业而言，消费者显然会被大品牌吸引做出消费选择。

对于中西部地区而言，由于地理环境、产业结构、政策环境等一系列因素影响，经济发展远远落后于东部地区，且地区内竞争环境也并不十分激烈，中西部地区内部的企业发展相对较为平衡，消费者与投资者需要更多的企业信息做出消费或投资决策。因此，企业对外情报的信息透明度就格外重要。在消费者与投资者无法仅凭借外部信息判断品牌差异时，企业发布的品牌情报信息就会成为消费者与投资者了解品牌的重要渠道之一，信息透明度越高，消费者与投资者对企业品牌的了解度与认知度就会更高，长此以往，对企业品牌的包容度与忠诚度就会越高。

5. 分产业分析

本节通过对样本企业分产业再次进行分析，探讨信息透明度在三大产业品牌中的重要性以及影响。由于第一产业样本数量过少，无法得到理想的回归结果，因此仅对第二产业与第三产业进行分析与讨论。

根据样本企业回归结果可知，如表 8 - 8 所示，第二产业信息透明度与品牌价值呈显著正相关关系，第三产业信息透明度与品牌价值呈正向关系。第二产业主要包括加工制造产业，产业特点决定了消费者与投资者获取企业品牌情报的渠道较少，对企业品牌的喜好度与认同度需要长时间的培养，因此消费者与投资者在进行品牌选择时往往会依赖于企业本身向外传递的情报信息，并通过这些信息判断真实性、时效性、相关性以做出相应的决策。企业品牌的信息透明度越高，越容易使消费者产生品牌消费倾向，对品牌价值的提升就会越积极。

第三产业的行业范围广泛，且服务业居多，这类产业品牌由于直接面向消费者，消费者对品牌的喜好度与忠诚度会在极短时间内体现出来，因此非企业发布的品牌信息相对极其丰富。这些外部信息可能包括其他消费者的评价、媒体舆论等，这些信息有时足够使消费者或投资者做出判断。但同时并不能否定信息透明度对品牌价值的提升作用，应注意到，信息透明度与品牌价值之间确实存在正向关系。对于正处于公关危机的企业，消费者评价与媒体舆论往往会对品牌产生负向影响，此时企业信息透明度如果越高，就越容易引起后续消费者的同情与理解，并能通过前期良好的信息透明度基础，迅速建立起消费者忠诚度，重新打开市场，提升品牌价值，减缓公关危机带来的不良后果。

表8-8 分产业检验估计结果

被解释变量	第二产业	第三产业
被解释变量一阶滞后	0.24	0.00
	（-0.17）	（-0.25）
Transparency	0.70**	0.18
	（-0.34）	（-0.44）
TLAR	-3.34**	0.76
	（-1.47）	（-1.37）
SIZE	0.78***	0.92**
	（-0.30）	（-0.39）
GROWTH	0.60**	-0.38***
	（-0.25）	（-0.14）
*TOP*10	0.27	0.85
	（-1.65）	（-1.51）
年份/行业	控制	控制
Sargan 检验	0.00	0.01
AR（1）检验	0.00	0.03
AR（2）检验	0.22	0.65
Observations	332	104

8.4 民族品牌价值提升的启示与建议

本章的研究从理论与现实层面都具有重要的启发意义，虽然国内诸多学者对信息透明度与企业品牌价值都进行了深入的研究，但对二者之间的相关性研究较为鲜见。本章基于深交所公开的信息披露考评数据，建立回归模型，引入资本结构、企业规模、企业成长性、股权集中度等调节变量，对信息透明度与品牌价值之间的相关性进行了研究，并验证了信息透明度对品牌价值的正向显著作用，同时还对信息透明度与部分调节变量的交互反应进行了研究。根据以上研究结论，著者提出以下建议：

1. 加大信息披露法律法规建设力度与强度

应加强对上市公司信息披露的关注度，加快完善信息披露制度的政策法规，规定好信息披露的内容、时间与质量等条例。对于企业财务情况、管理情况、社会责任履行情况等有明确的披露格式与披露规范，减少披露信息数量的缺失、劣质以及披露的不及时性，充分发挥信息披露对品牌经济、市场经济的优化作用，将信息透明度作为上市公司诚信度的衡量标准之一。

2. 建立完善科学的信息透明度考核体系

制定统一的信息披露评价与考核制度，研究并颁布一套完善的信息透明度评价体系，以便更精准地对我国上市公司进行评价。目前我国深交所的考核体系仅针对深交所上市公司，无法充分满足我国现有资本市场的需要，因此迫切需要一套科学全面权威的评价指标体系；同时，需要设立专业的信息透明度评价研究机构，对上市公司信息透明度定期进行考评与结果的披露，并不断完善考核评价指标体系，以适应时代发展的需要。

3. 设立信息披露监管制度

建立完善的信息披露监管措施与机制，确保监管到位，赏罚分明，并加大对不履行信息披露义务的企业的惩罚力度；设立相应的监管部门与审计部门，对上市企业进行定期监管，确保企业完成信息披露义务，利用赏罚制度来提高信息质量，确保信息的真实可靠，为投资者的理性决策、消费者的理性消费提供保障，促进市场的高效有序运作。

4. 完善企业内部信息管理办法

企业需要建立完善的内部信息管理制度，减少内部信息不对称的行为，提高企业内部信息透明度。尤其需要注重财务管理制度，确保财务信息的真实性、可靠性，避免企业内部员工的违法违规操作，并规定专门人员进行企业的定期披露以及财务信息的监管，提高企业信息传递质量。

5. 重点关注中西部地区以及第二产业信息透明度建设

对于中西部地区，在加快企业品牌建设的同时，应考虑地区的政策环境、资源环境等对企业品牌竞争的限制性。对于中西部企业来说，由于没有极大的发展差距，因此仅凭借外部信息，消费者与投资者无法轻易做出消费与投资决策，需要政府与企业加强对信息透明度的重视程度，对外传播及时、准确、正向的品牌信息，以带动品牌经济的发展。对于以制造加工业为主的第二产业，由于产业特点限制了信息的多样性与丰富性，企业品牌无法依靠媒体信息等快速建立起大范围的消费者认知度与忠诚度，同样需要企业提升信息透明度建设，以培养和吸引消费者与投资者的关注，进而提升品牌价值。

8.5　本章小结

上市公司信息透明度对民族品牌至关重要，由于企业与投资者和消费者之间的信息不对称，投资者和消费者非常重视企业向外传递的情报信息，因此信息透明度作为衡量情报质量的因素之一，其重要性不言而喻。

本章首先介绍了国内外关于企业信息透明度、品牌与品牌价值的相关文献，并基于信息不对称理论和信号传递理论，探讨信息透明度与品牌价值之间的相关性，以及分别与资本结构、企业规模、企业股权集中度的交互性。在理论基础之上，著者首先构建了信息透明度与品牌价值的回归模型，信息透明度、资本结构与品牌价值的相关性模型，并在前者的回归模型基础上，分别构建了企业规模、企业股权集中度的交互模型，具体检验了信息透明度与品牌价值之间的相关性。通过回归实证检验，本章得出以下几点结论：

（1）企业信息透明度的提升会对民族品牌价值的发展产生有利的影响。

信息透明度越高，企业品牌价值就越会得到提升，实证结果有力地验证了假设 H1。当企业的信息透明度越高，意味着企业向外传递的信息的质量以及及时性越好，投资者与消费者就会倾向于这类情报公开的企业，投资者会更积极地从公开的信息中获取情报，进行投资决策，消费者会产生更强的品牌依赖性与品牌忠诚度，当企业一旦发生品牌危机时，也会更容易规避风险，留住消费者。同时，中西部地区以及第二产业的企业品牌应更加注重信息透明度。中西部地区发展缓慢，企业品牌间差距不明显，消费者与投资者更有可能根据企业发布的品牌情报信息作出消费与投资判断；对于第二产业而言，产业特点决定企业品牌信息渠道单一，消费者与投资者可获取的情报相较第三产业不够充分，因此信息透明度的提升会显著提高消费者与投资者的重视度与关注度，带动品牌经济发展。

（2）企业资本结构的优化会提升信息透明度对民族品牌价值的积极作用。

企业资本结构会直接体现在企业对外公开的情报信息中，并体现出企业当前的财务风险以及资金链等情况。企业公开的情报越准确及时，投资者与消费者就会对企业的财务情况有更加充分的认知，资本结构越趋于合理，投资者就会对投资更充满信心，消费者也会对企业更加信赖，并最终体现在投资决策与消费决策中。

（3）企业规模越大，信息透明度对民族品牌价值的影响就越有利。

投资者与消费者对大企业的关注度往往高于对小企业的关注度，且由于大企业自身的信息量巨大，外界对于大企业的信息需求相对更多且更复杂。如果大企业向外传递了内容更精准、质量更高、披露时间更及时的信息，外界对企业的了解就会更全面，投资者会更容易推测出未来可能面临的风险与行业变化，消费者也会更清楚企业品牌提供的服务与品牌意义。因此信息透明度对大企业的品牌发展而言格外重要。

（4）股权集中度对信息透明度与民族品牌价值之间的关系没有明显的调节作用。

由于我国上市公司现有的股权结构大部分为股权相对集中，大股东控股严重，在所获得的样本企业中，没有明显的集中度区分，因此回归分析的结果并不符合假设的预期。根据本章的实证结果，著者认为，由于我国上市公司股权集中度偏高度集中，因此在信息透明度与品牌价值之间，没有明显的正向调节作用。

第9章　媒体态度与民族品牌价值

对于上市公司而言，公司新闻受到各类媒体的信息报道，市场上的权威主流媒体将成为"意见领袖"。媒体关注度较高的股票比媒体关注度较低的股票更容易引起投资者的持续关注。而投资者持续更高的关注度产生的买入压力将使得股票在一段时间内维持相对更高的收益率。这意味着，一旦媒体向市场传达高涨情绪，迎合了市场主导者乐观的心理预期，它将引起更大的共振，产生"羊群效应"，更容易导致整个资本市场上"意见气候"的形成，进而影响企业管理者的战略调整和管理决策的制定，也影响消费者的品牌认知和品牌认可度，最终引起品牌价值的上升。因此，本章关注媒体态度对民族品牌价值的影响，以期发现其中的作用机制，从而进一步得出通过加强媒体态度信息管理以提升民族品牌价值的方式方法。

本章借用传播学媒介效果研究中的"沉默的螺旋"理论，从媒体态度的视角来研究新闻媒体对上市公司历年品牌价值的影响作用。本章选取我国第一产业、第二产业和第三产业中，最易受到媒体影响的第三产业中的上市公司为切入点，选取 2012 ～ 2016 年品牌价值的面板数据。此外，通过运用文本分析的方法，从文章情感度及文章关注度两个指标度构建了媒体倾向指数的综合评价指标体系。在此基础上，本章对媒体态度和品牌价值二者的关系进行深入考察。

9.1　媒体态度的内涵与作用

在传统的公共精神新闻学语境中，媒体的新闻报道理应不偏不倚，它是照射社会真实的一面镜子。然而，在市场逻辑的浸染和市场利润的驱逐下，媒体的商业价值正在取代传统的新闻价值。德国多特蒙德大学政治学教授托马斯·梅耶❶在论及大众传媒生存法则时，一针见血地指出"传媒不可能是中性的交流渠道，不可能只是单纯地传播信息而没有自己的任何加工"。一方面，媒体存在偏见，❷❸这种偏见可能导致媒体对类似的新闻事件做出截然相反的裁剪和取舍，呈现出不同的态度倾向；另一方面，为了吸引受众的关注，媒体在报道时往往倾注感情色彩，过分渲染，通过故事演绎的方式使新闻由索然无味变得精彩纷呈、引人入胜。❹因此，当媒体在对公司进行新闻报道时，往往同时传递出对该公司经营现状、未来发展、盈余预期以及股票投资建议乐观或悲观的观点，即本章所言及的"媒体态度"。

基于已有的研究发现，不同行业中，媒体的报道次数、报道风格及关注水平不尽相同。有学者❺以汽车行业为例，以用户感知价值接受模型为基础，基于信息生态理论建立新媒体环境下用户信息交互意愿的影响因素概念模型，并以汽车行业新媒体交互平台为研究样本，通过问卷调查和结构方程进行实证研究以验证模型的有效性；另有学者❻❼❽❾分别对于新媒体环境下出版行业的内容增值策略进行研究；对重污染行业

❶ 托马斯·梅耶. 传媒殖民政治 [M]. 北京：中国传媒大学出版社，2009.

❷ MULLAINATHAN S A, SHLEIFER. The Market for News [J]. American Economic Review, 2005, 95：1031 – 1053.

❸ GENTZKOW M, J. M. SHAPIRO. Media Bias and Reputation [J]. Journal of Political Economy, 2006, 114：280 – 316.

❹ SHOEMAKER P S. Reese Mediating the Message：Theories of Influence on Mass Media Content [M]. 2nd ed. Longman, 1996；TETLOCK P C. Giving Content to Investor Sentiment：The Role of Media in the Stock Market [J]. Journal of Finance, 2007, 62：1139 – 1168.

❺ 姚益龙，梁红玉，宁吉安. 媒体监督影响企业绩效机制研究：来自中国快速消费品行业的经验证据 [J]. 中国工业经济，2011 (9).

❻ 李琬琪. 新媒体环境下出版行业的内容增值策略 [J]. 新媒体研究，2017, 3 (21)：109 – 110.

❼ 朱新玲，李娜. 企业环境信息披露行业差异研究——来自重污染行业的经验证据 [J]. 企业经济，2017, 36 (8)：23 – 29.

❽ 周志方，温康，曾辉祥. 碳风险、媒体关注度与债务融资成本：来自中国 A 股高碳行业上市企业的经验证据 [J]. 现代财经，2017, 8：16 – 32.

❾ 崔文娟，周智一，陈潇潇. 媒体监督与投资效率实证研究：来自我国医药行业上市公司的经验证据 [J]. 财会通讯，2016, 36：59 – 61.

的经验数据进行企业环境信息披露行业差异研究；基于 A 股高碳行业上市企业经验数据，研究碳风险、媒体关注度与债务融资成本之间的影响；针对医药行业上市公司，研究媒体监督与投资效率的关系。

9.1.1　媒体态度对企业的影响

由于商业化的价值取向，为了吸引受众、提高发行量、增加广告收入，媒体不仅对信息进行裁剪和取舍，而且在报道时往往放弃中性立场，采用吸引眼球的叙事风格和报道策略，呈现出独有的"媒体态度"。诺贝尔经济学奖得主丹尼尔·卡尼曼结合认知心理学的研究发现，人们具有有限的信息处理能力，这种有限性又会导致有限注意力和认知偏差，使得人在做决策时的信念和偏好会出现系统性的偏差，表现出过度自信、典型性、锚定、损失规避以及心理会计等行为特征。并且，人的这些认知偏差在外界信息的刺激下会发生变化，其表现会有所差异，有可能进一步加剧，也有可能得以缓解。

因此，作为重要的外界刺激和信息符号，媒体态度很容易在市场上迅速蔓延，并大范围扩散，对消费者的心理认知、主观判断和企业管理者的管理决策有着潜移默化甚至是立竿见影的影响，并最终反馈到品牌价值的变化上。

9.1.2　对业绩的影响

有学者认为，[1] 网络负面舆论越高的公司，增发实施之后，公司业绩下降的概率也越大，有力地证明了网络负面舆论可能影响公司的业绩，也会进一步影响上市公司的品牌价值。

有学者[2]认为，媒体关注显著地提高了公司会计业绩和市场业绩。其中，媒体关注是通过中国重要报纸全文数据库中新闻报道的数量来衡

---

[1]　沈艺峰，杨晶，李培功. 网络舆论的公司治理影响机制研究：基于定向增发的经验证据 [J]. 南开管理评论，2013，3.

[2]　夏泰凤，刘萌. 媒体关注、公司业绩与 CEO 背景特征 [J]. 经济体制改革，2017，6：190－196.

量的。还有学者❶研究媒体关注、内部控制有效性与企业业绩波动性之间的影响关系。著者以媒体报道数来衡量媒体对上市公司的关注度，取 $Media = ln$（1 + 媒体非负面报道数）。研究表明，媒体关注度与公司业绩波动性显著正相关；在媒体关注发挥公司治理作用的过程中，内部控制有效性的中介效用明显。

9.1.3　对资产价格的影响

Veldkamp 所构建的理论模型也表明在经济繁荣时期媒体容易走向狂热，而狂热的新闻报道又会推动资产价格的进一步抬升和收益波动的进一步加剧。❷

有学者❸研究媒体关注度和媒体情绪对资产价格的影响，主要的解释变量是媒体关注度和媒体情绪，媒体报道的数据来自于中国新闻数据库，主要采用事件研究法，利用数据库中特定时间段的新闻数量以及特定时间段的媒体情绪指数进行媒体变量的衡量。研究表明，媒体关注提高了股价的信息含量，在一定程度上提升了市场的定价效率。

9.1.4　对管理决策、公司治理的影响

有学者❹认为 5 种互联网异质性新闻会引起股票短期的异常收益。而股票的收益等因素是影响企业管理者管理决策的重要因素。还有学者❺研究媒体监督、董事会治理与保险公司代理成本之间的作用关系，媒体监督主要用百度搜索得到的新闻报道数量 + 1 取对数来衡量。研究

❶　曾蔚，刘志杰，张昭 . 媒体关注、内部控制有效性与企业业绩波动性研究［J］. 中南大学学报，2016，22（2）：116 – 122.

❷　VELDKAMP L L. Media Frenzies in Markets for Financial Information［J］. American Economic Review，2006，96：577 – 601.

❸　范涤 . 媒体关注度、媒体情绪与资产价格：基于盈余公告的市场反应视角［J］. 财会月刊，2017，20：120 – 128.

❹　刘海飞 . 互联网异质性财经新闻对股市的影响：来自中国互联网数据与上市公司的证据［J］. 产业经济研究，2017，1：76 – 88.

❺　凌士显，白锐锋 . 媒体监督、董事会治理与保险公司代理成本：基于我国股份制保险公司经验数据的实证检验［J］. 保险研究，2017，4：91 – 101.

表明，媒体监督在保险业具有重要的治理职能，完善保险公司现代企业制度建设应将外部治理机制和内部治理机制并重，并关注内外部治理机制间的相互作用。

9.1.5 对企业社会责任的影响

有学者❶研究了媒体关注下的 CSR 信息披露与企业财务绩效的关系。著者借助中国知网（CNKI）中"中国重要报纸全文数据库"收录的样本企业新闻报道的数量来量化媒体关注度，并进行对数化处理。研究发现，高水平披露社会责任信息的企业的绩效明显高于低水平企业，但是这种作用关系是在媒体关注度这一变量的完全中介作用下实现的。

还有学者❷研究证明政策导向报道、非负面报道对企业社会责任信息披露具有显著的积极影响；但当前我国市场导向报道、负面报道对企业社会责任信息披露产生了显著的不利影响。此外，声誉在媒体关注对企业社会责任信息披露的影响中起着一定的中介作用。

9.1.6 对股票价格及股票收益的影响

有学者❸使用 Fama – French 三因子模型，研究发现上市公司发生负面新闻时对股票价格的影响比较大。还有学者❹❺发现，如果上市公司利好消息被媒体重复报道会使公司股票存在很大程度的上涨并在一段时间内保持高位；以百度新闻搜索到包含股票名称的新闻数量作为媒体关注度的衡量指标，实证检验了媒体关注度对新股表现的影响。研究表明，

❶ 陶文杰，金占明 . 媒体关注下的 CSR 信息披露与企业财务绩效关系研究及启示：基于我国 A 股上市公司 CSR 报告的实证研究［J］. 中国管理科学，2013，4：162 – 170.

❷ 陶莹，董大勇 . 媒体关注与企业社会责任信息披露关系研究［J］. 证券市场导报，2013，11：20 – 26.

❸ CHAN W S. Stock Price Reaction to News and No – news：Drift and Reversal After Headlines［J］. Journal of Financial Economics，2013，70：223 –260.

❹ HUBERMAN，T. REGEV. Contagious Speculation and A Cure for Cancer：A Nonevent that Made Stock Prices Soar［J］. Journal of Finance，2001，56：387 –396.

❺ 饶蕾，彭叠峰，成大超 . 媒体注意力会引起股票的异常收益吗？来自中国股票市场的经验证据［J］. 系统工程理论与实践，2010，2.

媒体关注度通过影响投资者情绪，对新股短期累积超额收益产生正的影响，而对长期累积超额收益产生负的影响。同时发现，媒体关注度高的新股，其发行价格也相对较高。他们还研究了媒体关注度对股票月收益的影响，发现媒体关注度对股票月收益率有负向的影响。大众媒体对该公司股票的关注程度用新浪网中分时段搜索得到的新闻条数来衡量。

此外，还有学者❶在媒体关注与投资者关注对股票收益的交互作用的研究中，利用百度指数来衡量媒体关注及投资者关注的数据，通过回归分析得出结论：因媒体信息传播而导致的投资者关注及其投资行为才是引起股票收益变化的直接动因，而媒体对特定股票的关注可以放大投资者关注对股票收益的影响程度。

9.2　媒体态度的测评指标

关于媒体态度测评方法的文献有很多，可以归纳为三种：文本内容分析法、关键词搜索法和直接调查法；其中文本内容分析法又分为计算机编程法与人工阅读法，关于各类方法的具体操作将在下文详细说明。

1. 文本内容分析——计算机编程法

有学者❷为了探究新闻媒体对审计师审计意见的影响作用，依据新闻传播学理论"沉默的螺旋"和"图式"等理论构建框架并选择指标，对媒体意见进行评价和分析，同时研究审计师的风险容忍度的调节作用。文献选取 2006～2012 年 A 股上市公司的 10293 个观测，选取中国证券报、上海证券报等 24 家 1999537 篇新闻报道作为样本，利用 Visual Studio 2010 编程，进行文本态度的分析，构建媒体情感指数和媒体关注指数，并用 STATA11.0 进行回归分析。研究表明，媒体评价和审计报告出具"标准无保留"的审计意见有正向相关关系，并且审计风险容忍存在

❶ 刘锋，叶强，李一军. 媒体关注与投资者关注对股票收益的交互作用：基于中国金融股的实证研究［J］. 管理科学学报，2014，1：72-85.
❷ 张龙平，吕敏康. 媒体意见对审计判断的作用机制及影响：基于新闻传播学理论的解释［J］. 审计研究，2014，1.

调节效应，说明了媒体意见对审计判断产生"沉默的螺旋"理论作用下的"从众"效应。

借鉴新闻报道对金融市场参与者行文的影响研究中，关于新闻报道的衡量方法来看，有学者以华尔街日报"与市场同步"（A breast of the Market）专栏新闻为样本，运用文本内容分析方法构建媒体悲观情绪指数，发现悲观的媒体态度对股票大盘指数构成了强烈的下跌压力，而异常高或异常低的媒体悲观情绪则会伴随着更加活跃的市场交易行为。

2. 文本内容分析——人工阅读法

有学者❶对于媒体报道的研究基于"沉默的螺旋"理论和流行病学传染理论，研究报纸媒体和网络媒体关于物价报道对公众通货膨胀预期产生怎样的效应。该文献对于媒体报道的研究分为纸质媒体和网络媒体两种方向，纸质媒体包括"巨灵财经金融服务平台"中筛选的 15 种代表性期刊，在"慧科新闻"报刊池中筛选的 18 种代表期刊；网络舆情的研究主要集中于新浪、搜狐和网易。该文献对媒体报道方向的识别主要方法是"关键词检索 + 人工复审"，并利用了通胀一阶滞后来检验稳健性。该结论为媒体报道的研究增添了新的视角，一方面，纸质媒体的正面积极情绪的报道对公众的传染力大于其负面消极情绪报道，也就是说，正面积极情绪报道经过公众传染可以形成更大的"螺旋"；另一方面，相对正面积极情绪报道而言，网络媒体的负面消极情绪报道的传染性更强，也可以说，网络媒体的正面积极情绪报道的传染性较低，以至于几乎不能在公众中形成传染效应。显然，如果负面情绪长期主导媒体舆论，正面情绪就可能成为"沉默的螺旋"。此篇文献的实证研究结论有一定的启示意义，除了看到正面积极情绪报道能够起到积极信息传播的作用，更要关注媒体——特别是网络媒介的负面消极情绪报道在公众预期中形成的强大传染效应，在实践中应注意尽量减小负面情绪"螺旋"。

---

❶ 张成思，芦哲. 不对称的螺旋：媒体情绪与通胀预期传染［J］. 财贸经济，2016，6：51 – 66.

还有学者❶运用文本分析法，以"沉默的螺旋"为理论基础，从媒体情绪的视角研究资产误定价不对称性影响的显著性，文章用文本分析法，评价八大财经新闻报纸的报道，用关键词搜索并计算词频的方式对"关注水平"进行赋值评价，用人工阅读法进行新闻媒体报道情绪的评价。文章的实证研究结论为：当媒体情绪越乐观或越悲观，也就是说，媒体情绪越强烈，资产误定价的绝对程度越高；同时，这种影响会随着公司信息透明度的下降而加剧。该文献的管理启示为：在认识到媒体对金融市场的积极影响时，也要意识到，新闻媒体的报道态度对金融市场运转可能存在负面效应。

3. 关键词搜索法——新闻报道数量

有学者❷在研究股票期权激励与高管风险承担的关系时，将媒体关注作为调节变量，该文献衡量媒体关注度的方法是人工收集 CNKI 的中国重要报纸全文数据库中 8 种重要报纸的媒体报道，检索数据库中样本企业的名称和简称。检索的结果为该企业的报道次数，将报道次数加 1 后取自然对数，计算该企业的媒体关注度。对应的公式为：$Media = ln$（1 + 新闻报道数）。

4. 直接调查法——调查问卷

有学者❸研究了新闻文本及在线评论中，读者的不同语气、不同诉求手段和评论的相关程度对该公司的产品、公司的态度及对该公司品牌的推荐意愿的影响。其研究目的是探究新闻报道及其他用户评论之间影响的显著程度。文献依据"启动效应"理论，将新闻评论的研究因素归纳为语气、叙事诉求以及评论的相关程度，利用调查问卷的方式，将 3 个因素用李克特量表的具体分值的打分方法进行衡量。研究结果认为，新闻评论的正负面语气及评论的措辞直接影响着用户感知，并且与评论相关度和诉求手段构成交互影响，并且十分显著。

---

❶　游家兴，吴静 . 沉默的螺旋：媒体情绪与资产误定价［J］. 经济研究，2012，7：141 - 152.

❷　屠立鹤，孙世敏，陈怡秀，代玺玲 . 股票期权激励与高管风险承担的关系：考虑媒体关注的调节作用［J］. 技术经济，2016，7：112 - 122.

❸　闫岩 . 人云亦云：在线评论对负面新闻感知的影响［J］. 国际新闻界，2013.

9.3　媒体态度对民族品牌价值的影响

9.3.1　理论基础

1. "沉默的螺旋" 理论

"沉默的螺旋" (The Spiral of Silence) ❶ 最早见于诺埃勒·诺依曼 (Noelle – Neumann) 1974 年在《传播学刊》上发表的一篇论文, 1980 年以德文出版的《沉默的螺旋: 舆论——我们的社会皮肤》(*The Spiral of Silence: Public Opinion – Our Social Skin*) 一书, 对这个理论进行了全面的概括。根据 "沉默的螺旋" 理论, 当人们发现自己的观点与大多数人一致时, 就会积极参与进来, 这类观点将会被越发大胆地发表和扩散; 当人们发现自己的观点与大多数人相左时, 会倾向于保持沉默。其结果是, 意见一方的沉默造成另一方的增势, 如此循环往复, 从而形成强势意见一方的声音越来越强大, 另一方越来越沉默下去, 恰似一个上大下小的螺旋发展过程。这个过程不断把一种意见确立为主要意见。如果这个过程有大众媒介参与, 螺旋往往形成得更快也更明显。

后续的理论研究表明, 这一假说过分夸大了人从众行为和趋同心理的作用, 但它在一定程度上反映了大众传播媒介对舆论形成所起的重要作用。同时, 诺埃勒还把舆论比作社会的皮肤, 以表明大众传播媒介在维持社会整合方面所起的重要作用。

根据大众传播的三个特点: 多数传播媒介报道内容的类似性——由此产生共鸣效果; 同类信息传播的连续性和重复性——由此产生累积效果; 信息到达范围的广泛性——由此产生遍在效果来看, 这三个特点使大众传播为公众营造出一个意见气候。作为大众传媒的意见领袖, 媒体的态度很容易大范围地扩散, 不断地得到重复、强调、放大。再加上公

---

❶ NOELLE – NEUMANN E. The Spiral of Silence: A Theory of Public Opinion [J]. Journal of Communication, 1974, 24 (2): 43 – 51.

众对新闻传播的认知预设心理，对媒体报道真实性、客观性、权威性的不断自我暗示，使得媒体情绪在公众间不断传染，逐渐累积，由此产生了一个强大的"意见环境"。

2. 有限关注理论

1970 年，诺贝尔经济学奖得者尤金·法玛（Eugene Fama）在 Louis Bachelier 研究基础上深化提出了有效市场假说（Efficient Markets Hypothesis），该假说指出，所有与资产相关的信息能迅速反映在该资产的价格上，这些信息包括公司、行业、国内及世界经济的所有公开可用的信息，也包括个人、群体所能得到的所有私人的、内部非公开的信息。但是上述理论需要三个前提条件支持：一是投资者完全理性；二是信息的获取没有成本；三是没有交易成本。从理论上来看，理论定义的市场有效性是建立在一个最基本的假设上，即市场上所有的投资者都是"理性人"，但现实中投资者往往是非理性的，因此也出现了许多与有效市场假说无法解释的异象。有学者❶实证研究发现了"过度交易"，当投资者过度自信时会导致过度交易，但是过度交易反而会降低投资者收益。

为了解释这些异象，一些研究者对经典的资产定价模型进行改进，将纯理学的理论与金融学相结合，将投资者情绪这一参数引入模型，基于 CAPM 资产定价模型，创建了 BAPM 行为资产定价模型。1979 年 Daniel Kahneman 提出了期望理论❷，通过实验对比发现，大多数投资者并不总是规避风险，这一现象表现出他们并非是标准的金融投资者而是行为投资者，他们的行为不总是理性的。早在 1973 年，Kahneman 就提出了行为金融学的重要概念——有限关注（Limited attention）。他认为在面对大量信息的情况下，个体需要处理多个信息时，注意力会被分散，当对一个信息进行关注时，就会牺牲对另一信息的关注。由于投资者在进行投资活动时不可能做到完全理性，会受到各方面的行为偏差，对于接受的信息也会进行甄别。在 1971 年，根据 Simon 对信息与注意力之间关系

---

❶ BARBER B, T. ODEAN. All that Glitters: The Effect of Attention and News on the Buying Behavior of Individual and Institutional Investors [J]. Review of Financial Studies, 2008, 21: 785 – 818.

❷ KAHNEMAN D, A. TVERSKY. Prospect Theory: An Analysis of Decision Under Risk [J]. Econometrica, 1979, 2: 263 – 292.

的研究结论，他认为未来信息量会呈现爆炸式的增长，人们由于认知的有限性，只能选择性地注意和认知。在股票市场中，存在接近3000只股票，面对如此多的公司信息，中小投资者没有精力去逐一分析进行投资，通常会根据股票的曝光率、自身的性格、情绪和选择偏好等主观感觉来关注部分股票，通过重点对比分析，最终作出投资决定。

9.3.2 假设构建

在"沉默的螺旋"理论看来，作为舆论的主导者，媒体所发布的信息具有广泛的影响力和权威性，所传递的观点会被投资者当作"多数意见"来认知，其结果将引发"沉默的螺旋"效应。

以媒体对市场或某只股票持有乐观情绪的情形为例，即便部分清醒的投资者察觉到泡沫的存在，但在强大的"优势意见"前仍感到了"孤立的恐惧"，他们将放弃自我意见的表达，选择沉默，甚至转向压力较小的"优势意见"。因此，"优势意见"便得到了加强，劣势意见则进一步被压制。这样，一个强大的"意见环境"产生了，也由此推动了消费者的消费和评价的变化，进而引起企业管理者管理决策的变化，最终影响品牌价值的高低。基于上述分析，我们提出了两个对立假设：

H1：悲观的媒体态度会导致上市公司品牌价值降低。

H2：乐观的媒体态度会导致上市公司品牌价值升高。

由于不同行业受到媒体报道的影响程度不同，因此考虑将行业因素作为分类标准，研究不同行业内，媒体态度对上市公司品牌价值的影响。提出假设H3：

H3：媒体态度对上市公司品牌价值的影响作用在不同的行业中表现不尽相同。

9.3.3 模型变量

1. 因变量

企业品牌价值指数变量取自我国上市公司品牌价值评估研究，其中通过科学的指标体系和严格的数据，计算了2011～2016年中国500家上市公司的品牌价值。

根据选定的行业范围和时间范围，选定属于第三产业的九大行业中 69 家上市公司 2012～2016 年的品牌价值指数（Brand Value，*BV*）作为因变量进行研究。

2. 自变量

当媒体在对公司进行新闻报道时，往往同时传递出对该公司经营现状、未来发展、盈余预期以及股票投资建议乐观或悲观的观点，主要选取资本市场中的"意见领袖"——3 家全国性财经报纸《中国证券报》《上海证券报》和《证券时报》的新闻报道作为样本，新闻文本内容可从中国知网的中国重要报纸全文数据库下载。

根据"媒体态度"（Media Attitude）这一指标已有的研究，考虑资本市场的权威证券报刊的特点，著者从文章关注度（Attention）和文章情感度（Tone）两个维度构建媒体态度的综合评价体系，涉及媒体的报道态度及报道数量两个综合指标（见图 9 - 1 和图 9 - 2）。

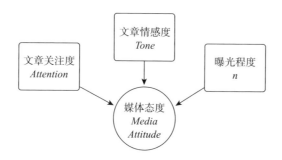

图 9 - 1　媒体态度（*MA*）指标构建因素

（1）文章情感度

文章情感度即报道文本的态度倾向值，也称为"报道基调"。其主要分析媒体对公司持有的态度倾向（乐观的、中性的抑或悲观的），它是决定媒体情绪最重要的指标；我们承袭 Bhattacharya 等[1]、李培功和沈艺峰[2]的研究方法，通过人工阅读对新闻报道的态度倾向作出判断，并

❶　BHATTACHARYA U, N. GALPIN, R. RAY, XIAOYUN Y. The Role of the Media in the Internet IPO Bubble [J]. Journal of Financial and Quantitative Analysis, 2009, 44（3）: 657 - 682.

❷　李培功，沈艺峰. 媒体的公司治理作用：中国的经验证据 [J]. 经济研究，2010，4.

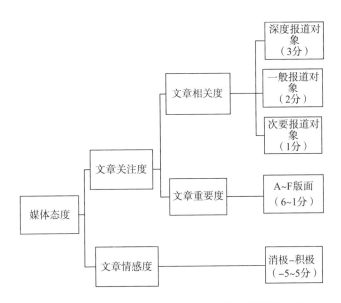

图 9 - 2　媒体态度（MA）指标体系构建及评价方法

采用 10 级对称计分法（- 5，- 4，- 3，- 2，- 1，0，1，2，3，4，5 分别表示消极到积极的新闻报道态度）来量化文章情感度，数值从低到高依次表示媒体态度倾向从悲观到中性再到乐观的不同水平。

在进行文章情感度打分的过程中，将 1489 篇新闻按照 - 5 ~ 5 的分数进行媒体态度打分，共邀请 15 位金融领域的专家进行阅读打分，剔除极端值后，取 15 位专家对每篇新闻打分的平均数作为最终文章情感度的得分。

本节面临最大的难题是如何客观衡量上市公司的新闻文章情感度。目前该领域研究中采用最多且最被认可的方法是文本内容分析法。该方法又可细分为计算机识别法和人工阅读法。

计算机识别法是指通过计算机编程来识别新闻报道中乐观情绪词汇和悲观情绪词汇出现的频率来判断该文章的文章情感度。虽然计算机识别法和人工阅读法相比，处理速度更快，数据搜集成本较低，但是计量误差较大。在实际情形下，很多中性的词汇在特定语言环境中可能出现明显的态度倾向，褒义的词汇在文章中可能呈现出贬义的态度，而贬义的词汇在文章中又可能呈现出褒义的态度，尤其在国内媒体新闻报道中，词汇在应用中千差万别，使得媒体新闻报道可能蕴含完全相反的态度。

因此，为了在进行媒体情绪衡量时，做到更客观、全面和精确，本章选择文本内容分析法中的人工阅读法进行分析。通过借鉴相关文献采用的研究方法，通过人工阅读法对媒体新闻报道的基调态度倾向作出判断。本章选取的新闻报道来自 2012～2016 年《中国证券报》《上海证券报》和《证券时报》作为目标媒体。采用对新闻文章进行全文通读的方式，搜索包含上市公司股票名称的字样，本章采用的搜寻方式虽然耗费的工作量较大，但避免出现遗漏，保证了搜索结果的全面性。本章的研究行业为我国第三产业的九大行业（已剔除金融业）的 69 家目标企业，在 2012～2016 年《中国证券报》《上海证券报》和《证券时报》中共报道相关新闻 1489 篇，5 年间新闻数量分布较为均匀，均在 250～350 篇。

有学者[1]利用文本挖掘和事件研究法，研究财经新闻的异质性，并利用文本分类技术对所有的样本进行处理，运用事件研究法进行检验，最终将财经新闻分为以下 5 类：①政策扶持类新闻，②兼收并购类新闻，③再融资类新闻，④盈利能力类新闻，⑤违规处罚类新闻。通过对以上新闻报道进行整理阅读后，并参考上述研究中的新闻分类方法，站在媒体报刊的角度来判断新闻文章情感度，将新闻报道内容进行了以下分类。

1）上市公司业绩报告新闻。在对这一类新闻报道中，当出现"盈利""大增""扭亏""频增""增长""增幅""净赚""业绩报喜"等词汇时，对该新闻的文章情感度判断为积极的；出现"亏损""下降""下滑""低迷""业绩普降"等词汇时，对于该新闻的文章情感度判断为消极的；但是，在对报道进行阅读的过程中，我们也发现了在一些报道中出现了"下滑""减少"等消极文章情感度词汇的同时，也出现了"增长""频增"等积极的文章情感度词汇，如 2015 年 4 月 17 日标题为《万科 A 一季度净利下滑近六成预计全年净利润仍保持增长》的报道，文中同时出现了积极的和消极的词汇，但从全文角度通读，文中也指出"政策层面上，今年一季度地产行业接连迎来利好。央行接连降息降准，首套房贷款利率优惠出台落实，公积金贷款购买首套房首付优惠等频繁刺激，与此同时，地产再融资趋于活跃，并开展行业转型"。虽然上市

❶ 刘海飞，许金涛. 互联网异质性财经新闻对股市的影响：来自中国互联网数据与上市公司的证据［J］. 产业经济研究，2017，1：76－88.

公司业绩存在下滑，但是作者表达出对房地产行业存在期待，因此将这篇新闻的文章情感度判断为积极的。综上所述，对于这一类的新闻进行判断时，先从文章的词汇入手进行初步判断文章情感度，最终也要通过阅读全文来判断整体文章情感度。

2）上市公司定增项目新闻——再融资类新闻。这类新闻报道主要指上市公司向特定对象非公开发行股票募集某个项目的资金。在对这一类新闻报道整理阅读分析后发现，这类新闻在报道时主要以陈述上市公司定增项目公告为主，对于定增项目的分析主要站在公司角度和第三方分析师的角度来展开，媒体报刊大多数没有加入自己的判断观点。因此，对于这一类新闻的文章情感度判断为中性的。但也有个别新闻报道中出现了媒体报刊自身的判断观点，如 2015 年 5 月 16 日标题为《紫光股份拟定增募资 225 亿元》的新闻报道，文章前半部分与大部分此类定增项目新闻报道方式相同，但是在文章后半部分，文章提到"若成功收购，新收购的资产将极大增厚紫光股份的业绩"，作者在新闻报道中表达出对该定增项目的积极态度，因此对该新闻的文章情感度判断为积极的。

3）上市公司业务新闻——盈利能力新闻。这类新闻报道主要指上市公司获得大额业务订单或公司购买业务。在这一类新闻报道中，经过整理阅读分析后发现，这类新闻在报道时主要是陈述上市公司业务公告为主，该业务开展的效果也大部分站在公司角度来分析，媒体报刊多数没有加入自己的判断观点。但是该类新闻的文章情感度判定也需要通过通读全文来判定，如 2015 年 4 月 14 日标题为《中国铁建获 37 亿元埃及铁路大单》的报道，文章通过公司角度表述了公司内部理顺海外经营管理体制机制，借助良好的外部环境，公司在国际市场有广阔前景，该新闻报道在后面提到："此外，值得注意的是，2014 年全年，中国铁建完成营业收入 5919.69 亿元，实现利润总额（税前利润）149.52 亿元，净利润 115.72 亿元，每股收益 0.92 元，均创历史新高；公司经营活动产生的现金净流量由负转正，达到 65.82 亿元，这是中国铁建近 5 年以来的最好水平。"可以看出，媒体报刊对于该上市公司的报道表现出了积极的态度。

4）上市公司并购重组新闻。在这一类新闻报道中，主要分为上市公司并购重组成功新闻和并购重组失败新闻。对于上市公司并购重组失败的新闻来说，公司并购重组失败往往是由于内部存在各种各样的问题造成的，因此在这一类新闻的报道中，媒体报刊基本上表现了明显消极的文章情感度，如 2015 年 4 月 22 日标题为《内蒙古发展控股权之争上演全武行重组遭遇滑铁卢》的报道，在对标题初阅读后就能发现存在明显的消极的文章情感度，文章中指出"重大资产重组的终止，对上市公司控股权争夺战的不断升级，对内蒙古发展寻找主营业务，推进转型都是非常不利的"，综上分析，对该新闻的文章情感度判定为消极的。对于上市公司并购重组成功的新闻，媒体报刊基本上也一致表现出明显的积极的文章情感度。除此之外，上市公司并购重组往往要经历多个阶段和较长时间才能完成，因此在并购重组新闻的报道中，出现了一类大型上市公司并购重组计划进展报道的新闻，如 2015 年 3 月 4 日标题为《南北车合并通过境外反垄断审查》的报道，该新闻报道就是对中国南车和中国北车合并进展的通报，由于合并事项还未完全结束，所以媒体报刊的文章情感度处于中性的，对于这一类的新闻报道也基本判定为中性。

5）监管机构规范市场新闻。这类新闻报道主要是指监管机构为规范市场而采取相应的手段、措施。通过对选取的新闻报道进行整理，对于监管机构处罚上市公司或上市公司高管被查处的新闻文章情感度都统一定义为消极的，如 2015 年 5 月 14 日标题为《爆炒问题股可能付出高昂代价》的新闻，文章中作者提到某上市公司因涉嫌违反证券法律法规被立案调查并分析了其原因，对于该新闻的文章情感度判定为消极的。另外，该类新闻中还有证监会规范市场的报道，这一类报道主要针对证券板块的股票，如 2015 年 4 月 27 日标题为《证监会促两融业务规范运行》的报道，通篇报道中词汇语调以及作者表达的态度都趋于中性，因此对这一类新闻的文章情感度判定为中性的。

6）其他行业新闻。这类新闻是指非上市公司公告和非监管机构公告的行业内上市公司动态报道。对于这一类新闻的文章情感度没有较为明显的倾向，通常需要对新闻报道全文进行通读，如 2015 年 4 月 28 日标题为《储能产业"十三五"规划大纲编写启动》的报道，作者在整篇新闻报道中并未表达出明显的态度倾向，仅是对上市公司参与该事件作出报道，因此对该新闻的文章情感度判断为中性的。针对这一类新闻报道，主要在文章中搜寻作者观点，若未出现作者分析观点，则判定为中性的文章情感度；若文章中出现了作者分析观点，则根据作者的态度倾向来判定该报道为积极的还是消极的文章情感度。通过以上对新闻报道的分类整理分析，本章对选取的新闻数据的文章情感度进行了逐一判断，并采用 10 级对称计分法（−5，−4，−3，−2，−1，0，1，2，3，4，5 分别表示消极到积极的新闻报道态度）来量化文章情感度，数值从低到高依次表示媒体态度倾向从悲观到中性再到乐观的不同水平。

本研究邀请 15 位专业评审对新闻报道进行人工阅读并对文章情感度评分。以新闻报道进行的分类为基础，对新闻文本进行初步阅读和总结，按照新闻内容的不同分类可以初步界定新闻报道的积极、中性、消极态度；进一步对新闻内容阅读并给出所有新闻的得分，采用 10 级对称计分法。评分完毕后，15 位专家还需提供各自的评分标准，以供研究。由于财经新闻报道具有特定的表述方式及报道特征，媒体态度的特征也较为明显，易于判断。因此，发现 15 位专家评审的评分标准十分类似，各项分值虽有所不同但较为相近，可划分为特定的分值区间。评分标准及对应的态度和分数区间总结如表 9 − 1 所示。

表 9 − 1　新闻报道文章情感度评分汇总

评分标准	态度	分值
某个事件或事件集使得既有业务成本降低，收入增加；引入新兴业务等利好消息使得公司业绩预增	积极	4、5
大股东增持、战略股东引进、业绩增长披露等		2、3
泛泛而谈新业态、新领域（描述类）		1、2
客观事实叙述、陈述性语句	中性	0
大股东减持、业务降低披露	消极	−1、−2
不利因素导致既有业务成本增加，收入降低；不利消息导致业绩预降		−2、−3
违法违规消息、监管查处、重大处罚		−4、−5

具体来说，站在媒体的角度，撰写新闻报道进行文字描述时所披露

的信息最有利于投资者和公众对该企业作出正面判断时，媒体态度可判断为积极。其中，最常见的积极消息是某公司引入新业态、进入新领域、发展新产品线等新闻，此类新闻主要的关注点为企业的该举措是否会促使公司的业绩预增，或导致业务成本降低及收入增加。若该新闻重点提及业绩预增、成本及收入的预期，可将该新闻中体现的媒体态度判断为最积极的水平。相反，若该新闻并未谈及业绩预增、成本及收入方面的影响，仅泛泛而谈或描述业务展望、业务规模等，此类新闻中的媒体态度仅稍显积极。对于业绩增长的信息披露、大股东增持及战略股东引进等已成事实的利好消息，体现了该企业既有的情况，但现时的良好情况并不一定能带来预期的业绩增长，此类信息可判断为媒体的中等积极态度。

对于客观事实的描述、陈述性新闻等不含有任何语气色彩的新闻报道，可判断为中性的媒体态度。

对于消极的新闻报道来说，最不利的消息是违法违规信息、监管查处、重大惩罚等负面新闻，社会影响极为恶劣，因此可判定为最消极的媒体态度。导致预期业绩降低、成本增加及收入减少的负面信息可判定为中等消极的媒体态度。此外，现时业绩降低的披露、股东减持等现时消息，并不一定带来预期业绩的降低，可判断为稍显消极的媒体态度的体现。

（2）文章关注度

文章关注度即为"关注水平"，主要分析新闻报道对读者的吸引程度。显然，新闻报道越能吸引读者关注，所传递的媒体态度越强烈。

文章关注度可采用两个指标进行衡量，分别为文章相关度和文章重要度。也就是说，文章关注度＝文章相关度×文章重要度。

由于文章关注度中的"文章重要度"决定媒体报刊中处于不同版面的新闻的扩散力水平，处于较主要版面进行报道的新闻能将上市公司新闻报道的积极性情绪放大，同时也能将上市公司新闻报道的消极性情绪放大；相反，处于较为次要地位的版面进行报道的新闻对上市公司新闻报道的积极性情绪扩散能力有限，同时，也可能对上市公司新闻报道的消极性情绪扩散有限制作用。因此将在《中国证券报》《上海证券报》和《证券时报》中 A、B、C、D、E、F 版面的重要程度依此降低，根据以往文献的赋值方法，将 A、B、C、D、E、F 版面分别赋值为 6 分、5 分、4 分、3 分、2 分、1 分。其次，"文章关注度"中的"文章相关度"是衡量公司是否为该篇报道的主要对象的指标，体现了该新闻的报道对象是否为某一企业或某一股票的具体新闻。根据公司名称或股票名称在新闻中出现的位置及次数，可考虑采用分级积分法进行打分或赋值，深度报道对象（公司名称出现在新闻标题中或者是深度报道的主要对象，赋值为 3）；一般报道对象（报道中提及公司名称超过 3 次则赋值为 2）；次要报道对象（除上述两种报道对象外，其余赋值为 1）。

此外，"曝光程度"主要分析新闻报道是否密集、连续，采用新闻报道的篇数进行衡量。

（3）媒体态度

根据以上分析，下面构建媒体态度的计算方法。我们可以计算在 t 时期，媒体对第 j 家上市公司的媒体态度表示为 MA。

$$MA_{j,t} = \sum_1^n Tone_i \times Attention_i$$

$$Attention_i = Relevance_i \times Importance_i \times MA_{j,t}$$

其中，$Tone_i$ 表示第 i 篇新闻对 j 公司的文章情感度；$Attention_i$ 为文章关注度，表示第 i 篇新闻对 j 公司的关注程度；$Relevance_i$ 为文章相关度，表示该公司在该篇报道中为深度、一般、次要报道对象；$Importance_i$ 为文章重要度，表示该文章所在版面的重要程度；n 表示在 t 时期内 3 家财经报纸对 j 上市公司新闻报道数量。$MA_{j,t}$ 数值越大，表明在 t 时期，关于 j 上市公司的媒体态度乐观，反之亦然。

3. 控制变量

公司品牌价值的影响因素众多，控制变量是在充分阅读和调查以往的媒体态度相关研究后选取的，具有一定的科学性。著者设置如下的控制变量：

（1）SAC（公司规模）：用公司 2012～2016 年年末总资产（以亿元为单位）的自然对数表示。

（2）BM（账面价值比）：用年初每股净资产与股票价格的比值进行衡量。

（3）*LEV*（财务杠杆）：用年初的负债总额与资产总额的比值进行衡量。

不同行业的公司盈利指标差异明显，考虑方程的简洁性，将上述 9 个行业按照盈利能力的不同分成 3 组，设置两个虚拟变量来表示行业，具体设置如下：

（1）衡量公司业绩的指标有很多，传统指标有 *ROE*（净资产收益率）、*ROA*（总资产净利率）、总资产报酬率，较新的指标有 *EVA*（经济增加值）。综合考虑指标的主流程度、指标的获取难度，本研究选择 *ROE*（当年净利润/当年平均净资产）作为衡量公司业绩的指标作稳健性测试。

（2）用 *YEAR* 表示公司成立时长（单位年，截止日期为 2016 年年末）。

（3）用 *DAR* 表示公司截至 2016 年年末资产负债率。

（4）为探究处于我国经济产业结构中第三产业的九大行业的 A 股上市公司中，*MA* 对不同行业 *BV* 的影响，设立 *IND*1、*IND*2、*IND*3、*IND*4、*IND*5、*IND*6、*IND*7、*IND*8 虚拟变量，以此来区分 9 种不同的行业。具体的虚拟变量如表 9 - 2 所示。

表 9 - 2　行业虚拟变量汇总

行业	行业名称	*IND*1	*IND*2	*IND*3	*IND*4	*IND*5	*IND*6	*IND*7	*IND*8
I	信息传输、软件和信息技术服务业	1	0	0	0	0	0	0	0
G	交通运输、仓储和邮政业	0	1	0	0	0	0	0	0
F	批发和零售业	0	0	1	0	0	0	0	0
K	房地产业	0	0	0	1	0	0	0	0
R	文化、体育和娱乐业	0	0	0	0	1	0	0	0
H	住宿和餐饮业	0	0	0	0	0	1	0	0
L	租赁和商务服务业	0	0	0	0	0	0	1	0
S	综合	0	0	0	0	0	0	0	1
N	水利、环境和公共设施管理业	0	0	0	0	0	0	0	0

上述三种类型变量汇总如表 9 – 3 所示。

表 9 – 3　媒体态度指标变量汇总

变量类型	变量符号	变量定义
因变量	BV	公司品牌价值
自变量	MA	媒体态度
	NUM	新闻数量
	TONE	文章情感度
控制变量	SCA	公司年末总资产的自然对数
	IND1 ～ IND8	公司所处行业
	YEAR	公司成立时长
	BM	公司账面市值比
	ROE	公司净资产收益率
	DAR	公司资产负债率
	LEV	公司财务杠杆

9.3.4　数据选取

1. 行业范围的选取

根据我国经济产业结构划分，在我国第一产业、第二产业和第三产业中，第一产业是指提供生产物资材料的产业，包括种植业、林业、畜牧业、水产养殖业等直接以自然物为对象的生产部门。第二产业是指加工产业，利用基本的生产物资材料进行加工并出售。第三产业是指第一、第二产业以外的其他行业。第三产业行业广泛，包括交通运输业、通信业、商业、餐饮业、金融保险业、行政、家庭服务等非物质生产部门。

在三大产业中，第三产业——服务产业在我国经济中起着重要的作用。一是助推第一、第二产业的发展；二是拓展经济发展空间，培育新的经济增长点，调适产业结构，加快经济发展速度；三是扩大就业门路，疏导就业需求，缓解就业压力。

第三产业是国民经济的重要组成部分。在三大产业中，第三产业占比是衡量一个国家发展水平和发达程度的重要标志。随着我国逐渐接近小康社会的发展目标，拉动经济增长的动力因素正在发生结构性变化，加快发展第三产业既是实现经济平稳较快发展的需要，也是转变经济发展方式的必然。

近年来，我国陆续出台了支持现代物流业、高技术、节能、家政服务、文化产业、体育产业等第三产业发展的政策措施，从财税、信贷、土地和价格等方面不断深化、细化和完善促进第三产业发展的政策体系，重点从加快推进服务领域改革，加大政策扶持力度，拓宽投融资渠道，加大对第三产业的投入力度，这些措施有力地促进了我国第三产业的快速发展。

统计显示，近年来我国结构调整稳步推进，经济发展的最大亮点是经济结构正在发生重大变化，第三产业增速和所占比重均超过第二产业，我国经济正在由工业主导向第三产业主导加快转变，由此成为经济新常态下一道亮丽风景线。我国经济的这种结构性变化不仅在居民收入水平提升、消费结构升级不断加快的客观现实中得到反映，也是产业结构调整政策不断推进的结果。

国际经验表明，第三产业快速发展一般发生在一个国家整体经济由中低收入水平向中上收入水平转化时期。它反映了一个国家的工业化和城市化的发达程度。目前，我国正在从中低收入水平向中上收入水平进程迈进，第三产业占比持续上升，表明我国经济结构和增长动力正在发生深刻变化，转型升级已到了关键阶段，经济由工业主导向第三产业主导加快转变，"服务化"进程已不可逆转，并且越来越快，需要我们转变观念，以新思维来观察和分析新的经济现象。

与第一产业和第二产业相比，第三产业甚至通过创新可以完全开创新的经济形态和服务模式，比如，现在发达国家的支柱产业信息服务业，互联网、IT 服务等均属于第三产业，包括很多的高端服务，律师、审计、金融资本市场等均属于第三产业。当今世界的竞争，更多的是来自第三产业的竞争。

因此，从媒体传播的视角来看，在三大产业中，农业及工业作为基础产业，其发展较为坚实稳定，较第一、第二产业而言，第三产业集中了创新因素及风险因素，其形成的"意见气候"更易影响投资者及消费者的判断，同时也更加贴近社会的创新和发展的进程。

基于第三产业在国民经济结构中的重要作用及重要的战略地位，并结合第三产业对媒体报道影响的敏感性较高的特点，本节选取第三产业中的上市公司作为研究对象（见表 9 - 4）。

表 9 - 4 《国民经济行业分类》（GB/T 4754—2011）

产业分类	门类	名称
第一产业	A	农、林、牧、渔业
第二产业	B	采矿业
	C	制造业
	D	电力、热力、燃气及水生产和供应业
	E	建筑业
第三产业 （服务业）	A	农、林、牧、渔服务业
	B	开采辅助活动
	C	金属制品、机械和设备修理业
	F	批发和零售业
	G	交通运输、仓储和邮政业
	H	住宿和餐饮业
第三产业 （服务业）	I	信息传输、软件和信息技术服务业
	J	金融业
	K	房地产业
	L	租赁和商务服务业
	M	科学研究和技术服务业
	N	水利、环境和公共设施管理业
	O	居民服务、修理和其他服务业
	P	教育
	Q	卫生和社会工作
	R	文化、体育和娱乐业
	S	公共管理、社会保障和社会组织
	T	国际组织

根据《国民经济行业分类》（GB/T 4754—2011），并参考中国证券监督管理委员会的行业分类，对上市公司进行行业分类并剔除第一、第二产业（A - E），得到第三产业中的行业分类代码为 F ~ S。由于金融业

的资产负债表与其他企业有所区别,因此在所属第三产业的行业中剔除金融业。得到选取的行业范围为以下9个行业,分别为:批发和零售业(F)、交通运输、仓储和邮政业(G)、住宿和餐饮业(H)、信息传输、软件和信息技术服务业(I)、房地产业(K)、租赁和商务服务业(L)、水利、环境和公共设施管理业(M)、文化、体育和娱乐业(N)、综合(S)(见表9-5)。

表9-5 证监会行业分类及选择

行业代码	行业名称	处理方式
A	农、林、牧、渔业	剔除
B	采矿业	剔除
C	制造业	剔除
D	电力、热力、燃气及水生产和供应业	剔除
E	建筑业	剔除
F	批发和零售业	√
G	交通运输、仓储和邮政业	√
H	住宿和餐饮业	√
I	信息传输、软件和信息技术服务业	√
J	金融业	剔除
K	房地产业	√
L	租赁和商务服务业	√
N	水利、环境和公共设施管理业	√
R	文化、体育和娱乐业	√
S	综合	√

此外,由于因变量的研究对象为企业品牌价值指数变量 BV,其来自之前参与的我国上市公司品牌价值评估研究,其中通过科学的指标体系和严格的数据,计算了2011~2016年中国500家上市公司的品牌价值。由于选取的时间区间为2012~2016年,且每年的前500家品牌价值最高的企业不尽相同。因此,著者筛选在2012~2016年均上榜的第三产业9大行业中的所有企业,共计69家(见表9-6)。

表 9-6　目标行业及各行业 A 股上市公司企业数

第三产业	企业数量/家	行业名称
F	17	批发和零售业
G	16	交通运输、仓储和邮政业
H	2	住宿和餐饮业
I	19	信息传输、软件和信息技术服务业
K	4	房地产业
L	3	租赁和商务服务业
N	2	水利、环境和公共设施管理业
R	5	文化、体育和娱乐业
S	1	综合
总计	69	

图 9-3 和图 9-4 列出了本章选取的行业及行业内上市公司企业数量及分布占比，涉及 9 个行业、69 家上市公司。其中，企业数最多的行业分别为：信息传输、软件和信息技术服务业（I）、批发和零售业（F）及交通运输、仓储和邮政业（G），分别占总企业数量的 28%、25% 和 23%。

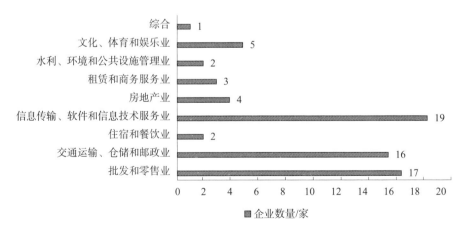

图 9-3　第三产业上市公司行业分布状况

其中，主板上市企业的有 62 家，占比 90%，其余 7 家企业为中小企业板上市企业（见图 9-5）。

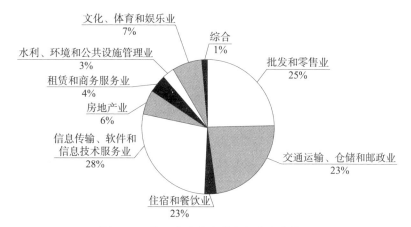

图 9 - 4 第三产业上市公司行业占比状况

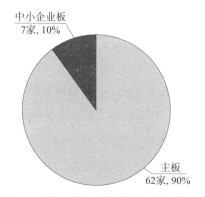

图 9 - 5 第三产业目标企业上市板块分布

在 69 家目标企业中，上市年限均超过 10 年，截至 2016 年 12 月 31 日，69 家目标企业的上市年限分布如图 9 - 6 所示，其中占比最大的为上市 20～24 年的企业，共计 26 家，占 37.68%。

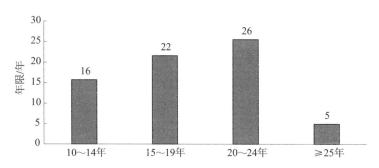

图 9 - 6 第三产业目标企业上市年限分布

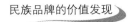

本研究将通过媒体态度变量的构建，进而用文本分析方法对目标企业新闻报道的情感倾向进行分析后，研究媒体态度与品牌价值之间的关系。

2. 数据来源——媒体和新闻的选取

本章选择 2012 ~ 2016 年在上交所、深交所上市的第三产业 A 股公司作为研究样本，共包含 9 个行业。

（1）新闻信息来源的分类

为了进行媒体态度的研究，本章主要考虑媒体种类、媒体选择及媒体样本来源。

考虑影响资本市场新闻信息的各类来源。根据新闻载体的不同，新闻信息来源于以下 4 种形式：

第一是专业新闻机构的新闻资讯。这类新闻是所有新闻信息的主流，主要由信誉良好的新闻媒体和机构进行宣传和公告，如电视、广播、报纸（包括网络版）以及直接到达交易员办公桌的新闻专线。如今互联网已经改变了新闻分析的过程，标签和索引使自动处理成为可能。

第二是各种报道形式的新闻资讯。这些新闻通常是指一些机构（如证券交易所、法院、政府、公司等）在发布官方新闻公告之前发布的研究报告和文件，还包括一些预定的公告，例如宏观经济新闻、工业统计数据和公司盈利公告以及公司的其他消息。

第三是来自网络和博客的新闻信息。这些消息中的信息质量差异较大。其信誉略逊于前两个类。由于缺乏实体，可能充满了不真实的谣言，其信息质量也良莠不齐，因此，这类信息的价值更受质疑。但并不排除来自一些特定的提供者和记者的可靠新闻信息。

第四是来自公共网络的新闻信息。由于公众进入这些网站的门槛很低，并且很容易在这些平台上发布消息，因此这些新闻信息的质量处于最低水平。

上述 4 种来源于不同新闻渠道的新闻信息对市场产生不同的影响。从第一种到第四种新闻信息的可信性程度依次降低，对市场和投资情绪会产生不同的影响，比如，个人投资者相比机构投资者更加关注第一、第二种新闻信息。

（2）新闻媒体的选取

本节研究的理论依据之一是"沉默的螺旋"理论，要求探究媒体倾向的最初来源及影响传播作用最强的媒体来源。根据上文的分析可知，第一种来源于专业新闻机构的新闻资讯最具有权威性和可信度。在专业新闻机构中，资本市场权威性、时效性的报道是来源于每日的相关财经报纸，因此考虑其作为资本市场中起"意见领袖"作用的报刊。我国上市公司披露信息的平面媒体主要是中国证券监督管理委员会指定的一些专业报刊，如《中国证券报》《上海证券报》《中国改革报》《证券时报》《证券日报》和《证券市场周刊——（红蓝）》等证券类报刊，它们具有广泛影响力、知名度和权威性，可称之为资本市场的"媒体意见领袖"。

在中国重要报纸全文数据库中，徐莉萍、辛宇（2011）选择了《中国证券报》《上海证券报》和《证券时报》考察了媒体治理对中小股东的保护作用。李焰、秦义虎（2011）则选择了《中国证券报》《证券日报》和《证券时报》的新闻报道来研究媒体监督与独立董事辞职行为问题。张雅慧等（2011）选择了《中国证券报》《上海证券报》《证券日报》和《证券时报》来研究媒体报道与 IPO 抑价和绩效问题。戴亦一等（2011）则选择了 8 份最具影响力的全国性财经报纸作为报道的来源，分别为《中国证券报》《证券日报》《证券时报》《上海证券报》《中国经营报》《经济观察报》《21 世纪经济报道》和《第一财经日报》，研究了媒体监督与上市公司财务重述问题。

根据张川、刘雷（2013）对 1991 年证券市场建立以来，对共计 34 篇核心 CSSCI 上发表的资本市场媒体作用的实证文献的梳理结果来看，最常用的数据库为中国知网的中国重要报纸全文数据库，该数据库属于由中国学术期刊（光盘版）电子杂志社编辑出版的中国知网系列数据库中的一种，收录了自 2000 年以来中国国内重要报纸刊载的学术性、资料性文献，并进行连续、动态更新，涵盖国内公开发行的 700 多种重要报纸。基于此原因，中国知网的中国重要报纸全文数据库成为报纸来源最常用的数据库。

本章承袭国内相关研究的普遍做法，以中国重要报纸全文数据库作为媒体报道的主要数据来源，《中国证券报》《上海证券报》和《证券时报》作为目标媒体。

基于研究设计的需要，著者将对样本作了下列筛选：

①剔除银行、保险等金融类上市公司；

②剔除媒体报道数据缺失的公司；

③剔除财务数据等相关数据不完整的公司。

由于《中国证券报》《上海证券报》和《证券时报》中，以月、季度为研究周期内的报道数量过少，因此本章将选择以年为研究周期，同时也与上市公司品牌价值的研究周期相对应。

在中国重要报纸全文数据库中，利用高级检索，检索 2012 年 1 月 1 日~ 2016 年 12 月 31 日《中国证券报》《上海证券报》和《证券时报》关于 69 个目标公司的所有新闻文本。

为了能够兼顾查准率和查全率，参考以往文献的做法，使用以下高级检索方式在中国重要报纸全文数据库中进行查找。

以"东华软件"上市公司（证券代码002065）为例，

1. 确定检索式

报纸拼音名 = CZJB + SHZJ + ZJSB and 日期 between 2012 - 01 - 01，2016 - 12 - 31 and 主题 = 东华软件 or 主题 =002065 or 题名 = 东华软件 or 题名 =002065or 题名 = 东华软件 or 题名 =002065and（模糊匹配）。

2. 检索方式——高级检索

高级检索界面如图 9 - 7 所示。

图 9 - 7 中国知网中国重要报纸全文数据库高级检索

3. 检索结果

检索结果如图9-8所示，下载 PDF 版的新闻内容作为本章的文本分析来源。

二、检索结果统计报表：**列表模式**

检索式A：经筛选，您选择了23条.

[1]段国选. 东华软件布局"云+端"战略[N]. 中国证券报,2014-12-03A08.

[2]傅嘉. 东华软件携手美国C3进军能源大数据[N]. 中国证券报,2016-03-04A07.

[3]李若馨. 东华软件叫停定增防"肥水外流"[N]. 中国证券报,2012-08-29A10.

[4]梅菀. 东华软件东方通拟按比例转让老股[N]. 证券时报,2013-12-18A09.

[5]傅嘉. 东华软件拟8亿收购深圳至高通信全部股权[N]. 中国证券报,2014-11-18A08.

[6]祁豆豆. 东华软件定增收购风电监测服务商[N]. 上海证券报,2013-11-21F06.

[7]刘巧玲. 东华软件定增募资6.9亿投软件项目[N]. 证券时报,2012-06-02A03.

[8]覃秋. 8亿元收购至高通信 东华软件发力军警市场[N]. 上海证券报,2014-11-18F07.

[9]姚轩杰. 东华软件澄清财务传闻[N]. 中国证券报,2012-07-18A11.

[10]戴小河. 线上线下业务比翼齐飞 国际医学牵手阿里打造云医院[N]. 中国证券报,2015-04-21A06.

[11]祁豆豆. 参股拟IPO企业 上市公司静候投资回报[N]. 上海证券报,2013-06-04A04.

[12]魏隋明. 研发投入过低 多家软件企业无缘税收优惠[N]. 证券时报,2012-05-09B04.

[13]秦洪. 资金青睐产业空间乐观品种[N]. 上海证券报,2013-07-25F08.

[14]崔威. 计算机股星光点点 事件驱动走出低谷[N]. 证券时报,2013-02-07A14.

[15]申鹏. 电子信息股 谁更具"潜蓝"特质[N]. 中国证券报,2012-03-15A16.

[16]张怡. 融资客活跃 两融余额重回8600亿元上方[N]. 中国证券报,2016-07-07A10.

[17]李艺菲. 236只基金抱团软件股[N]. 中国证券报,2014-05-31005.

[18]戴小河. 多家上市公司参股IPO过会企业[N]. 中国证券报,2013-12-02A10.

[19]戴小河. 医疗IT企业迎来发展契机[N]. 中国证券报,2015-01-22A10.

[20]杨苏. 千股十日停复牌：躲闪理由多 归队干货少[N]. 证券时报,2015-07-24A05.

[21]李羊. 2014中国上市公司价值评选榜单分析[N]. 证券时报,2015-08-03T10.

[22]陈慧琴. 市场底轮廓初显 四大线索低吸超跌股[N]. 上海证券报,2015-08-31005.

[23]朱筱珊. 中小板12周年：创新发展之路[N]. 证券时报,2016-05-26A02.

图 9-8　中国知网中国重要报纸全文数据库检索结果

最终，得到69家目标企业的新闻数统计如表9-7所示。

表 9-7　69 家目标企业的新闻数统计　　　　　　单位：篇

企业名称	2012 年	2013 年	2014 年	2015 年	2016 年	总计
百联股份	0	1	0	7	0	8
大东方	0	1	0	2	0	3
大秦铁路	4	11	8	2	1	26
大众交通	1	6	2	3	1	13
电广传媒	13	6	3	15	3	40

续表

企业名称	2012 年	2013 年	2014 年	2015 年	2016 年	总计
东方航空	11	0	8	11	14	44
东方明珠	3	5	16	20	11	55
东莞控股	3	0	0	1	0	4
东华软件	4	6	4	5	3	22
峨眉山 A	3	0	0	0	0	3
歌华有线	2	1	3	10	2	18
广深铁路	1	1	2	0	0	4
国电南瑞	8	5	2	2	2	19
国际医学	0	0	0	1	0	1
国脉科技	1	0	0	0	1	2
海南航空	12	4	6	3	3	28
海王生物	0	3	1	0	0	4
华东电脑	5	1	1	2	0	9
华东医药	3	2	2	1	2	10
华胜天成	2	1	1	4	0	8
华数传媒	3	6	9	1	0	19
华闻传媒	7	7	2	1	0	17
华夏幸福	6	3	9	6	2	26
佳都科技	0	0	2	3	1	6
浪潮软件	3	2	7	3	0	15
丽江旅游	6	1	2	0	1	10
利欧股份	4	1	10	3	7	25
茂业通信	0	0	0	1	1	2
南方航空	8	3	5	2	6	24
南京新百	3	1	3	5	3	15
鹏博士	10	16	3	6	1	36
全聚德	3	5	1	1	4	14

企业名称	2012 年	2013 年	2014 年	2015 年	2016 年	总计
厦门港务	3	0	1	1	0	5
上港集团	8	10	9	5	5	37
上海机场	5	1	0	1	0	7
上海医药	21	9	10	6	1	47
深赤湾 A	1	0	0	1	0	2
深高速	3	1	1	3	1	9
石基信息	1	2	2	5	1	11
时代出版	6	7	2	6	0	21
苏宁云商	0	38	25	26	12	101
泰达股份	1	2	0	0	0	3
天津港	2	5	9	13	1	30
通程控股	4	1	0	0	0	5
万科 A	5	6	12	37	95	155
王府井	2	7	5	4	6	24
物产中大	2	3	2	5	2	14
小商品城	12	3	3	7	0	25
新大陆	6	2	1	4	3	16
雅戈尔	17	12	14	10	2	55
亿阳信通	0	1	0	2	0	3
营口港	0	0	4	0	0	4
用友网络	0	0	0	9	1	10
豫园商城	3	8	1	4	0	16
长江传媒	1	8	2	0	0	11
浙江东方	4	1	0	0	6	11
中安消	0	2	1	6	8	17
中储股份	4	3	8	3	0	18
中国宝安	9	8	7	6	2	32

企业名称	2012 年	2013 年	2014 年	2015 年	2016 年	总计
中国国航	10	4	3	4	8	29
中国国贸	0	1	0	1	0	2
中国联通	31	46	38	29	24	168
中国软件	3	3	3	2	2	13
中青旅	5	5	0	2	1	13
中文传媒	3	2	3	0	3	11
中兴商业	1	0	10	3	0	14
中原高速	5	0	0	0	1	6
东软集团	1	2	4	3	2	12
广聚能源	0	1	0	1	0	2
总计	308	303	292	330	256	1489

69 家目标企业根据行业分布，新闻数的分布情况如表 9-8 所示。

表 9-8　目标行业各报纸新闻分布统计　　　　　　　单位：篇

行业	上海证券报	证券时报	中国证券报	总计
房地产业	78	80	80	238
交通运输、仓储和邮政业	104	69	117	290
批发零售	100	80	98	278
水利、环境和公共设施管理业	8	2	3	13
通信业	197	87	223	507
文化、体育和娱乐业	36	15	28	79
住宿和餐饮业	3	6	5	14
综合	12	7	13	32
租赁和商务服务业	15	10	13	38
总计	553	356	580	1489

如图 9-9 和图 9-10 所示，共下载 1489 篇新闻，分析新闻所属的行业可知，通信业，交通运输、仓储和邮政业，批发零售业及房地产业

的新闻数最多，分别为 507 篇、290 篇、278 篇和 238 篇，占比分别为
34.05%、19.48%、18.67% 和 15.98%。

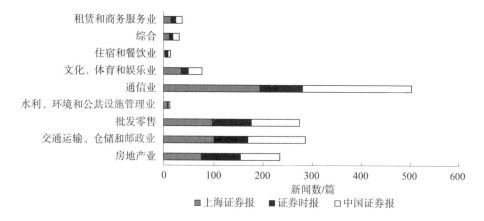

图 9-9　目标行业新闻数分布情况

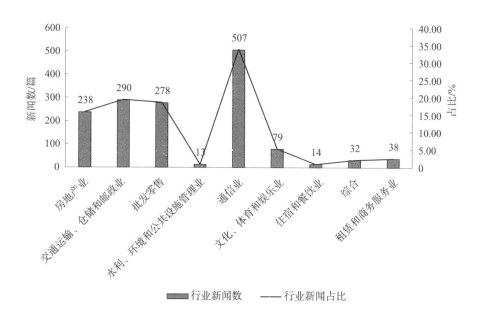

图 9-10　目标行业新闻数占比情况

如图 9-11 所示，69 家目标企业在 2012～2016 年在《中国证券报》
《上海证券报》和《证券时报》中共报道相关新闻 1489 篇，其中《中国
证券报》报道 580 篇，占比 38.95%，《上海证券报》报道新闻 553 篇，

占比 37. 14% ；《证券时报》报道 356 篇新闻，占比 23. 91%。因此，三大报纸的新闻篇幅分布较为均匀，且篇幅较多，有利于文本分析。

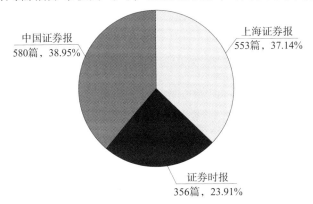

图 9 – 11　三大证券报纸目标企业新闻数量分布

如图 9 – 12 所示，69 家目标企业在 2012 ~ 2016 年《中国证券报》《上海证券报》和《证券时报》中共报道相关新闻 1489 篇中，5 年新闻数量分布较为均匀，均在 250 ~ 350 篇，新闻采集数量较为合适。

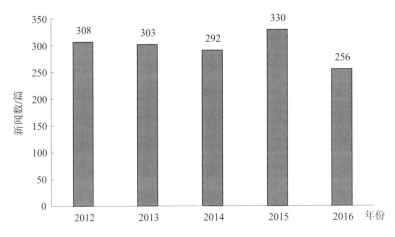

图 9 – 12　目标企业在三大报纸新闻报道年度分布

9.3.5　模型验证

1. 序列组的基本描述性统计

本研究共包含 69 家上市公司 2012 ~ 2016 年的面板数据，适用于面板数据的统计分析及模型预测，使用 Eviews 软件进行统计分析和计量。

利用 Eviews 软件进行各变量的描述性统计分析。其中，*TONE* 由专家打分获得具体分值，*MA* 由计算公式计算得出。其余控制变量的数据从 Wind 数据库及国泰安数据库中取得。

（1）因变量 BV 的描述性统计量

由表 9 - 9 可见，因变量 *BV* 来自 2012 ~ 2016 年在沪深交易所上市的第三产业 A 股公司作为研究样本，共包含九大行业的 69 家公司历年的品牌价值。因变量 *BV* 的均值为 79.41，中位数为 14.60，最大值和最小值分别为 7218.68 和 0.44；标准差为 439.49，数值较大，说明数据的离散程度较强；偏度为 13.60，呈现右偏分布；峰度为 209.42，序列分布呈现"高瘦"形状；J - B 统计量为 623136.3，相应的概率为 0.00，即拒绝序列服从正态分布的原假设；数据和为 27396.65，离差平方和为 66443373，即数据与其数学期望的偏离程度较大。

表 9 - 9　因变量 *BV* 的描述性统计量

	BV
均值	79.41
中位数	14.60
最大值	7218.68
最小值	0.44
标准差	439.49
偏度	13.60
峰度	209.42
J - B 统计量	623136.30
概率	0
数据和	27396.65
离差平方和	66443373
Observations	345
Cross sections	69

（2）自变量 *MA*、*NUM*、*TONE* 的描述性统计量

如表 9-10 所示，由自变量的描述性统计可知，变量 *MA* 的均值为 134.45，中位数为 48，最大值为 1496，最小值为 -93；标准差为 205.44，数值较大，说明数据的离散程度较强；偏度为 2.57，呈现右偏分布；峰度为 11.65，序列分布呈现"高瘦"形状；J-B 统计量为 1456.08，相应的概率为 0，即拒绝序列服从正态分布的原假设；数据和为 46385，离差平方和 14519151，即数据与其数学期望的偏离程度较大。

表 9-10　自变量 *MA*、*NUM*、*TONE* 的描述性统计量

	MA	*NUM*	*TONE*
均值	134.45	4.32	6.30
中位数	48	2	3
最大值	1496	95	108
最小值	-93	0	-10
标准差	205.44	7.81	11.74
偏度	2.57	6.14	3.98
峰度	11.65	59.66	25.51
J-B 统计量	1456.08	48313.94	8192.90
概率	0	0	0
数据和	46385	1489	2173
离差平方和	14519151	20980.56	47394.25
Observations	345	345	345
Cross sections	69	69	69

变量 *NUM* 的均值为 4.32，中位数为 2，最大值为 95，最小值为 0；标准差为 7.81，数值较小，说明数据的离散程度较弱；偏度为 6.14，呈现右偏分布；峰度为 59.66，序列分布呈现"高瘦"形状；J-B 统计量为 48313.94，相应的概率为 0，即拒绝序列服从正态分布的原假设；数据和为 1489，离差平方和为 20980.56，即数据与其数学期望的偏离程度较大。

变量 *TONE* 的均值为 6.30，中位数为 3，最大值为 108，最小值为

-10；标准差为 11.74，数值较小，说明数据的离散程度较弱；偏度为
3.98，呈现右偏分布；峰度为 25.51，序列分布呈现"高瘦"形状；J -
B 统计量为 8192.90，相应的概率为 0，即拒绝序列服从正态分布的原假
设；数据和为 2173，离差平方和为 47394.25，即数据与其数学期望的偏
离程度较大。

（3）控制变量 *SAC*、*ROE*、*DAR*、*BM*、*LEV* 的描述性统计量

如表 9 - 11 所示，由控制变量的描述性统计可知，变量 *SAC*（公司
规模）的均值为 4.89，中位数为 4.72，最大值为 9.02，最小值为 2.48；
标准差为 1.41，数值适当，说明数据的离散程度相对较强；偏度为
0.70，呈现右偏分布；峰度为 3.01，序列分布呈现"高瘦"形状，但基
本呈现标准形状；J - B 统计量为 28.21，相应的概率为 0.00，即拒绝序
列服从正态分布的原假设；数据和为 1688.02，离差平方和为 679.89，
即数据与其数学期望的偏离程度较大。

表 9 - 11　控制变量 *SAC*、*ROE*、*DAR*、*BM*、*LEV* 的描述性统计量

	SAC	*ROE*	*DAR*	*BM*	*LEV*
均值	4.89	11.46	48.39	1.20	1.21
中位数	4.72	10.13	47.68	0.74	1.09
最大值	9.02	51.42	88.79	7.81	7.63
最小值	2.48	-9.36	5.16	0	-0.03
标准差	1.41	7.33	19.14	1.21	0.50
偏度	0.70	1.94	0.06	2.36	7.21
峰度	3.01	9.35	2.33	9.87	85.54
J - B 统计量	28.21	794.44	6.58	997.92	100914.40
概率	0	0	0.04	0	0
数据和	1688.02	3953.16	16694.46	413.26	419.14
离差平方和	679.89	18490.55	126002.80	500.19	84.53
Observations	345	345	345	345	345
Cross sections	69	69	69	69	69

变量 *ROE* 的均值为 11.46，中位数为 10.13，最大值为 51.42，最小
值为 -9.36；标准差为 7.33，数值适当，说明数据的离散程度相对较
强；偏度为 1.94，呈现右偏分布；峰度为 9.35，序列分布呈现"高瘦"

形状；J – B 统计量为 794.44，相应的概率为 0，即拒绝序列服从正态分布的原假设；数据和为 3953.16，离差平方和为 18490.55，即数据与其数学期望的偏离程度较大。

变量 DAR 的均值为 48.39，中位数为 47.68，最大值为 88.79，最小值为 5.16；标准差为 19.14，数值适当，说明数据的离散程度相对较强；偏度为 0.06，呈现右偏分布，但偏离程度很小；峰度为 2.33，序列分布呈现"高瘦"形状；J – B 统计量为 6.58，相应的概率为 0.04，即在 3.71% 的置信水平下，接受 H0 序列服从正态分布的原假设；数据和为 16694.46，离差平方和为 126002.8，即数据与其数学期望的偏离程度较大。

变量 BM 的均值为 1.20，中位数为 0.74，最大值为 7.81，最小值为 0；标准差为 1.21，数值较大，说明数据的离散程度较强；偏度为 2.36，呈现右偏分布；峰度为 9.87，序列分布呈现"高瘦"形状；J – B 统计量为 997.92，相应的概率为 0，即拒绝序列服从正态分布的原假设；数据和为 413.26，离差平方和为 500.19，即数据与其数学期望的偏离程度较大。

变量 LEV 的均值为 1.21，中位数为 1.09，最大值为 7.63，最小值为 −0.03；标准差为 0.50，数值适当，说明数据的离散程度相对较强；偏度为 7.21，呈现右偏分布；峰度为 85.54，序列分布呈现"高瘦"形状；J – B 统计量为 100914.4，相应的概率为 0，即拒绝序列服从正态分布的原假设；数据和为 419.14，离差平方和为 84.53，即数据与其数学期望的偏离程度较大。

2. 实证分析

利用面板数据回归的方法，研究媒体态度、新闻数量、文本情感度及其他控制变量对上市公司品牌价值的影响。回归方程如下：

$$BV_{i,t} = \beta_0 + \beta_1 MA_{i,t} + \beta_2 NUM_{i,t} + \beta_3 TONE_{i,t} + \beta_4 SAC_{i,t} + \beta_5 ROE_{i,t} + \beta_6 DAR_{i,t} + \beta_7 BM_{i,t} + \beta_8 LEV_{i,t} + \varepsilon_{i,t}$$

其中，$BV_{i,t}$ 表示股票 i 在 t 年度的品牌价值指数，$MA_{i,t}$ 表示媒体在 t 年度对股票 i 的情绪倾向性指数，当数值为正（负）时，表明媒体报道所传达的倾向性是乐观的（悲观的）。

　　本研究利用 Eviews 软件进行面板数据模型的估计。在 Eviews 软件中建立 POOL 对象，导入所有变量数据后，进行回归模型的估计。首先应确定影响形式，主要分为固定影响和随机影响，其方法是利用 Eviews 软件中内嵌的 Hausman 检验的检验结果来确定影响形式。其次，在确定影响形式为固定影响或随机影响后，确定模型形式。模型形式可分为面板数据模型（变截距模型、变系数模型）或混合横截面模型。通过检验软件可得出回归结果，确定模型形式，最终可确定回归模型。

　　（1）确定影响形式

　　可利用 Hausman 检验用于确定选择固定效应模型还是随机效应模型。其原假设为：内部估计量（最小二乘虚拟变量法（LSDV））和 GLS 得出的估计量是一致的，但是内部估计量不是有效的。

　　Eviews 软件中，Hausman 检验统计量的计算需要以随机效应模型的估计结果为基础。因此，模型设定形式的 Hausman 检验需要分为两步进行：第一步是估计随机效应模型；第二步是计算相应的检验统计量和伴随概率。

　　①建立随机效应模型，如图 9 - 13 所示。

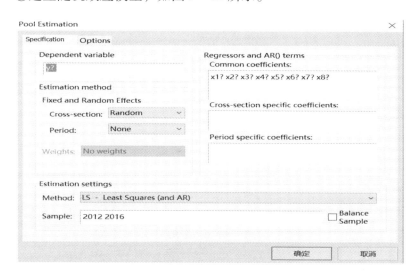

图 9 - 13　建立随机效应模型

② 随机效应模型结果

输出随机效应模型的结果如表 9 - 12 所示。

表 9 - 12　随机效应模型结果

变量	系数	标准误差	T 值	伴随概率
C	253.92	89.97	2.82	0.01
MA	0.86	0.09	9.36	0.00
NUM	- 1.24	2.99	- 0.42	0.68
TONE	11.00	1.95	5.65	0.00
SAC	- 38.16	17.61	- 2.17	0.03
ROE	- 1.35	2.31	- 0.59	0.56
DAR	- 4.28	1.08	- 3.97	0.00
BM	128.75	20.00	6.44	0.00
LEV	- 80.99	35.80	- 2.26	0.02
随机效应				
BLGF——C	- 2.96	HWCM——C	- 7.63	WCZD——C	- 26.24
CJCM——C	- 12.86	HWSW——C	39.67	WFJ——C	- 25.74
DDF——C	12.50	HXXF——C	- 60.17	WK——C	- 49.31
DFHK——C	7.93	JDKJ——C	23.51	XDL——C	- 7.70
DFMZ——C	- 17.81	LCRJ——C	14.54	XMGW——C	8.74
DGCM——C	5.68	LJLY——C	- 10.13	XSPC——C	23.14
DGKG——C	10.68	LOGF——C	- 10.24	YGE——C	- 69.55
DHRJ——C	- 2.14	MYTX——C	23.40	YKG——C	14.84
DQTL——C	- 1.57	NFHK——C	- 2.01	YYSC——C	2.26
DRJT——C	19.80	NJXB——C	11.53	YYWL——C	- 0.32
DZJT——C	7.76	PBS——C	- 11.01	YYXT——C	6.08
EMS——C	- 11.82	QJD——C	4.67	ZAX——C	- 23.27
GDNR——C	18.48	SCW——C	10.36	ZCGF——C	1.71
GHYX——C	- 17.86	SDCB——C	- 34.82	ZGBA——C	- 0.57
GJNY——C	- 21.66	SGJT——C	22.58	ZGGH——C	19.71
GJYX——C	22.21	SGS——C	1.61	ZGGM——C	25.68

续表

随机效应					
GMKJ——C	23. 79	SHJC——C	4. 42	ZGLT——C	180. 43
GSTL——C	− 15. 95	SHYY——C	− 14. 39	ZGRJ——C	7. 52
HDDN——C	2. 36	SJXX——C	− 25. 39	ZJDF——C	13. 64
HDYY——C	30. 88	SNYS——C	− 78. 70	ZQL——C	− 21. 45
HNHK——C	− 11. 69	TCKG——C	12. 59	ZWCM——C	− 9. 36
HSCM——C	14. 66	TDGF——C	− 14. 11	ZXSY——C	− 14. 40
HSTC——C	11. 02	TJG——C	− 6. 57	ZYGS——C	− 21. 03

Effects Specification			
		S. D.	Rho
Cross – section random		58. 76	0. 04
Idiosyncratic random		286. 75	0. 96

加权统计量			
R^2	0. 40	因变量均值	72. 19
调整 R^2	0. 38	因变量标准差	419. 79
标准误差	329. 73	残差平方和	36530651
F 值	27. 70	DW 值	1. 70
P 值	0. 00		

无权重统计量			
R^2	0. 42	因素量均值	79. 41
残差平方和	38456310	DW 值	1. 61

注：表中如 BLGF 等字母组合代表各家上市公司。

③进行 Hausman 检验

建立随机效应模型后，进行 Hausman 检验统计量和伴随概率的计算。Eviews 软件上一步分析的结果窗口进行表 9 – 13 所列的操作。

表 9-13 模型设定形式检验——Hausman 检验

Test Summary		Chi - Sq. Statistic	Chi - Sq. d. f.	Prob.
Cross - section random		116. 28	8	0. 00
变量	固定	随机	方差	伴随概率
MA	0. 89	0. 86	0. 00	0. 60
NUM	- 1. 13	- 1. 24	2. 75	0. 95
TONE	- 1. 75	11. 00	3. 37	0. 00
SAC	- 102. 07	- 38. 16	2917. 94	0. 24
ROE	- 1. 28	- 1. 35	9. 46	0. 98
DAR	0. 40	- 4. 28	5. 35	0. 04
BM	- 36. 75	128. 75	693. 09	0. 00
LEV	- 336. 33	- 80. 99	759. 36	0. 00
变量	系数	标准差	t 值	伴随概率
C	922. 64	331. 00	2. 79	0. 01
MA	0. 89	0. 11	7. 88	0. 00
NUM	- 1. 13	3. 42	- 0. 33	0. 74
TONE	- 1. 75	2. 68	- 0. 65	0. 51
SAC	- 102. 07	56. 82	- 1. 80	0. 07
ROE	- 1. 28	3. 85	- 0. 33	0. 74
DAR	0. 40	2. 55	0. 16	0. 88
BM	- 36. 75	33. 07	- 1. 11	0. 27
LEV	- 336. 33	45. 18	- 7. 44	0. 00
Effects Specification				
Cross - section fixed （dummy variables）				
R^2	0. 67	因变量均值		79. 41
调整 R^2	0. 57	因变量标准差		439. 49
标准误差	286. 75	Akaike 准则		14. 35
残差平方和	22036133	Schwarz 准则		15. 21
对数似然	- 2398. 19	Hannan - Quinn 准则		14. 69
F 值	7. 11	DW 值		2. 23
P 值	0. 00			

可以看出 Hausman 检验的检验统计量为 116.28，伴随概率为 0。因此，拒绝固定效应模型与随机效应模型不存在系统差异的原假设，建立固定效应模型。

（2）确定模型形式

通过模型设定形式检验——Hausman 检验后，拒绝了固定效应模型与随机效应模型不存在系统差异的原假设，确定固定影响模型，需要建立固定效应模型进行估计。固定效应模型形式可分为面板数据模型（变截距模型、变系数模型）或混合横截面模型。其中，面板数据模型主要通过 Eviews 软件的 Pool Estimate 模块中的固定效应模型估计结果来判断。而混合横截面模型主要通过 Eviews 软件中对混合横截面模型设定的 F 检验和 LR 检验统计量进行判断。F 检验和 LR 检验统计量的计算需要以固定效应模型的估计结果为基础。横截面模型设定的 F 检验和 LR 检验需要分两步进行：第一步是估计固定效应模型；第二步是计算相应的检验统计量和伴随概率。因此，首先进行面板数据模型的估计，运用 Eviews 软件中 Pool Estimation 模块中的固定效应模型的估计来实现；然后在读固定效应模型的估计结果的解读后，用 Eviews 软件进行混合横截面模型的 F 检验和 LR 检验，在进行 F 检验和 LR 检验统计量的计算后，最终确定模型形式。

①面板数据模型的估计——固定效应模型估计

通过上一步进行的模型设定形式检验——Hausman 检验，拒绝了固定效应模型与随机效应模型不存在系统差异的原假设，因此建立固定效应模型，需要建立固定效应模型进行估计。为了确定固定效应的影响下，模型形式为面板数据模型还是混合横截面数据模型，需要首先进行固定效应模型的估计，然后进行 F 检验和 LR 检验统计量的计算。

首先进行面板数据模型的估计，主要分为变截距模型和变系数模型，均可通过 Eviews 软件中 Pool Estimation 模块中的固定效应模型估计方法来进行估计。因此，面板数据模型主要通过 Eviews 软件的 Pool Estimate 模块中的固定效应模型估计结果来判断，其估计的结果如表 9 - 14 所示。

表 9 – 14   固定效应模型估计结果（1）

变量	系数	标准误	t 值	伴随概率		
C	922.64	331.01	2.79	0.01		
MA	0.89	0.11	7.88	0.00		
NUM	−1.13	3.42	−0.33	0.74		
$TONE$	−1.75	2.68	−0.65	0.51		
SAC	−102.07	56.82	−1.80	0.07		
ROE	−1.28	3.85	−0.33	0.74		
DAR	0.40	2.55	0.16	0.88		
BM	−36.75	33.07	−1.11	0.27		
LEV	−336.33	45.18	−7.44	0.00		
Fixed Effects（Cross）						
BLGF——C	22.87	HWCM——C	−213.39	WCZD——C	−18.39	
CJCM——C	−197.56	HWSW——C	146.29	WFJ——C	−114.42	
DDF——C	−68.42	HXXF——C	−125.70	WK——C	266.53	
DFHK——C	422.04	JDKJ——C	−211.20	XDL——C	−342.65	
DFMZ——C	1.54	LCRJ——C	−243.60	XMGW——C	−155.96	
DGCM——C	119.24	LJLY——C	−239.15	XSPC——C	73.75	
DGKG——C	−92.21	LOGF——C	−200.97	YGE——C	−66.47	
DHRJ——C	−135.37	MYTX——C	−123.69	YKG——C	142.11	
DQTL——C	154.46	NFHK——C	479.32	YYSC——C	−10.82	
DRJT——C	−27.61	NJXB——C	−43.74	YYWL——C	−194.82	
DZJT——C	−13.40	PBS——C	−136.97	YYXT——C	−170.68	
EMS——C	−292.21	HWCM——C	−213.39	ZAX——C	−324.60	
GDNR——C	−111.73	HWSW——C	146.29	ZCGF——C	−67.55	
GHYX——C	−145.48	HXXF——C	−125.70	ZGBA——C	−30.84	
GJNY——C	−342.74	QJD——C	−242.09	ZGGH——C	456.87	
GJYX——C	−130.51	SCW——C	−74.78	ZGGM——C	8.78	
GMKJ——C	−49.59	SDCB——C	−319.49	ZGLT——C	3128.10	

续表

Fixed Effects（Cross）					
GSTL——C	5.50	SGJT——C	234.67	ZGRJ——C	-168.61
HDDN——C	-323.41	SGS——C	194.38	ZJDF——C	-30.54
HDYY——C	-116.73	SHJC——C	-5.43	ZQL——C	-231.66
HNHK——C	502.34	SHYY——C	60.69	ZWCM——C	-191.68
HSCM——C	-166.56	SJXX——C	-330.19	ZXSY——C	-300.65
HSTC——C	53.55	SNYS——C	-119.67	ZYGS——C	702.21
Effects Specification					
Cross – section fixed（dummy variables）					
R^2	0.67	因变量平均值		79.41	
调整 R^2	0.57	因变量标准差		439.49	
标准误差	286.75	Akaike 准则		14.35	
残差平方和	22036133	Schwarz 准则		15.21	
对数似然	-2398.19	Hannan – Quinn 准则		14.69	
F 值	7.11	DW 值		2.23	
P 值	0.00				

由估计结果可知，通过变量的显示结果及模型操作中的提示来看，该模型符合面板数据模型中固定效应的变截距模型。

根据表 9-14 可知，模型回归的 R^2 为 0.67，即被解释变量 Y（BV）被所有解释变量解释的部分，即回归的拟合程度为 0.67。模型估计的调整 R^2 为 0.57，拟合效果较好。这一结果较符合现实逻辑，现实中公司品牌价值受到许多因素影响，上述几个变量不太可能完全解释公司的品牌价值。

模型回归的标准误差为 286.75。残差平方和为 22036133。对数似然估计值为 -2398.19。DW 值为 2.23，该指标用于衡量回归残差是否序列相关，若该统计量严重偏离 2 则表明存在序列相关。该模型中，DW 值为 2.23，偏离程度不大。被解释变量的均值为 79.41，被解释变量的标准差是 439.49。赤池信息准则为 14.35，施瓦茨信息准则为 15.21。

F 统计量为 7.11。模型显著性的概率值为 0。表明上述模型成立并具有统计学意义。

由固定效应模型估计结果可以看出，发现 MA 的回归系数符号为正，对应的伴随概率值为 0，因此认为 MA 对 BV 的影响为正向且显著；LEV 的回归系数符号为负，对应的伴随概率值为 0，因此认为 LEV 对 BV 的影响为负且显著。

此外，可以看出，NUM 的伴随概率为 0.74，不显著；$TONE$ 的伴随概率为 0.51，不显著；SAC 的伴随概率为 0.07，不显著；ROE 的伴随概率为 0.74，不显著；DAR 伴随概率为 0.88，不显著；BM 的伴随概率为 0.27，不显著。

综合来看，解释变量 MA 的系数为正，并且伴随概率 P 值为 0，非常显著；解释变量 NUM 的系数为正，但伴随概率 P 值为 0.74，不显著；解释变量 $TONE$ 的伴随概率为 0.51，不显著。说明媒体态度对品牌价值有影响作用，而文献中以往常常使用的新闻数量并不对品牌价值造成显著影响；此外，仅仅衡量一年内所有新闻态度的代数和而得到的文章基调值也并未对品牌价值产生显著影响。

即"H1：悲观的媒体态度会导致上市公司品牌价值降低；H2：乐观的媒体态度会导致上市公司品牌价值升高"成立。

控制变量中，LEV 的系数为负值，P 值 0，在 5% 的显著性水平下非常显著，表明随着公司财务杠杆的增加，公司的品牌价值可能减少。此外，SAC 的伴随概率为 0.07，不显著；ROE 的伴随概率为 0.74，不显著；DAR 伴随概率为 0.88，不显著；BM 的伴随概率为 0.27，不显著。说明公司的规模大小、净资产收益率、资产负债结构及账面价值比并未显著影响公司品牌价值。

因此，考虑剔除控制变量 ROE 和 DAR，研究媒体态度与新闻报道数、文章基调及剩余控制变量与品牌价值之间的关系。利用 Eviews 软件中的 Pool Estimation 再次进行面板数据模型的回归分析，去除 ROE 和 DAR 变量后，调整后的回归方程如下：

$$BV_{i,t} = \beta_0 + \beta_1 MA_{i,t} + \beta_2 NUM_{i,t} + \beta_3 TONE_{i,t} + \beta_4 SAC_{i,t} + \beta_5 BM_{i,t} + \beta_6 LEV_{i,t} + \varepsilon_{i,t}$$

此次面板数据模型同样通过 Eviews 软件的 Pool Estimate 模块中的固定效应模型估计结果来判断，其估计的结果如表 9 - 15 所示。

表 9 - 15　固定效应模型估计结果 （2）

变量	系数	标准差	t 值	伴随概率
C	907. 12	283. 15	3. 20	0. 00
MA	0. 89	0. 11	7. 93	0. 00
NUM	- 1. 11	3. 40	- 0. 33	0. 75
$TONE$	- 1. 68	2. 66	- 0. 63	0. 53
SAC	- 99. 56	55. 55	- 1. 79	0. 07
BM	- 34. 11	32. 05	- 1. 06	0. 29
LEV	- 333. 01	44. 00	- 7. 57	0. 00
Effects Specification				
Cross - section fixed （dummy variables）				
R^2	0. 67	因变量平均值		79. 41
调整 R^2	0. 58	因变量标准差		439. 49
标准误差	285. 76	Akaike 准则		14. 34
残差平方和	22047433	Schwarz 准则		15. 17
似然对数	- 2398. 27	Hannan - Quinn 准则		14. 67
F 值	7. 35	DW 值		2. 23
P 值	0. 00			

由估计结果可知，通过变量的显示结果及模型操作中的提示来看，该模型符合面板数据模型中，固定效应的变截距模型。

根据表 9 - 15 可知，模型回归的 R^2 为 0.67%，即被解释变量 Y（BV）被所有解释变量解释的部分，即回归的拟合程度为 0.67%，较 ROE 和 DAR 变量剔除前的模型拟合程度基本相同。模型估计的调整 R^2 为 0.58%，拟合效果较好，并且相较 ROE 和 DAR 变量剔除前的模型拟合程度 0.58% 有一定程度的提高，表明剔除 ROE 和 DAR 后，模型能够更好地解释公司的品牌价值，结果得到了一定的优化。

模型回归的标准误差为 285.76，残差平方和为 22047433，对数似然

估计值为 - 2398.27，*DW* 值为 2.23，该指标用于衡量回归残差是否序列相关，若该统计量严重偏离 2 则表明存在序列相关。该模型中，*DW* 统计量的值为 2.23，偏离程度不大。被解释变量的均值为 79.41，被解释变量的标准差是 439.49。赤池信息准则为 14.34，施瓦茨信息准则为 15.17。

F 统计量为 7.35。模型的显著性的概率值为 0。表明上述模型成立并具有统计学意义。

从表 9 - 15 中可以看出，由固定效应模型估计结果可以看出，发现 *MA* 的回归系数符号为正，对应的伴随概率值为 0，因此认为 *MA* 对 *BV* 的影响为正向且显著；*LEV* 的回归系数符号为负，对应的伴随概率值为 0，因此认为 *LEV* 对 *BV* 的影响为负且显著。

此外，可以看出，*NUM* 的伴随概率为 0.75，不显著；*TONE* 的伴随概率为 0.53，不显著；*BM* 的伴随概率为 0.29，不显著；*SAC* 的伴随概率为 0.07，不显著。

因此继续剔除变量 *NUM*、*TONE* 和 *BM*。利用 Eviews 软件中的 Pool Estimation 再次进行面板数据模型的回归分析，去除 *NUM*、*TONE* 和 *BM* 变量后，调整后的回归方程如下：

$$BV_{i,t} = \beta_0 + \beta_1 MA_{i,t} + \beta_2 SAC_{i,t} + \beta_3 LEV_{i,t} + \varepsilon_{i,t}$$

此次面板数据模型同样通过 Eviews 软件的 Pool Estimate 模块中的固定效应模型估计结果来判断，其估计的结果如表 9 - 16 所示。

表 9 - 16　固定效应模型估计结果（3）

变量	系数	标准差	*t* 值	伴随概率
C	800.27	269.52	2.97	0.00
MA	0.89	0.11	8.20	0.00
SAC	- 92.82	55.06	- 1.69	0.09
LEV	- 318.09	42.46	- 7.49	0.00
Effects Specification				
Cross - section fixed（dummy variables）				
R^2	0.67	因变量平均值		79.41
调整 R^2	0.58	因变量标准差		439.49

Effects Specification			
Cross – section fixed（dummy variables）			
标准误差	285.14	Akaike 准则	14.33
残差平方和	22195734	Schwarz 准则	15.13
似然对数	−2399.43	Hannan – Quinn 准则	14.65
F 值	7.67	DW 值	2.25
P 值	0.00		

从表 9 – 16 可看到，SAC 的伴随概率为 0.09，不显著。因此剔除 SAC 这一控制变量。利用 Eviews 软件中的 Pool Estimation 再次进行面板数据模型的回归分析，去除 SAC 变量后，调整后的回归方程如下：

$$BV_{i,t} = \beta_0 + \beta_1 MA_{i,t} + \beta_2 LEV_{i,t} + \varepsilon_{i,t}$$

此次面板数据模型同样通过 Eviews 软件的 Pool Estimate 模块中的固定效应模型估计结果来判断，可得到模型的最终结果如表 9 – 17 所示。

表 9 – 17　固定效应模型估计结果（4）

变量	系数	标准差	t 值	伴随概率
C	355.89	56.36	6.31	0.00
MA	0.83	0.10	8.08	0.00
LEV	−319.29	42.60	−7.50	0.00
Fixed Effects（Cross）				
BLGF——C	−115.61	HWCM——C	−129.56	WCZD——C	−161.97
CJCM——C	−117.56	HWSW——C	191.37	WFJ——C	−118.01
DDF——C	45.66	HXXF——C	−371.91	WK——C	−213.12
DFHK——C	113.34	JDKJ——C	−8.93	XDL——C	−180.83
DFMZ——C	19.82	LCRJ——C	−50.35	XMGW——C	−38.29
DGCM——C	80.95	LJLY——C	−37.73	XSPC——C	23.49
DGKG——C	−3.89	LOGF——C	−69.57	YGE——C	−249.33
DHRJ——C	−61.18	MYTX——C	74.92	YKG——C	111.53
DQTL——C	−53.01	NFHK——C	131.90	YYSC——C	−22.11
DRJT——C	21.41	NJXB——C	7.64	YYWL——C	−85.87
DZJT——C	2.69	PBS——C	−127.19	YYXT——C	−1.54

Fixed Effects（Cross）					
EMS——C	− 79.42	QJD——C	− 2.55	ZAX——C	− 177.19
GDNR——C	− 72.49	SCW——C	10.046	ZCGF——C	− 63.42
GHYX——C	− 127.26	SDCB——C	− 217.35	ZGBA——C	− 34.81
GJNY——C	− 133.63	SGJT——C	37.23	ZGGH——C	135.94
GJYX——C	25.56	SGS——C	90.77	ZGGM——C	62.53
GMKJ——C	125.93	SHJC——C	− 44.58	ZGLT——C	2462.92
GSTL——C	− 80.97	SHYY——C	− 113.96	ZGRJ——C	− 23.25
HDDN——C	− 153.03	SJXX——C	− 150.27	ZJDF——C	− 2.61
HDYY——C	− 39.02	SNYS——C	− 367.87	ZQL——C	− 164.40
HNHK——C	205.12	TCKG——C	− 27.64	ZWCM——C	− 165.92
HSCM——C	− 88.72	TDGF——C	71.46	ZXSY——C	− 88.72
HSTC——C	130.11	TJG——C	− 0.05	ZYGS——C	454.34

Effects Specification			
Cross – section fixed（dummy variables）			
R^2	0.66	因变量平均值	79.41
调整 R^2	0.58	因变量标准差	439.49
标准误差	286.09	Akaike 准则	14.33
残差平方和	22426788	Schwarz 准则	15.12
似然对数	− 2401.22	Hannan – Quinn 准则	14.65
F 值	7.68	DW 值	2.24
P 值	0.00		

由表 9 – 16 可知，模型符合面板数据固定效应模型中的变截距模型。模型回归的 R^2 为 0.66，即被解释变量 Y（BV）被所有解释变量解释的部分，即回归的拟合程度为 0.66，也就是说，在剔除了变量 NUM、$TONE$ 和 BM 和 SAC 后，方程的回归拟合程度相较未剔除前的拟合程度 0.67 略有下降，表明剔除 ROE、DAR、NUM、$TONE$ 和 BM 和 SAC 后，模型能够更好地解释民族品牌价值，结果得到了一定的优化。

模型回归的标准误差为 286.09，残差平方和为 22426788，对数似然估

计值为 -2401.22。被解释变量的均值为79.41,被解释变量的标准差是439.49。赤池信息准则为14.33,施瓦茨信息准则为15.12。F 统计量为7.68。模型的显著性的概率值为0,表明上述模型成立并具有统计学意义。

DW 统计量为2.24,该指标用于衡量回归残差是否序列相关,若该统计量严重偏离2则表明存在序列相关。该模型中,DW 统计量的值为2.24,较未剔除 ROE、DAR、NUM、$TONE$、BM 和 SAC 变量前的 DW 值为2.23变化不大,同样地,也表明不存在序列自相关。

可以看出,由固定效应模型估计结果可以看出,发现 MA 的回归系数符号为正,对应的伴随概率值为0,认为 MA 对 BV 的影响为正向且显著;LEV 的回归系数符号为负,对应的伴随概率值为0,认为 LEV 对 BV 的影响为负且显著。说明媒体态度对品牌价值有显著的影响作用,即媒体态度越乐观,公司该年度的品牌价值可能越高。此外,随着公司财务杠杆的增加,公司的品牌价值可能减少。

②混合横截面模型的估计——F 检验和 LR 检验统计量的计算

与面板数据模型相同,混合横截面模型的估计也是通过 Eviews 软件中 Pool Estimation 模块来实现的。首先进行固定效应模型的估计,以上一步中固定效应模型的估计结果为基础,进行 Eviews 软件中对混合横截面模型设定的 F 检验和 LR 检验进行检验统计量和伴随概率的计算。表9-18列出了 F 检验和 LR 检验的输出结果。

表9-18 F 检验和 LR 检验结果

Redundant Fixed Effects Tests,Pool:QQQ,Test cross - section fixed effects			
Effects Test	Statistic	d. f.	Prob.
Cross - section F	4.82	-68,274	0.00
Cross - section Chi - square	271.50	68	0.00
变量	系数	标准差	t 值	伴随概率
C	-54.62	54.83	-1.00	0.32
MA	1.09	0.10	10.89	0.00
LEV	-10.29	41.48	-0.25	0.80
R^2	0.26	因变量平均值		79.41
调整 R^2	0.25	因变量标准差		439.49
标准误差	379.54	Akaike 准则		14.72

Redundant Fixed Effects Tests，Pool：QQQ，Test cross－section fixed effects			
残差平方和	49265303	Schwarz 准则	14.76
似然对数	－2536.97	Hannan－Quinn 准则	14.74
F 值	59.63	DW 值	1.10
P 值	0.00		

从检验结果可以看出，F 统计量和 LR 检验的伴随概率分别为 0 和 0，均小于 0.1，因此拒绝混合横截面模型相对于固定效应模型更有效的假设，因此不能建立混合横截面模型，而应当建立固定效应模型。

因此，综合面板数据模型和混合横截面模型的估计结果，确定模型形式为固定效应模型中的面板数据模型，其结果符合固定效应的变截距模型。

3. 序列平稳性检验

面板数据反映了时间和截面的二维信息，因此，面板数据也可能存在单位根。下面进行各变量的序列平稳性检验。

（1）序列平稳性的自相关函数检验

对各变量进行序列平稳性的自相关函数检验，利用 Eviews 软件绘制自相关图，如图 9－14 和图 9－15 所示，然后根据图示判断序列的平稳性。

Autocorrelation	Partial Correlation		AC	PAC	Q-Stat	Prob
		1	-0.015	-0.015	0.0739	0.786
		2	0.094	0.093	3.1324	0.209
		3	0.159	0.163	11.950	0.008
		4	0.076	0.077	13.998	0.007
		5	0.100	0.078	17.494	0.004
		6	0.059	0.027	18.713	0.005
		7	0.197	0.170	32.519	0.000
		8	0.103	0.087	36.296	0.000
		9	0.041	-0.000	36.884	0.000
		10	0.143	0.073	44.187	0.000
		11	0.146	0.111	51.778	0.000
		12	0.021	-0.023	51.929	0.000
		13	0.061	-0.013	53.281	0.000
		14	0.091	0.013	56.307	0.000
		15	0.114	0.067	60.987	0.000
		16	0.042	0.006	61.642	0.000
		17	0.098	0.031	65.142	0.000
		18	0.065	-0.017	66.677	0.000
		19	0.100	0.064	70.333	0.000
		20	0.064	0.026	71.852	0.000
		21	0.028	-0.040	72.149	0.000
		22	0.044	-0.042	72.874	0.000
		23	0.102	0.072	76.774	0.000
		24	0.038	0.002	77.318	0.000
		25	0.050	-0.010	78.272	0.000
		26	0.111	0.046	82.911	0.000
		27	-0.002	-0.040	82.914	0.000
		28	0.018	-0.034	83.035	0.000

图 9－14　因变量 BV 序列自相关图

Autocorrelation	Partial Correlation		AC	PAC	Q-Stat	Prob
		1	-0.017	-0.017	0.1064	0.744
		2	-0.019	-0.019	0.2324	0.890
		3	0.001	0.001	0.2331	0.972
		4	-0.017	-0.018	0.3380	0.987
		5	-0.020	-0.020	0.4733	0.993
		6	-0.014	-0.016	0.5462	0.997
		7	0.062	0.061	1.9037	0.965
		8	-0.017	-0.016	2.0087	0.981
		9	-0.021	-0.020	2.1656	0.989
		10	-0.005	-0.007	2.1730	0.995
		11	0.070	0.071	3.9313	0.972
		12	-0.010	-0.006	3.9686	0.984
		13	-0.021	-0.019	4.1301	0.990
		14	0.016	0.009	4.2176	0.994
		15	0.015	0.020	4.3025	0.997
		16	-0.001	0.005	4.3027	0.998
		17	-0.018	-0.017	4.4164	0.999
		18	0.006	-0.005	4.4278	1.000
		19	-0.022	-0.019	4.6137	1.000
		20	-0.019	-0.013	4.7427	1.000
		21	-0.017	-0.021	4.8553	1.000
		22	-0.011	-0.020	4.8978	1.000
		23	-0.020	-0.020	5.0401	1.000
		24	-0.021	-0.019	5.2120	1.000
		25	0.007	0.001	5.2296	1.000
		26	-0.014	-0.017	5.3047	1.000
		27	-0.001	-0.002	5.3053	1.000
		28	-0.018	-0.017	5.4258	1.000
		29	-0.016	-0.019	5.5276	1.000
		30	-0.001	-0.000	5.5279	1.000
		31	-0.018	-0.016	5.6574	1.000
		32	-0.009	-0.011	5.6908	1.000
		33	-0.017	-0.017	5.8055	1.000
		34	-0.019	-0.018	5.9394	1.000
		35	-0.017	-0.016	6.0562	1.000
		36	-0.019	-0.021	6.1913	1.000

图 9 - 15　自变量序列自相关图

序列平稳的自相关函数检验方法主要是看图中的自相关函数柱状图是否随着滞后阶数的增加而快速下降为 0，若是则平稳，否则非平稳。如图 9 - 14 和图 9 - 15 所示，滞后期到 1 时，柱状图已下降为 0，则表明该序列是平稳的。

对因变量 Y（BV）进行序列平稳的自相关函数检验，自相关函数的柱状图如图 9 - 15 所示。滞后期到 1 时，柱状图已下降为 0，表明该序列是平稳的。

同理，对其他变量进行检验，也得出各序列均为平稳序列。

（2）序列平稳性的 ADF 检验

利用 Augmented Dickey - Fuller（ADF）检验，可进行 Unit Root Test 检验，对变量 MA 进行单位根检验，检验变量是否存在单位根。

表9-19　自变量 MA 单位根检验

Panel unit root test：Summary Series：MA Sample：1 345				
Method	Statistic	P 值**	Cross - sections	Obs
Null：Unit root（assumes common unit root process）				
Levin，Lin & Chu t*	-16.67	0.00	65	260
Null：Unit root（assumes individual unit root process）				
Im，Pesaran and Shin W - stat	-3.19	0.00	65	260
ADF - Fisher Chi - square	181.37	0.00	65	260
PP - Fisher Chi - square	215.78	0.00	65	260
** Probabilities for Fisher tests are computed using an asymptotic Chi - square distribution. All other tests assume asymptotic normality.				

由表9-19可以看出：Common unit root - Levin，Lin & Chu，Individual unit root - Im，Pesaran and Shin，Individual unit root - Fisher - ADF 和 Individual unit root - Fisher - PP 检验的伴随概率 P 值均为0，均小于检验水平，因此拒绝存在单位根的原假设，即认为变量 MA（媒体态度）不存在单位根。

接着，对其他解释变量进行单位根检验，结果如表9-20～表9-23所示。

表9-20　自变量 NUM 单位根检验

Panel unit root test：Summary Series：NUM				
Method	Statistic	Prob.**	Cross - sections	Obs
Null：Unit root（assumes common unit root process）				
Levin，Lin & Chu t*	-20.17	0.00	63	252
Null：Unit root（assumes individual unit root process）				
Im，Pesaran and Shin W - stat	-6.58	0.00	63	252
ADF - Fisher Chi - square	217.35	0.00	63	252
PP - Fisher Chi - square	260.81	0.00	61	244
** Probabilities for Fisher tests are computed using an asymptotic Chi - square distribution. All other tests assume asymptotic normality.				

表 9 - 21　自变量 *TONE* 单位根检验

Panel unit root test：Summary Series：*TONE*				
Method	Statistic	Prob. **	Cross - sections	Obs
Null：Unit root（assumes common unit root process）				
Levin，Lin & Chu t*	- 30.62	0.00	60	240
Null：Unit root（assumes individual unit root process）				
Im，Pesaran and Shin W - stat	- 8.04	0.00	60	240
ADF - Fisher Chi - square	215.79	0.00	60	240
PP - Fisher Chi - square	247.50	0.00	59	236
** Probabilities for Fisher tests are computed using an asymptotic Chi - square distribution. All other tests assume asymptotic normality.				

表 9 - 22　控制变量变量单位根检验

Panel unit root test：Summary Series：*X4*				
Method	Statistic	Prob. **	Cross - sections	Obs
Null：Unit root（assumes common unit root process）				
Levin，Lin & Chu t*	- 30.62	0.00	60	240
Null：Unit root（assumes individual unit root process）				
Im，Pesaran and Shin W - stat	- 8.04	0.00	60	240
ADF - Fisher Chi - square	215.79	0.00	60	240
PP - Fisher Chi - square	247.50	0.00	59	236
** Probabilities for Fisher tests are computed using an asymptotic Chi - square distribution. All other tests assume asymptotic normality.				

表 9 - 23　控制变量变量单位根检验

Pool unit root test：Summary Series：*X8*
Sample：2012 ～ 2016 Exogenous variables：Individual effects
Automatic selection of maximum lags Automatic lag length selection based on SIC：0
Newey - West automatic bandwidth selection and Bartlett kernel
Balanced observations for each test

续表

Method	Statistic	Prob. **	Cross – sections	Obs
Null：Unit root（assumes common unit root process）				
Levin，Lin & Chu t*	− 17. 65	0. 00	69	276
Null：Unit root（assumes individual unit root process）				
Im，Pesaran and Shin W – stat	− 3. 75	0. 00	69	276
ADF – Fisher Chi – square	167. 68	0. 04	69	276
PP – Fisher Chi – square	199. 67	0. 00	69	276
** Probabilities for Fisher tests are computed using an asymptotic Chi – square distribution. All other tests assume asymptotic normality.				

由表 9 – 20 ～表 9 – 23 可以看出：Individual unit root – Im，Common u-nit root – Levin，Pesaran and Shin，Lin & Chu，Individual unit root – Fisher – PP 检验的伴随概率 P 值为 0、Individual unit root – Fisher – ADF 检验的伴随概率 P 值为 0.04，上述检验的伴随概率 P 值均小于检验水平 0.1，因此拒绝存在单位根的原假设，即认为变量 LEV 不存在单位根。

因变量 Y（BV）进行单位根检验。结果如表 9 – 24 所示。

表 9 – 24　因变量 BV 单位根检验

Pool unit root test：Summary Series：BV Sample：1 345
Exogenous variables：Individual effects User – specified lags：2
Newey – West automatic bandwidth selection and Bartlett kernel
Balanced observations for each test

Method	Statistic	Prob. **	Cross – sections	Obs
Null：Unit root（assumes common unit root process）				
Levin，Lin & Chu t*	− 6. 40	0. 00	69	276
Null：Unit root（assumes individual unit root process）				
Im，Pesaran and Shin W – stat	− 0. 97	0. 07	69	276
ADF – Fisher Chi – square	162. 50	0. 08	69	276
PP – Fisher Chi – square	188. 16	0. 00	69	276
** Probabilities for Fisher tests are computed using an asymptotic Chi – square distribution. All other tests assume asymptotic normality.				

由表 9 - 24 可以看出：Common unit root - Levin，Individual unit root - Fisher - PP，Lin & Chu 检验的伴随概率 P 值为 0、Individual unit root - Im，Pesaran and Shin 检验的伴随概率 P 值为 0.07、Individual unit root - Fisher - ADF 检验的伴随概率 P 值为 0.08，上述检验的伴随概率的 P 值均小于检验水平 0.1，因此拒绝存在单位根的原假设，即认为变量 BV 不存在单位根。

表 9 - 25　序列组单位根检验

Sample：2012 ～ 2016，Exogenous variables：Individual effects
Automatic selection of maximum lags，Automatic lag length selection based on SIC：0
Newey - West automatic bandwidth selection and Bartlett kernel
Balanced observations for each test

Method	Statistic	Prob. **	Cross - sections	Obs
Null：Unit root（assumes common unit root process）				
Levin，Lin & Chu t*	− 21.58	0.00	203	812
Null：Unit root（assumes individual unit root process）				
Im，Pesaran and Shin W - stat	− 4.56	0.00	203	812
ADF - Fisher Chi - square	511.54	0.00	203	812
PP - Fisher Chi - square	603.62	0.00	203	812

** Probabilities for Fisher tests are computed using an asymptotic Chi - square distribution. All other tests assume asymptotic normality.

对由 BV、MA、LEV 组成的序列组进行单位根检验，检验结果如表 9 - 25 所示：Common unit root - Levin，Lin & Chu 检验的伴随概率 P 值为 0、Individual unit root - Im，Pesaran and Shin 检验的伴随概率 P 值为 0、Individual unit root - Fisher - ADF 检验和 Individual unit root - Fisher - PP 检验的伴随概率 P 值均为 0，上述检验的伴随概率的 P 值均小于检验水平 0.01，因此拒绝存在单位根的原假设，即认为 BV、MA、LEV 组成的序列组不存在单位根。

通过序列平稳性的自相关检验及 ADF 单位根检验，根据检验结果可知，BV、MA、LEV 序列不存在自相关性，且均不存在单位根，因此通过了序列平稳性检验。

4. 格兰杰因果检验

进行格兰杰因果检验，如表 9 – 26 所示，格兰杰因果检验的原假设系数 H0 的系数为 0，不存在因果关系。在表中，BV、MA、LEV 三个序列之间的格兰杰因果检验结果，可以看到在 0.01 的显著性水平下，均接受原假设，即 BV 不是引起 MA 变化的格兰杰原因，MA 也不是引起 BV 变化的格兰杰原因；LEV 不是引起 MA 变化的格兰杰原因，MA 也不是引起 LEV 变化的格兰杰原因；BV 不是引起 LEV 变化的格兰杰原因，LEV 也不是引起 BV 变化的格兰杰原因。

表 9 – 26　格兰杰因果检验

Pairwise Granger Causality Tests Sample：2012 ~ 2016 Lags：1		
Null Hypothesis：	F – Statistic	Prob.
BV does not Granger Cause MA	0.028	0.90
MA does not Granger Cause BV	0.13	0.78
MA does not Granger Cause LEV	0.16	0.76
Null Hypothesis：	F – Statistic	Prob.
LEV does not Granger Cause MA	0.45	0.62
BV does not Granger Cause LEV	10.89	0.19
LEV does not Granger Cause BV	53.13	0.09

5. 不同行业中媒体态度对品牌价值的影响

为探究处于我国经济产业结构中第三产业的九大行业的 A 股上市公司中，MA 对不同行业 BV 的影响，设立 $IND1$、$IND2$、$IND3$、$IND4$、$IND5$、$IND6$、$IND7$、$IND8$ 虚拟变量，以此来区分 9 种不同的行业。具体的虚拟变量如表 9 – 27 所示设置。

表 9 – 27　行业虚拟变量设置

行业	行业名称	$IND1$	$IND2$	$IND3$	$IND4$	$IND5$	$IND6$	$IND7$	$IND8$
I	信息传输、软件和信息技术服务业	1	0	0	0	0	0	0	0
G	交通运输、仓储和邮政业	0	1	0	0	0	0	0	0

行业	行业名称	$IND1$	$IND2$	$IND3$	$IND4$	$IND5$	$IND6$	$IND7$	$IND8$
F	批发和零售业	0	0	1	0	0	0	0	0
K	房地产业	0	0	0	1	0	0	0	0
R	文化、体育和娱乐业	0	0	0	0	1	0	0	0
H	住宿和餐饮业	0	0	0	0	0	1	0	0
L	租赁和商务服务业	0	0	0	0	0	0	1	0
S	综合	0	0	0	0	0	0	0	1
N	水利、环境和公共设施管理业	0	0	0	0	0	0	0	0

为探究 A 股上市公司中，不同行业的影响，设立 $IND1$、$IND2$、$IND3$、$IND4$、$IND5$、$IND6$、$IND7$、$IND8$ 虚拟变量，以此来区分 9 种不同的行业。线性回归模型调整为：

$$BV_{i,t} = \beta_0 + \beta_1 MA_{i,t} + \beta_2 NUM_{i,t} + \beta_3 TONE_{i,t} + \beta_4 SAC_{i,t} + \beta_5 ROE_{i,t} + \beta_6 DAR_{i,t} + \beta_7 BM_{i,t} + \beta_8 LEV_{i,t} + \alpha_1 IND_1 + \alpha_2 IND_2 + \alpha_3 IND_3 + \alpha_4 IND_4 + \alpha_5 IND_5 + \alpha_6 IND_6 + \alpha_7 IND_7 + \alpha_8 IND_8 + \varepsilon_{i,t}$$

在回归方程中，虚拟变量与其余变量共同构成新的自变量数据。由于虚拟变量由 0 和 1 组成，在利用 Eviews 软件进行数据回归分析时，进行面板数据的回归测试时，Eviews 软件自动提示存在多重共线性问题，因此不再适用面板数据模型进行回归，即不适用固定效应模型或随机效应模型。

因此，应当使用混合横截面模型的估计方法来进行模型估计。在 Eviews 软件中进行数据导入后，选择混合横截面模型进行模型估计，结果如表 9 – 28 所示。

表 9 – 28　模型估计结果（1）

变量	系数	标准差	t 值	伴随概率
MA	0.83	0.11	7.70	0.00
NUM	– 1.17	3.43	– 0.34	0.73
$TONE$	10.67	2.31	4.62	0.00
SAC	– 12.05	21.06	– 0.57	0.57

变量	系数	标准差	t 值	伴随概率
ROE	-0.96	2.44	-0.39	0.69
DAR	-3.44	1.34	-2.56	0.01
BM	128.83	22.39	5.75	0.00
LEV	-85.99	40.66	-2.11	0.04
*IND*1	174.45	87.58	1.99	0.05
*IND*2	84.59	109.46	0.77	0.44
*IND*3	68.36	97.53	0.70	0.48
*IND*4	-186.60	133.85	-1.39	0.16
*IND*5	52.85	107.45	0.49	0.62
*IND*6	188.53	163.88	1.15	0.25
*IND*7	91.74	141.26	0.65	0.52
*IND*8	75.83	179.19	0.42	0.67
R^2	0.45	因变量平均值		79.41
调整 R^2	0.42	因变量标准差		439.49
标准误差	334.43	Akaike 准则		14.51
残差平方和	36796429	Schwarz 准则		14.69
似然对数	-2486.63	Hannan - Quinn 准则		14.58
DW 值	1.68			

如表 9 - 28 所示，模型回归的 R^2 为 0.45，即被解释变量 *BV* 被所有解释变量解释的部分，即回归的拟合程度为 0.45，拟合效果一般。模型估计的调整 R^2 为 0.42，拟合效果一般。这一结果较符合现实逻辑，现实中公司品牌价值受到许多因素影响，上述几个变量不可能很好地解释公司的品牌价值。

模型回归的标准误差为 334.43，残差平方和为 36796429，对数似然估计值为 -2486.63。*DW* 值为 1.68，该指标用于衡量回归残差是否序列相关，若该统计量严重偏离 2 则表明存在序列相关。*DW* 值为 1.68，偏离程度不大。被解释变量的均值为 79.41，被解释变量的标准差是

439.49。赤池信息准则为 14.51，施瓦茨信息准则为 14.69，H - Q 信息准则为 14.58。

由混合横截面模型的估计结果可以看出，发现 *MA* 的回归系数符号为正，对应的伴随概率值为 0，因此认为 *MA* 对 *BV* 的影响为正向且显著；*TONE* 的回归系数符号为正，对应的伴随概率值为 0，因此认为 *TONE* 对 *BV* 的影响为正且显著；*DAR* 的回归系数符号为负，对应的伴随概率值为 0.01，因此认为 *DAR* 对 *BV* 的影响为负且显著；*BM* 的回归系数符号为正，对应的伴随概率值为 0，因此认为 *BM* 对 *BV* 的影响为正且显著；*LEV* 的回归系数符号为负，对应的伴随概率值为 0.04，因此认为 *LEV* 对 *BV* 的影响为负且显著。*IND1* 的回归系数符号为正，对应的伴随概率值为 0.05，因此认为 *IND1* 对 *BV* 的影响为正且显著。

此外，可以看出，*NUM* 的伴随概率为 0.73，不显著；*SAC* 的伴随概率率为 0.57，不显著；*ROE* 的伴随概率为 0.69，不显著；*IND2* 的伴随概率率为 0.44，不显著；*IND3* 的伴随概率为 0.48，不显著；*IND4* 的伴随概率率为 0.16，不显著；*IND5* 的伴随概率为 0.62，不显著；*IND6* 的伴随概率率为 0.25，不显著；*IND7* 的伴随概率为 0.52，不显著；*IND8* 的伴随概率率为 0.67，不显著。

因此剔除变量 *NUM*、*ROE*、*IND5*、*IND8*。利用 Eviews 软件中的 Pool Estimation 再次进行混合横截面模型的回归分析，去除 *NUM*、*ROE*、*IND5*、*IND8* 变量后，调整后的回归方程如下：

$$BV_{i,t} = \beta_0 + \beta_1 MA_{i,t} + \beta_2 TONE_{i,t} + \beta_3 SAC_{i,t} + \beta_4 DAR_{i,t} + \beta_5 BM_{i,t} + \beta_6 LEV_{i,t} + \alpha_1 IND_1 + \alpha_2 IND_2 + \alpha_3 IND_3 + \alpha_4 IND_4 + \alpha_6 IND_6 + \alpha_7 IND_7 + \varepsilon_{i,t}$$

模型估计的结果如表 9 - 29 所示。

表 9 - 29 模型估计结果（2）

变量	系数	标准差	t 值	伴随概率
MA	0.83	0.11	7.83	0.00
TONE	10.15	1.93	5.25	0.00
SAC	− 8.08	16.31	− 0.50	0.62

变量	系数	标准差	t 值	伴随概率
DAR	- 3. 33	1. 29	- 2. 58	0. 01
BM	125. 55	20. 47	6. 13	0. 00
LEV	- 81. 68	39. 85	- 2. 05	0. 04
*IND*1	137. 38	56. 96	2. 41	0. 02
*IND*2	44. 42	75. 29	0. 59	0. 56
*IND*3	31. 53	65. 33	0. 48	0. 63
*IND*4	- 234. 47	101. 96	- 2. 30	0. 02
*IND*6	152. 59	153. 16	1. 00	0. 32
*IND*7	52. 85	118. 58	0. 44	0. 66
R^2	0. 45	因变量平均值		79. 41
调整 R^2	0. 43	因变量标准差		439. 49
标准误差	332. 68	Akaike 准则		14. 49
残差平方和	36855917	Schwarz 准则		14. 62
似然对数	- 2486. 91	Hannan – Quinn 准则		14. 54
DW 值	1. 67			

由估计结果可知，该模型符合混合横截面模型。

模型回归的 R^2 为 0.45，即被解释变量 Y（*BV*）被所有解释变量解释的部分，即回归的拟合程度为 0.45，较 *NUM*、*ROE*、*IND*5、*IND*8 变量剔除前的模型拟合程度基本相同。模型估计的调整 R^2 为 0.43，拟合效果一般，并且相较 *NUM*、*ROE*、*IND*5、*IND*8 变量剔除前的模型拟合程度 0.42 有一定程度的提高，表明剔除 *NUM*、*ROE*、*IND*5、*IND*8 后，模型能够更好地解释公司的品牌价值，结果得到了一定的优化。

模型回归的标准误差为 332.68，残差平方和为 36855917，对数似然估计值为 - 2486.91。*DW* 统计量为 1.67，该指标用于衡量回归残差是否序列相关，若该统计量严重偏离 2 则表明存在序列相关。*DW* 统计量的值为 1.67，偏离程度不大。被解释变量的均值为 79.41，被解释变量的标准差是 439.49。赤池信息准则为 14.49，施瓦茨信息准则为 14.62，

H－Q信息准则为14.54。

由混合横截面模型的估计结果可以看出，发现 MA 的回归系数符号为正，对应的伴随概率值为0，认为 MA 对 BV 的影响为正向且显著；TONE 的回归系数符号为正，对应的伴随概率值为0，认为 TONE 对 BV 的影响为正且显著；DAR 的回归系数符号为负，对应的伴随概率值为0.01，认为 DAR 对 BV 的影响为负且显著；BM 的回归系数符号为正，对应的伴随概率值为0，认为 BM 对 BV 的影响为正且显著；LEV 的回归系数符号为负，对应的伴随概率值为0.04，认为 LEV 对 BV 的影响为负且显著；IND1 的回归系数符号为正，对应的伴随概率值为0.02，认为 IND1 对 BV 的影响为正且显著；IND4 的回归系数符号为负，对应的伴随概率值为0.02，认为 IND4 对 BV 的影响为负且显著。

此外，可以看出，SAC 的伴随概率为0.62，不显著；IND2 的伴随概率为0.56，不显著；IND3 的伴随概率为0.63，不显著；IND6 的伴随概率为0.32，不显著；IND7 的伴随概率为0.66，不显著。

因此剔除变量 SAC、IND2、IND3、IND7。IND6 利用 Eviews 软件中的 Pool Estimation 再次进行混合横截面模型的回归分析，去除 SAC、IND2、IND3、IND7 变量后，调整后的回归方程如下：

$$BV_{i,t} = \beta_0 + \beta_1 MA_{i,t} + \beta_2 TONE_{i,t} + \beta_3 DAR_{1i} + \beta_4 BM_{i,t} + \beta_5 LEV_{i,t} + \alpha_1 IND_1 + \alpha_4 IND_4 + \varepsilon_{i,t}$$

模型估计的结果如表9－30所示。

表9－30 模型估计结果（3）

变量	系数	标准差	t 值	伴随概率
MA	0.81	0.10	8.11	0.00
TONE	9.85	1.82	5.41	0.00
DAR	－3.44	0.96	－3.60	0.00
BM	123.89	19.23	6.44	0.00
LEV	－78.60	35.62	－2.21	0.03
IND1	110.69	40.99	2.70	0.01
IND4	－271.38	82.41	－3.29	0.00

变量	系数	标准差	t 值	伴随概率
R^2	0.44	因变量平均值	79.41	
调整 R^2	0.43	因变量标准差	439.49	
标准误差	330.83	Akaike 准则	14.46	
残差平方和	36994384	Schwarz 准则	14.54	
似然对数	−2487.56	Hannan − Quinn 准则	14.49	
DW 值	1.66			

由表 9 – 30 可知，该模型符合混合横截面模型。模型回归的 R^2 为 0.44，即被解释变量 Y（BV）被所有解释变量解释的部分，即回归的拟合程度为 0.44，也就是说，在剔除了变量 SAC、$IND2$、$IND3$、$IND7$ 后，方程的回归拟合程度相较未剔除前的拟合程度 0.45 略有下降。模型估计的调整 R^2 为 0.43，相较 SAC、$IND2$、$IND3$、$IND7$ 变量剔除前的模型拟合程度有一定程度的提高，且相比最初的模型调整 R^2 为 0.42，已有明显的提高，表明剔除 SAC、$IND2$、$IND3$、$IND7$ 后，模型能够更好地解释公司的品牌价值，结果得到了较好的优化。

模型回归的标准误差为 330.83，残差平方和为 36994384，对数似然估计值 –2487.56。被解释变量的均值为 79.41，被解释变量的标准差是 439.49。赤池信息准则为 14.46，施瓦茨信息准则为 14.54，H – Q 信息准则为 14.49。

DW 值为 1.66，该指标用于衡量回归残差是否序列相关，若该统计量严重偏离 2 则表明存在序列相关。该模型中，DW 值为 1.66，较未剔除 SAC、$IND2$、$IND3$、$IND7$ 变量前的 DW 值为 1.67 变化不大，同样地，也表明不存在序列自相关。

由混合横截面模型的估计结果可以看出，MA 的回归系数符号为正，对应的伴随概率值为 0，认为 MA 对 BV 的影响为正向且显著；$TONE$ 的回归系数符号为正，对应的伴随概率值为 0，认为 $TONE$ 对 BV 的影响为正且显著；DAR 的回归系数符号为负，对应的伴随概率值为 0.0004，认为 DAR 对 BV 的影响为负且显著；BM 的回归系数符号为正，对应的伴随概率值为0，认为 *BM* 对 *BV* 的影响为正且显著；*LEV* 的回归系数符号为负，对应的伴随概率值为0.03，认为 *LEV* 对 *BV* 的影响为负且显著；*IND*1 的回归系数符号为正，对应的伴随概率值为0.01，认为 *IND*1 对 *BV* 的影响为正且显著；*IND*4 的回归系数符号为负，对应的伴随概率值为0，认为 *IND*4 对 *BV* 的影响为负且显著。

为区分A股上市公司中处于我国经济产业结构中第三产业的九大行业而设立 *IND*1、*IND*2、*IND*3、*IND*4、*IND*5、*IND*6、*IND*7、*IND*8 虚拟变量中，*IND*1 和 *IND*4 在回归结果中的伴随概率 *P* 值小于0.05，较为显著；其他6个虚拟变量的伴随概率 *P* 值均大于0.05，不显著。说明在中国的A股市场中，不同行业的公司 *MA* 不同行业 *BV* 的影响存在差别。例如本研究的结果可以看出，在信息传输、软件和信息技术服务业和房地产业，*MA* 对各自行业的 *BV* 有显著的影响，而在其他行业，可能由于本文的数据量所限，研究结果显示 *MA* 对各自行业的 *BV* 并未产生显著影响，这也比较符合我们的认知，不同行业的媒体态度对消费者及管理决策者产生不同的效果和影响，导致所在行业的品牌价值也受到差异化的影响。

由以上分析可知，*IND*1 和 *IND*4 均显著，因此原假设"H3：媒体态度对上市公司品牌价值的影响作用在不同的行业中表现不尽相同。"成立。

9.4　民族品牌价值提升的启示与建议

通过实证分析及研究结论，可从以下方面考虑企业品牌价值的影响因素及如何利用这些影响因素来制定企业战略进而增加品牌价值。

首先，从新闻媒体的类型来看，近年来网络舆情的作用凸显，但在资本市场上，上市公司的舆论源头依然坚守在中国证监会指定的几家信息披露媒体上。证监会指定的信息披露媒体无疑是资本市场的"意见领袖"，起到了按照规定披露信息、及时更正不实言论、传达政策方向、传播资本动态的作用。作为中国资本市场的重要媒体，其影响着经济生活的方方面面，起到了"沉默的螺旋"的作用；也就是说，作为"意见领袖"的媒体所发表的新闻中，通过新闻内容的选择、信息的披露、字里行间传达的意见、态度、情绪，显著影响着上市公司舆情、影响着企业管理者的管理决策，最终影响着上市公司的品牌价值。

其次，对于媒体态度的研究，以往文献因文本分析方法的烦琐等原因，大多使用"新闻报道数量"这一数量指标来衡量媒体的情感态度，即新闻发布的数量越多，越重视、看好该企业，那么消息的利好性越大。然而经过本文的实证研究后发现，仅仅使用新闻报道数量这一数量指标来衡量媒体的情绪难免有失偏颇。企业品牌价值并未显著受到新闻报道数量的影响，反而十分显著地受到了媒体态度的影响。也就是说，新闻撰写者所传达的态度倾向、具体信息的传达、信息内容及表达方式等综合信息，才足以传达该新闻事件的利好程度，进而影响资本市场的判断、企业决策，最终显著影响着该年度企业的品牌价值。因此，企业或许应当关注新闻撰写者所表达的情感倾向和内容质量，而非仅仅注重报道的多寡。只有真正的利好消息——例如该企业因某个事件或事件集导致既有业务成本降低，收入增加；引入新兴业务等利好消息导致公司业绩预增这类报道的情感倾向性极强——才可以引起读者的看好判断；再比如大股东增持、战略股东引进、业绩增长披露等也属于较为强烈的利好报道，引起中度的积极情绪；泛泛而谈新业态、新领域，并未涉及业绩预期的新闻报道则难以加之"积极"的情感，此类报道数量众多，实难将其归为利好态度的报道。

本章研究证实了媒体态度对公司品牌价值的正向影响后，企业可基于该结论进行有效的企业媒体信息管理。在以往的学术文献中，汪昌云等（2015）研究了公司的媒体信息管理行为对于 IPO 一级市场定价和抑价率的影响及其作用路径，研究媒体在 IPO 定价中的作用和角色，为公司的主动媒体信息管理行为提供研究和指导。实证研究结论得出公司的媒体信息管理行为可以提高 IPO 发行价格，使 IPO 抑价水平降低，两方面的因素共同提高了资本市场定价效率。因此借鉴汪昌云等的研究思路，企业可针对新闻的媒体态度的表达进行媒体信息管理，将媒体态度的主动管理意识和行为纳入公司品牌价值管理的内容和实践中去。

在明确了媒体态度对品牌价值的促进作用后，企业可将媒体态度管理作为加强管理的关键。除了注重媒体报道的内容选择、表达方式、发表时间、语气态度等与媒体有关的管理外，归根结底，企业只有注重能够引起业务成本降低或收入增加的举措、计划和实施，从企业战略、管理决策进行调整改进，从产品、技术、人才等方面真正进行创新和发展，从管理能力到业务能力全面提升，就有望实现成本的降低、收入的提高，带来业绩预期增加的利好消息，才能够引起媒体的积极报道，进而提升自身的品牌价值。

9.5　本章小结

本章借鉴 Bhattacharya U. 等（2009）和李培功等（2010）的研究，通过对样本的调查和选取，运用文本分析法，以我国经济产业结构中属于第三产业的九大行业中，69 家 A 股上市公司在《中国证券报》《上海证券报》《证券时报》于 2012～2016 年的 1489 篇新闻文本为样本，建立 MA 评价体系，通过文本分析法中的人工阅读法进行得出 $TONE$ 分数后，对 MA 这一自变量进行变量的构建，并得出 2012～2016 年我国第三产业九大行业中，69 家上市公司的媒体态度值。以此为基础进行实证研究，研究 MA 与 BV 的影响关系，并引入行业（IND）虚拟变量，进行不同行业 MA 与 BV 之间的关系研究。

通过实证分析，得出以下结论：

（1）上市公司年度品牌价值受到该公司该年媒体态度的正向影响，而文献中常常使用的新闻数量并不对品牌价值造成显著影响；此外，仅仅衡量一年内所有新闻态度的加和而得到的文章基调值也并未对品牌价值产生显著影响。说明媒体态度对品牌价值有显著的影响，即媒体态度越乐观，公司该年度的品牌价值可能越高。

（2）本章实证研究得出在中国的 A 股市场中，不同行业的公司 MA 对 BV 的影响存在差别。例如，在信息传输、软件和信息技术服务业和房地产业，MA 对各自行业的 BV 有显著的影响，而在其他行业，可能由于本文的数量所限，研究结果显示 MA 对各自行业的 BV 并未产生显著影响，这也比较符合我们的认知，不同行业的媒体态度对消费者及管理决策者产生着不同的效果和影响，导致所在行业的品牌价值也受到差异化的影响。

（3）随着公司财务杠杆的增加，公司的品牌价值可能减少。由于企业财务风险的大小主要取决于财务杠杆系数的高低，财务杠杆过高的公司存在的财务风险较大。因此公司财务杠杆会影响公司的经营水平。在本章的实证研究中，公司采用高杠杆经营时，会伴随公司品牌价值的下降，这在实际的经济生活中也产生了有意义的现实作用。

附录1　民族品牌认知调查报告

问卷及回收情况说明

本次问卷主要通过两个方面的内容来反映人们对于民族品牌内涵的认知。第一方面是通过具象的品牌以及该品牌背后所包含的要素，来调查人们对于品牌是否属于民族品牌的一次认知和二次认知，并通过前后之间的差异表明该品牌所代表的要素会不会对其认知产生影响；第二方面是通过抽象的民族品牌内涵构成要素的选择，反映人们对于民族品牌内涵的心理倾向。

本次问卷调查对象涵盖不同籍贯、性别、年龄、学历、专业等，具有一定的代表性。

第1题　您的年龄是？［单选题］

选项	比例	
18～27 岁		69.51%
28～35 岁		20.22%
36～45 岁		7.42%
46 岁以上		2.84%

第2题　您的性别是？［单选题］

选项	比例	
女		55.92%
男		44.08%

第3题　您的学历是？[单选题]

选项	比例	
国内本科生		48.18%
国内硕士研究生		25.12%
国内博士研究生		10.74%
中国海外留学生（本科）		0.32%
中国海外留学生（硕士）		1.26%
中国海外留学生（博士）		0.79%
外国在华留学生		2.21%
其他		11.37%

第4题　您的专业大类是（以最后学位为准）？[单选题]

选项	比例	
哲学		1.9%
经济学		14.22%
法学		3.95%
教育学		1.42%
文学		6%
历史学		1.42%
理学		4.9%
工学		21.17%
农学		0.32%
医学		9.79%
军事学		0.16%
管理学		28.44%
艺术学		6.32%

第 5 题 您的籍贯是？［单选题］

省（区市）	比例	省（区市）	比例
安徽	5.21%	内蒙古	2.37%
北京	11.22%	宁夏	0.63%
重庆	1.74%	青海	0.16%
福建	2.53%	山东	7.42%
甘肃	2.05%	山西	8.21%
广东	2.05%	陕西	2.21%
广西	1.74%	上海	0.32%
贵州	1.26%	四川	3.16%
海南	0.16%	天津	1.58%
河北	9.79%	西藏	0.16%
河南	9.48%	新疆	1.11%
黑龙江	4.42%	云南	0.79%
湖北	2.37%	浙江	3.63%
湖南	3.32%	香港	0
吉林	1.42%	澳门	0
江苏	3.95%	台湾	0
江西	2.53%	海外	0
辽宁	3%		

民族品牌具象认知

民族品牌具象认知旨在通过具体的品牌调查受访者两个层面上的认知，第一个层面是受访者直观感知层面，即受访者第一观感下对某品牌是否属于民族品牌的认知，第二个层面是受访者理性认知层面，即受访者从问卷中获取关于某品牌的信息后作出是否属于构成民族品牌要素的判断。

民族品牌具象认知以具体品牌为对象，以整体认知和前后认知差异对比为方法，期望得到两方面的结论：

第一，受访者在无"干扰"下对品牌是否属于民族品牌的认知。❶

第二，受访者在"干扰"下对品牌是否属于民族品牌的二次认知与初次认知之间的差异。

品牌直观感知

在这里，问卷将列出对应于民族品牌构成要素可能存在争议的某些品牌，让受访者基于直观感知对其是否属于民族品牌作出判断。由于在此并未给出这些品牌可能存在的争议点，所以在这里的选择均是受访者在无"干扰"下做出的选择，也从一定程度上反映出社会大众对于品牌是否属于民族品牌的认知，对于品牌自身定位营销，也具有一定的参考价值。

第6题　以下您觉得属于中华民族品牌的有哪些？［多选题］

选项	比例	选项	比例
中国高铁	80.09%	百度	49.61%
中国核电	48.18%	优酷	33.02%
格力电器	62.72%	李宁	55.45%
美的电器	46.76%	联想	44.39%
老干妈	83.57%	协和医院	40.6%
褚橙	25.91%	新元素餐厅	4.11%
阿里巴巴	68.09%	陆金所	9.79%
腾讯	59.08%	同仁堂	72.83%
大宝	43.13%	修正药业	32.07%
徐福记	42.97%	摩拜单车	41.39%
沃尔沃（Volvo）	6.64%	华硕	21.17%
传奇影业（Legendary Pictures）	3.63%	宏碁	10.9%
		金利来	8.85%
夏普（Sharp）	5.53%	屈臣氏	8.53%
新浪	36.97%	裕华国货	8.37%
搜狐	32.07%	张一元	25.43%
网易	35.86%	汾酒	39.18%

---

❶ 这里所说的"干扰"是指在问卷后半部分，给出的品牌的相关信息，而这些信息会对民族品牌认知产生争议，下同。

选项	比例	选项	比例
洋河酒	25.91%	张裕葡萄酒	31.44%
oppo	38.55%	红旗汽车	42.65%
vivo	37.44%	张小泉剪刀	36.81%
班尼路	6.32%	永久自行车	41.55%
美特斯邦威	15.17%	酒鬼	20.7%
景田百岁山	14.22%	海底捞	39.18%
匹克	12.01%	三鹿奶粉	29.23%

通过受访者第一感知的结果，本书能得出以下几点结论：

第一，在民族品牌认知中，品牌知名度是影响受访者做出选择的重要因素，受访者选择较多的前 10 名的品牌，无一不是在中国知名度较高的企业。

第二，受访者对于民族品牌的认知标准还是十分严格的，在所有列出的 47 个品牌中，只有 7 个品牌被超过 50% 的人认为是民族品牌，这一点也会在下文中提到的受访者对于民族品牌的多元认知条件得到解释。

第三，受访者普遍对于外来属性品牌（包括被我国企业收购的国外品牌和第一感觉不属于中国的品牌）属于民族品牌持明显的排斥态度，这说明民族属性或者国民属性是民众第一感知下判断民族品牌的重要依据。

品牌理性感知

理性感知是指将上面提到的所有品牌给出具体的信息后，由受访者进行再次判断。由于在此已经给出了这些品牌是否属于民族品牌上可能存在的争议点，所以在这里的选择均是受访者在无"干扰"下做出的选择，与前面的选择进行对比后，有助于理解受访者在选择是否属于民族品牌时的心理状态，对于厘清民族品牌的概念具有十分重要的作用。

对前后的选择结果作出对比，分别基于无"干扰"和有"干扰"下，即信息不充分和信息充分的条件下做出的，由于信息具有消除不确定性的功能，可以从信息熵的角度对受访者做出选择时的信息进行度量。

通过前面的分析可以看到，在缺少信息的情况下，受访者由于缺少对于品牌的认知，对于民族是否属于民族品牌的判断也较为谨慎；而在后面的调查中，因为加入了各个品牌具体的信息，并要求受访者基于给出的信息作出判断，由于有了基础信息，受访者再次选择中就减少了不确定性。这也就一定程度上解释了再次选择中对于属于民族品牌的判断比例基本上显著高于初次判断。

关于具体品牌直观认知和理性认知，在前面章节中已经进行了充分讨论，在此不再赘述，仅将调查结果列出如下。

第7题　从资本属性看，中国高铁、中国核电均属国有资本完全所有，格力电器属于国有资本控股，美的、老干妈、褚橙均属于民营资本所有，您认为它们是不是中华民族品牌？［矩阵单选题］

题目/选项	是	不是	不好说
中国高铁	86.6%	7.4%	6%
中国核电	78.8%	11.8%	9.4%
格力电器	78.7%	9.6%	11.7%
美的	74.4%	11.7%	13.9%
老干妈	88.6%	4.4%	7%
褚橙	70.5%	9.8%	19.7%

第8题　从资本属性看，阿里巴巴最大股东为日本软银和美国雅虎，腾讯最大股东为南非报业集团，大宝于2008年被美国强生收购，徐福记于2011年被瑞士雀巢收购大部分股份，您认为它们是不是中华民族品牌？［矩阵单选题］

题目/选项	是	不是	不好说
阿里巴巴	55.9%	28.9%	15.2%
腾讯	54.8%	28.6%	16.6%
大宝	49%	34.1%	16.9%
徐福记	49.6%	29.7%	20.7%

第 9 题　从资本属性上看，吉利集团于 2010 年获得沃尔沃轿车品牌所有权，万达集团于 2016 年收购美国传奇影业公司，鸿海精密于 2016 年收购夏普，您认为它们现在是不是中华民族品牌？［矩阵单选题］

题目/选项	是	不是	不好说
沃尔沃（VOLVO）	24.2%	59.9%	15.9%
传奇影业（Legendary Pictures）	23.5%	58%	18.5%
夏普（SHARP）	22.4%	60%	17.6%

第 10 题　从上市地来看，新浪、搜狐、网易均在美国纳斯达克上市，您认为它们是不是中华民族品牌？［矩阵单选题］

题目/选项	是	不是	不好说
新浪	67.3%	16%	16.7%
搜狐	66.2%	16.1%	17.7%
网易	67%	15.3%	17.7%

第 11 题　从注册地上看，百度、优酷、李宁均在开曼群岛注册，您认为它们是不是中华民族品牌？［矩阵单选题］

题目/选项	是	不是	不好说
百度	68.4%	16.7%	14.9%
优酷	64%	18.2%	17.8%
李宁	74.9%	12.3%	12.8%

第 12 题　从创始人及高管的身份来看，协和医院最初由外国人在华教会医院发展而来，新元素餐厅的创始人为美国人乐华（Scott Minoie），陆金所的 CEO 是美国人计葵生（Gregory D Gibb），您认为它们是不是中华民族品牌？［矩阵单选题］

题目/选项	是	不是	不好说
协和医院	60.3%	22.6%	17.1%
新元素餐厅	34%	41.7%	24.3%
陆金所	37.9%	36.3%	25.8%

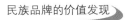

第 13 题　从历史属性上看，同仁堂创立于 1669 年，修正药业创立于 1995 年，摩拜单车创立于 2016 年，您认为它们是不是中华民族品牌？〔矩阵单选题〕

题目/选项	是	不是	不好说
同仁堂	95.7%	2.1%	2.2%
修正药业	83.6%	7.6%	8.8%
摩拜单车	69.7%	16.6%	13.7%

第 14 题　从企业总部所在地上看，联想总部目前设在纽约波切斯市，华硕、宏碁总部在中国台湾省，金利来、屈臣氏、裕华国货总部均在中国香港，您认为它们是不是中华民族品牌？〔矩阵单选题〕

题目/选项	是	不是	不好说
联想	69.7%	18.8%	11.5%
华硕	64%	21.6%	14.4%
宏碁	58.6%	24.2%	17.2%
金利来	58.6%	23.9%	17.5%
屈臣氏	53.9%	27.2%	18.9%
裕华国货	60.2%	22%	17.8%

第 15 题　从经营或销售范围来看，张一元的主要市场在北京市，汾酒在山西省，洋河酒在江苏省的销量均超过一半以上，您认为它们是不是中华民族品牌（地方性品牌是不是中华民族品牌）？〔矩阵单选题〕

题目/选项	是	不是	不好说
张一元	75.8%	11.1%	13.1%
汾酒	82.5%	7.9%	9.6%
洋河酒	78.2%	10.3%	11.5%

第 16 题　从品牌标识上看，oppo、vivo 属于外文品牌标识，班尼路、美特斯邦威属于外文音译标识，您认为它们是不是中华民族品牌？

[矩阵单选题]

题目/选项	是	不是	不好说
oppo	71.4%	16.1%	12.5%
vivo	70.7%	17%	12.3%
班尼路	47.4%	31.6%	21%
美特斯邦威	50%	31.1%	18.9%

第17题　从代言人上看，景田百岁山由意大利人影星杰丝敏·特丽卡代言，匹克请法国篮球球星托尼·帕克代言，张裕葡萄酒邀请国际品酒大师 Leigh Causby 代言，您认为它们是不是中华民族品牌？［矩阵单选题］

题目/选项	是	不是	不好说
景田百岁山	69.5%	17.1%	13.4%
匹克	66.4%	18.3%	15.3%
张裕葡萄酒	79.5%	10.4%	10.1%

第18题　从市场份额上看，红旗汽车、张小泉剪刀、永久自行车分别在各自行业内市场份额较低，您认为它们是不是中华民族品牌？［矩阵单选题］

题目/选项	是	不是	不好说
红旗汽车	89.3%	4.7%	6%
张小泉剪刀	84.8%	6.6%	8.6%
永久自行车	85%	6.8%	8.2%

第19题　从品牌美誉度上看，酒鬼酒曾陷入塑化剂风波，海底捞曾被曝"老鼠门事件"，三鹿奶粉因三聚氰胺事件破产，您认为它们是不是中华民族品牌？［矩阵单选题］

题目/选项	是	不是	不好说
酒鬼	59.9%	22.3%	17.8%
海底捞	65.2%	19.4%	15.4%
三鹿奶粉	52.4%	31%	16.6%

中华民族品牌概念因素构成

经过具象的品牌认知训练，本书在问卷的最后让被调查人员选择自己认同的民族品牌构成要素。本书将通过总体认知评价和不同人口统计指标划分组的认知偏差两个方面来探讨这个问题。

首先，对于调查受访者对于中华民族品牌的构成要素的选择结果如下：

第20题　您认为中华民族品牌的构成要素有哪些？［多选题］

选项	比例
注册地在中国	38.7%
注册人是中国人	46.1%
有悠久的历史	64.9%
大部分股权归属中国	60.3%
有一定的市场占有率	51.8%
品牌标识为汉字	26.2%
有较高的品牌美誉度	61%
在中国内地上市	21.2%
品牌代言人是中国人	9.3%
全国知名品牌，而非地方知名品牌	35.5%
其他因素，可自填	7.1%

其次，有多位被调查对象对中华民族品牌的概念构成给出了自定义的答案，经过分类汇总以及将内涵相近的答案进行合并后，得到如附表1所示的结果：

附表1　中华民族品牌概念构成要素（被调查者自定义）

要素所属类别	具体要素内容
文化要素	有中国文化背景
	具有很强的文化输出特性与民族特色
	中国文化底蕴深
	企业文化与中国宏观文化相符
	具有一定的文化记号，承载一部分回忆

要素所属类别	具体要素内容
文化要素	企业核心价值观是中国精神
	能代表民族精神和民族文化特点的
	体现中国文化
	耳熟能详，有中国特色
	最重要的是可以看作中国印象的一部分
	中华美德的企业文化
	成立背景，企业文化
	可以代表中国文化，历史的民族品牌，是有某种信念的品牌
人员及地域要素	创始团队是中国人
	由中国人创办
	在中国地区发展，并有很大知名度
	创始人是中国人，甚至是汉人
	主要股东是中国人
	主要市场在中国
	创始人、领导者是中国人
	品牌创始人为中国人，并在中国土壤上发展壮大
	具有民族特性，可以明显和同类别的品牌区别开；创始人是中国人
	是中国人创建的，是跟中国有关的，让人一听就是中国品牌的
	中国人创始，并且主要生产经营场所或市场在中国
	由中国人实际控制
	中国人在其中是创造者不是制造者，国企肯定会优先
	创办人为中国人，在中国大陆发展壮大起来的企业，且在国内有广泛的知名度，不论市场占有率高低
	源自中国，发展于中国，与中国同步成长
	主要在中国发展而来、内容跟中国高度相关
	主要市场在中国
	初创在中国

要素所属类别	具体要素内容
情感认同要素	国人认同
	中国人的情节
	对于产品的熟悉和信赖也会影响对中华民族品牌的认识
	中国人骄傲的企业、品牌
	较高的国人认同感
	得到广泛国际认可的中国品牌
	具有中国特色和民族认知力和号召力
	企业之魂是中国人，国人对它有高认可度
整体表现要素	代表中国在某一行业的最高境界
	有所代表（在品类中有领先地位），成为某个品类的领导者
	自主研发拥有一半以上核心技术
	拥有核心技术
	产品具有中华民族特色，不接受抄袭国外产品的品牌为民族品牌，不接受海外并购的企业为民族品牌，不接受只为了利润缺少社会责任感的企业为民族品牌
	好好做生意，不搞歪门邪道

附录 2 　民族品牌要素构成认知的人群差异

地域因素对中华民族品牌构成要素认知的影响

本书根据被调查人员籍贯将调查对象所属地域分为华北地区、东北地区、华东地区、华中地区、西南地区、西北地区（港澳台及外籍华人无调查样本），类别与具体省（区市）对应附表 2 所示。

附表 2 　地域 – 省（区市）对照

华北地区	北京市、天津市、河北省、山西省、内蒙古自治区
东北地区	辽宁省、吉林省、黑龙江省
华东地区	上海市、江苏省、浙江省、安徽省、福建省、江西省、山东省
华中地区	河南省、湖北省、湖南省、广东省、广西壮族自治区、海南省
西南地区	重庆市、四川省、贵州省、云南省、西藏自治区
西北地区	陕西省、甘肃省、青海省、宁夏回族自治区、新疆维吾尔自治区

通过对比发现，对不同区域的受访者而言，悠久的历史、一定的市场占有率、品牌代言人这三个要素的认知差异（最大选择占比 – 最小选择占比）较小，均在 10% 以下，而全国性品牌、品牌标识为汉字、注册人这三个要素的认知差异较大，尤其是在"非地方性品牌是构成民族品牌的概念要素"中，西北地区比东北地区高 18.6%（见附图 1）。

性别因素对中华民族品牌构成要素认知的影响

对调查问卷根据被调查者的性别进行分组，分别统计不同分组下，被调查者对于民族品牌构成要素的选择，统计结果如附图 2 所示，不同性别之间对于民族品牌构成要素的认知在大多数选项上的认知较为一致，如悠久的历史、大部分股权属于中国、较高的品牌美誉度等，选项认知上仅存在微弱的性别差异，甚至不存在性别差异；而在注册人为中国人、

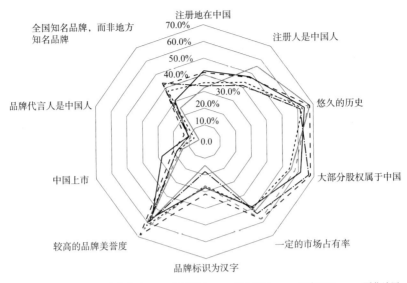

附图1　不同地域民族品牌构成要素认知差异

品牌标识为汉字这两项上，男性和女性的选择率差异较大，超过了10%，因此，在这两项上的认知存在一定的性别差异。

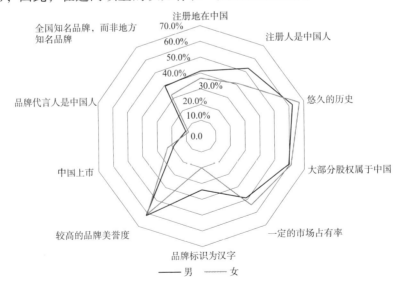

附图2　性别对民族品牌构成要素认知的影响

年龄因素对中华民族品牌构成要素认知的影响

本书对调查问卷根据被调查者的年龄段进行分组，分别统计不同分组下，被调查者对于民族品牌构成要素的选择，统计结果如附表3所示。

附表3　不同年龄段对民族品牌构成要素的认知差异

影响因素/年龄段	18～27岁	28～35岁	36～45岁	46岁及以上
注册人是中国人	44.1%	50.8%	40.4%	77.8%
注册地在中国	41.1%	29.7%	23.4%	83.3%
中国上市	25.0%	10.2%	14.9%	22.2%
悠久的历史	61.1%	71.9%	76.6%	77.8%
一定的市场占有率	49.8%	53.9%	57.4%	72.2%
较高的美誉度	57.3%	69.5%	70.2%	66.7%
全国知名品牌，非某地方性品牌	34.1%	34.4%	14.9%	38.9%
品牌标识为汉字	23.9%	29.7%	29.8%	50.0%
股权大多数属于中国	63.2%	53.1%	59.6%	44.4%
代言人为中国人	10.5%	6.3%	6.4%	11.1%

对比发现，不同年龄受访者群体对于民族品牌构成要素的认知差异的显著性较大，只有"代言人为中国人"这一项，不同年龄间的认知差异在5%以下，说明代言人这个因素对于民族品牌内涵认知上存在微弱的认知差异；在"中国上市""悠久的历史""较高的美誉度""股权大多数属于中国"四项中，不同年龄受访者间的认知差异在10%～20%，说明在这四项对于民族品牌内涵认知上存在一定的认知差异；在"一定的市场占有率""全国性品牌，非地方性品牌""品牌标识为汉字"三项中，不同年龄受访者间的认知差异在20%～30%，说明在这三项对于民族品牌内涵认知上存在显著的差异；在"注册人在中国""注册地在中国"这两项中，不同年龄受访者间的认知差异很大，超过30%，说明在这两项对于民族品牌内涵认知上存在十分显著的差异。

专业因素对中华民族品牌构成要素认知的影响

本书根据被调查者的专业背景对问卷进行了分组，将样本量较多、能具有一定代表意义的专业分别统计对于民族品牌构成要素的认知（某专业所有问卷中选择某项要素作为民族品牌构成的比率）。统计数据如附表4所示。

附表4　不同专业对民族品牌构成要素的认知差异

影响因素/专业	文学	艺术学	医学	经济学	管理学	理工学科	法学
注册人是中国人	42.1%	42.5%	54.8%	43.3%	17.8%	44.8%	60.0%
注册地在中国	34.2%	40.0%	50.0%	40.0%	37.2%	34.5%	36.0%
在内地上市	13.2%	32.5%	40.3%	21.1%	16.7%	21.8%	8.0%
有悠久的历史	65.8%	75.0%	51.6%	68.9%	63.9%	61.8%	80.0%
有一定的市场占有率	65.8%	67.5%	66.1%	53.3%	43.9%	47.3%	44.0%
有较高的美誉度	73.7%	65.0%	62.9%	57.8%	61.1%	59.4%	48.0%
非某地方性品牌	34.2%	47.5%	45.2%	34.4%	31.1%	33.3%	36.0%
品牌标识为汉字	31.6%	32.5%	21.0%	33.3%	25.6%	23.6%	16.0%
股权大多数属于中国	60.5%	70.0%	67.7%	50.0%	60.6%	60.6%	56.0%
代言人为中国人	0.0%	12.5%	19.4%	10.0%	9.4%	7.9%	0.0%

对比发现，不同专业受访者群体对于民族品牌构成要素的认知差异的显著性较大，均超过10%，说明整体上存在一定的专业差异，在"注册地在中国""全国性品牌，非地方性品牌""品牌标识为汉字"这三项中，不同年龄间的认知差异在10%～20%，说明这三个因素对于民族品牌内涵认知上存在一定的认知差异；在"一定的市场占有率""悠久的历史""较高的美誉度""股权大多数属于中国"四项中，不同专业受访者间的认知差异在20%～30%，说明在这四项对于民族品牌内涵认知上存在显著的认知差异；在"中国上市""注册人是中国人"两项中，不同年龄受访者间的认知差异在30%以上，说明在这两项对于民族品牌内涵认知上存在十分显著的差异。

后　记

本书以提升民族品牌价值为目的，编写成员主要来自中国人民大学信息资源管理学院、中国人民大学中国市场营销研究中心和中国人民大学科学研究基金（中央高校基本科研业务费专项资金资助）项目（13XNI015）课题组。本书主要内容包括民族品牌内涵思辨、品牌价值理论梳理、品牌价值计算模型及实证，以及品牌价值与知识创新、智力资本、企业社会责任、企业信息透明度和媒体态度的关系。本书从分析民族品牌内涵入手，通过大量调查研究，确定了民族品牌的判定规则；之后辨析品牌价值内涵与评估计算方法，并通过实证研究得出了民族品牌价值榜单；最后讨论了影响品牌价值的几个关键因素，从而得出了一系列提升民族品牌价值的管理经验与启示。

历经近一年来的细致撰写和认真校对，本书于 2018 年 10 月定稿。我们要向课题组中的每一名成员、提供相关数据和案例素材的企业组织及新闻媒体表达最衷心的感谢。本书由钱明辉统纂全书，撰稿人有钱明辉、樊安懿、洪先锋、王玉玺、尚奋宇、关美钦、张颖、梁晨、顾佳菊。本书的顺利出版是建立在各方的紧密合作以及良好的数据集之上，王玉玺、郭佳璐、洪先锋等在数据采集过程中为确保数据的准确性进行了多方查证，并对相关数据展开了深入分析，为本书各章节相关内容的研究和写作提供了数据支持，特别感谢他们为本书所做出的贡献。

付梓之时，向参与本书研究与撰写的每一名成员表达最衷心的感谢，向所有给予本书研究提供帮助的专家致以最诚挚的谢意，同时也对出版社编辑的高水准工作致以由衷的感谢！同时，真诚地希望读者对本书提出补充和修正意见。